KB169225

혁신교육지구
현장을 가다

혁신교육지구의 과제와 전망

혁신교육지구
현장을 가다

초판 1쇄 인쇄 2020년 4월 20일
초판 1쇄 발행 2020년 4월 30일

지은이 이용운 · 박현선 · 김형숙 · 홍태숙 · 오형민
펴낸이 김승희
펴낸곳 도서출판 살림터

기획 정광일
편집 조현주
북디자인 꼬리별

인쇄·제본 (주)신화프린팅
종이 월드페이퍼(주)

주소 서울시 양천구 목동동로 293, 22층 2215-1호
전화 02-3141-6553
팩스 02-3141-6555
출판등록 2008년 3월 18일 제313-1990-12호
이메일 gwang80@hanmail.net
블로그 http://blog.naver.com/dkffk1020

ISBN 979-11-5930-142-1 03370

*가격은 뒤표지에 있습니다.
*잘못된 책은 바꾸어 드립니다.
*이 책은 저작권법에 따라 보호를 받는 저작물이므로 무단 전재와 복제를 금합니다.

이 도서의 국립중앙도서관 출판예정도서목록(CIP)은 서지정보유통지원시스템 홈페이지(http://seoji.
nl.go.kr)와 국가자료종합목록 구축시스템(http://kolis-net.nl.go.kr)에서 이용하실 수 있습니다.
(CIP제어번호: CIP2020015195)

혁신교육지구 현장을 가다

혁신교육지구의 과제와 전망

이용운 · 박현선 · 김형숙 · 홍태숙 · 오형민

살림터

학교 울타리를 넘나들며 이루어지는
교육을 만나다

『혁신교육지구 현장을 가다』. 이 책의 제목입니다.

책을 다 읽고 난 후의 느낌은 책 제목 그대로 혁신교육지구 현장을 다녀온 듯합니다. 얼마 전 이 책의 저자이신 이용운 선생님으로부터 이 책에 대한 추천의 글을 요청하는 전화를 받았습니다. 저자들이 많은 시간과 노력을 들여 정성스레 엮어 낸 책에 대한 추천의 글을 쓰는 일은 매우 영광스럽고 기쁘고 감사한 일입니다. 책의 주제가 제가 관심을 많이 가지고 있는 것이고 현재 학교장으로서 학교를 지역사회학교로 만들고자 노력하고 있는 중이라 더욱 반가웠습니다. 아마도 제가 저자들의 연구과정에서 이 책의 말미에 실려 있는 인터뷰를 한 인연이 이렇게 이어졌으리라 생각됩니다.

처음 이 책의 제목을 보고 혁신교육지구에 대한 다른 책이나 연구보고서가 적지 않은데 어떤 차별성과 새로움이 있을까 걱정이 되었습니다. 그러나 책을 다 읽고 난 후에는 이 책의 제목을 내용에 맞게 참 잘 지었구나 생각하였습니다. 이 책은 혁신교육지구와 마을교육공동체의 논의에서 굵직하고 중요한 꼭지들 중 여러 부분을 다루고 있습니다. 아이들의 성장에 혁신교육지구가 갖는 의미, 마을교육의 중요한 실천가인 '마을교사'의 목소리, 마을교육의 다양한 실제 사례들, 마을교육공동체의 거버넌스 문제, 교육에서 중요하고 핵심이라 할 수 있는 교육과정과 마을교육, 그리고 혁신교육지구사업 정책에 대한 학교 구성원들의 인식 조사 연구까지 폭넓게 수록되어 있습니다.

혁신교육지구사업에 대한 일반적인 사례 연구 정도일 거라 생각했던 처음 생각과 달리, 이 책은 혁신교육지구사업이 이루어지는 현장에 대한 종합적인 그러나 말랑말랑하고 지루하게 느껴지지 않는 보고서입니다. 기존의 연구보고서를 생각하면 떠오르는 일정한 틀과 딱딱함보다는 현장의 속내를 그대로 드러내 보여 주는 시사적인 르포의 느낌이 납니다. 이것은 아마도 공동저자들의 글이 조금씩은 다른 맛과 색깔을 가지면서도, 마치 독자들이 혁신교육지구 현장을 직접 가서 본 것처럼 담아내려는 노력이 이 책의 처음부터 끝까지 관통하고 있어서라고 생각됩니다.

이 책의 저자들이 공통으로 주장하고 있듯이 학생들의 교육과 성장은 학교의 울타리를 넘나들며 이루어져야 합니다. 그 이유에 대해 이 책은 말하고 있습니다. 그리고 현재 이러한 교육적 지향이 교육혁신의 과정에서 혁신교육지구를 통해 어떻게 실천되고 있으며 또 보다 발전되기 위해서 우리가 함께 고민하고 풀어 가야 할 문제가 무엇인지 사례와 함께 제시하고 있습니다.

이 책을, 아이들이 자신들의 삶의 시공간에서 행복하게 놀며 자신들의 삶의 가능성을 확장해 나가는 교육 실현을 위해 노력하고 실천하는 어른들인 모든 학교의 교사, 마을교사, 교육정책자, 마을교육연구자와 실천가들에게 추천합니다. 이 책을 통해 현재 혁신교육지구 현장 실천의 의미와 더불어 마을교육공동체의 실현을 위해 함께 고민하고 실천할 문제가 무엇인지에 대하여 많은 시사점을 얻을 수 있을 것입니다. 더불어 교육의 희망으로 가는 또 하나의 길을 발견하실 것이라 확신합니다.

오류중학교 교장 홍제남

마을과 함께하는 교육,
마을교육의 한가운데에서

 교사로서 교직에 발을 들여놓은 지, 이십 수년 만에 처음 학교를 떠나 연구하는 한 해를 보냈다. 한 해 동안 교육청 파견 교육연구년제 교사로서 활동을 한 것이다. 연구 주제는 혁신교육지구였다. 혁신교육지구는 혁신교육에 뿌리로 두고 있는 것으로 두 개의 줄기를 가진다. 하나는 '마을과 함께하는 교육'이고 다른 하나는 '마을교육'이다. '마을과 함께하는 교육'은 학교가 중심이 되어 마을의 교육자원을 찾아가거나, 학교로 가져와 교육과정을 재구성하여 운영하는 것을 추진하는 것이다. '마을교육'은 아이들이 마을에 마련된 교육기관을 찾아가 주민이 중심이 된 마을강사로부터 교육을 제공받는 것이다. 이 둘은 학교의 교사와 마을의 주민이 모두 아이들을 함께 올바르게 성장시키고 키워야 한다는 공감대와 책임의식을 공유한다. 학교는 학교대로 아이들에게 더 좋은 우수한 질의 교육을 제공하기 위해 고민해야 하는 것이며, 이를 위해 학교 울타리 밖으로 나가 마을자원을 어떻게 학교교육에 가져와 수업에 반영할 것인지, 또 이를 위해 어떤 마을강사를 학교교육에 함께 모실 것인지에 관심이 있다. 이를 통해 학생들에게 앎(교과서)과 삶(삶의 터전으로서의 마을)을 연결시켜 주는 더 좋은 교육을 할 것인지에 관심이 모아진다.

 그래서 연구교사들은 한 해 동안 주로 마을을 찾아 학교교육에서 어떤 의미를 갖고 있는지를 밝히고자 하였다. 실제로 마을을 찾아다니면서 느낀 소감을 한마디로 정리하면, '정중동' 그 자체다. 즉 외적으로는 한적하고 조용한 듯 보이나, 내적으로는 매우 강렬하고 역동적이었다. 마을 사람들은 이미 좋은 마을을 만드는 것, 좋은 동네를 꾸미는 데 아이들이 무엇보다 소중한 존재라는 생각을 하고 있었으며, 아이들을 올곧게 잘 키우는 데 지대한 관심이 있었다. 마을 주민이 중심이 된 마을 강사들도 아이들을 잘 가르치고 키우기 위해 무엇을 해야 하는지에 대해 학교교사 못지않은 애정과 열의가 있었다.

이런 분들을 마을탐방 활동을 통해 자주 접했으며, 한편으로 이분들이 바로 학교교사들의 든든한 지원자이며 교육 파트너라는 느낌을 지울 수 없었다. 또 당시 함께했던 연구교사 선생님들도 마을강사분들과의 대화에서 아이들을 잘 키우는 일이 학교교사들만의 일이 아니며, 학교에만 부담을 주어서도 안 된다는 얘기를 들을 때마다 늘 감동했다. 때론 평일 한낮에 마을을 돌다가 잠시 더위를 피하러 들어간 근사한 카페에서 커피 한잔을 즐길 때는 다른 동료 교사들은 학교에서 또 교실에서 애들하고 씨름하면서 애쓰고 계실 텐데 우리가 이렇게 행복해도 되는지를 되묻기도 하였다.

작년 가을에는 열 명의 교사연구년제 선생님들과 이탈리아를 탐방하였다. 이탈리아의 하늘은 지중해를 뒤집어 놓은 듯 정말 파랬다. 유럽 학문의 기원이 된 이탈리아. 그들의 교육, 그들의 마을과 함께하는 교육, 그들의 풍부한 자원으로서의 문화재에 대한 인식 등을 살폈다. 그들은 정말 여유가 있었다. 우리처럼 입시에 그리 부담을 느끼지 않았으며, 가르침이 학습으로 이어져야 한다는 데 적극적이지도 않았다. 마치 무너져 내린 문화재를 그냥 바라봐도 좋다는 듯 아주 여유로웠다. 이게 문화의 차이인가?

혁신교육지구는 새로운 교육의 추구이다. 마을과 교육, 그리고 학교와 학생이 만들어 낸 마을교육공동체의 생태계를 지향하는 바로 그런 이념이 녹아 있는 교육이다. 실제로 마을이 학교교육의 중요한 파트너로 들어와야 한다는 생각이 있지 않은 한 혁신교육지구 교육정책은 성공하기 어렵다. 학교에는 교사와 학생이 있다. 그런데 교사들은 시간이 지나면 학교를 떠나지만 학생들은 학교를 졸업해도 그 마을과 지역에 그대로 남는다. 마치 학생들은 학교를 지키고 마을을 살펴 주는 장승 같은 존재이다. 그들은 학교를 졸업하고 나중에 어른이 되어도 대부분 마을 어딘가에서 그들의 일을 한다. 그렇기 때문에 이들에게 학창 시절 삶의 근원인 마을에 대한 올바른 인식을 심어 주는 것이 중요하다.

서울이라는 대도시에 사는 사람들의 내면도 그들이 성장하면서 자라 온 마을에서 경험한 삶의 목록들이 층층이 켜를 이루며 쌓여서 형성된다. 현재 마을의 어른들이 미래의 그들인 것이다. 그래서 마을에 대한 가치와 신념을 내면화하기 위한 교육이 필요하다. 학교에서 교사가 교과서를 다루며 지식을 가르쳐도 그 속에 그들의 삶의 흔적인 마을의 가치와 맥락이 반영되었을 때 그들에게 훨씬 더 큰 의미로 다가갈 수 있다. 이것이 바로 맥락이 반영된 앎과 삶이 연결된 교육인 것이다.

혁신교육지구가 추구하는 교육은 마치 성벽과도 같은 울타리 속에 학교를 고립시키지 말라는 것이다. 그리고 학생의 교육은 교사만의 의무와 책임이 아니며, 전유물도 아니라는 인식이다. 아이들은 학교뿐 아니라 지역 또는 마을이 함께 키워야 한다는 것이다. 이는 아이들과 청소년의 온전한 성장을 위해 학교와 마을, 교육청과 자치단체가 협력하여 교육공동생태계를 만드는 것을 목표로 한다는 의미이다. 즉 학교교육과정에 학생들 삶의 기반인 마을의 맥락을 담음으로써 생동감 있는 교육을 추구하고, 학습의 주체인 학생들의 앎과 삶을 연결시켜 생명력을 불어넣겠다는 생태적 교육을 의미하는 것이다.

이와 같은 교육 여건을 학창 시절 경험하였을 때, 학생 스스로 수업 환경의 중심(주인공)으로 인식되는 기회를 가졌을 때, 단지 이력으로서의 학력學歷이 아니라 배우는 힘인 학력學力이 형성될 것이다. 이렇게 되었을 때 거친 황무지 같은 사회로 나가더라도 당당한 사회인으로서 자신의 정체감을 드러내고, 사회와 교류하며 강한 민주시민으로서 '개인적 가치 추구와 실현이 곧 공익이다!'라는 신념을 갖고 살아가게 될 것이다. 그런 의미에서 혁신교육지구는 공교육혁신으로서 의미를 갖는다.

현재 혁신교육에 대한 교육계의 관심은 지대하다. 특히 혁신교육은 교육문제가 사회적 현안으로 대두되면서 새로운 핵심으로 힘을 얻어 가는 것으로 보인다. 그러나 교육의 개혁을 주장할 때마다, 원론에는 공감하고 기대하나 실천이 계속될수록 마지막 한계가 앞을 가로막았다. 그 한계는 마치 건널 수 없는 강처럼 늘 버티고 선 '대학입시'였다. 혁신교육에도 여전히 우려를 나타내는 기성세대는 초·중학교에서는 가능하겠지만 고등학교에서도 그러한 방식의 교육이 과연 맞는 것인지에 대해 의구심과 함께 불편한 기색을 보였다. 그런데 대학입시는 이 혁신교육(혁신학교와 혁신교육지구)의 그림(철학)에 담겨 있지 않다. 혁신교육의 그림은 아이들의 삶을 반영한 좋은 교육을 하자는 것이기 때문이다. 마을교육공동체로서 혁신교육은 아이들에게 자기 자신을 살피고, 스스로를 자각하여 정체감을 형성하도록 만들어 주자는 교육 이념이다. 입시란 학습과정의 결과 학생들이 진로를 찾아 고등학교, 대학교 등 상급학교에 진학하는 것이다. 여기에 모든 교육이 초점을 맞추는 일은 학교와 학생들에게 너무 잔인한 것이고 교육을 맹탕으로 만드는 것이다. 수단을 목적 앞에 세울 수는 없다. 또 결과가 과정 앞에 놓일 수는 없다.

이것이 바로 입시를 부르짖으며 혁신교육을 반대하는 사람들에게 해줄 수 있는 답이다. 이러한 혁신교육, 또 혁신교육지구가 대학입시와 아이들의 점수와 성적에 얽매이지 않고 아이들이 자신의 삶과 가치에 더 몰두할 수 있는 교육을 제공하기를 바란다. 이를 위한 마중물 같은 존재가 되었으면 좋겠다. 혁신교육지구는 대학입시의 병폐를 해결해 주기 위한 것은 아니지만, 성동격서聲東擊西처럼 얕고 천박한 교육관이 혁신교육지구와 혁신학교가 성공하면서 천천히 허물어졌으면 한다. 누가 뭐래도 혁신교육은 앞으로 가야 할 방향이라고, 혁신교육을 하기 전 교육은 과거의 교육이고 혁신교육은 미래교육의 시발점임을 밝히고 싶다.

이 책을 출판하면서 감사해야 할 분들이 있다. 우선 서울시교육청 교육연구정보원에서 한 해 동안 연구교사들을 위한 다양한 프로그램을 만들어 제공해 주었다. 연구교사로서 해야 할 연구의 기준과 할 일을 빈틈없이 제공해 주었기에 좋은 연구 결과를 낼 수 있었다. 또 2018년 함께 연구했던 혁신교육지구 연구교사들게도 감사하다. 그 선생님들 중 일부만 집필에 참여했지만, 양재규 선생님, 김선례 선생님, 김언주 선생님, 박인철 선생님, 안소영 선생님의 도움이 없었으면 이 책을 출판하기 어려웠을 것이다. 지면을 빌려 감사의 말씀을 전한다. 부족한 글을 출판해 주신 도서출판 살림터의 정광일 대표께도 진심으로 감사의 인사를 드린다.

대표저자 이용운 초함

차례

제1장

왜 혁신교육지구인가?

이용운

해방 이후 70년이 흘렀고 세월의 흐름과 교육도 함께했다. 그렇지만 교육은 늘 사회의 요구를 반영하지 못해 비판의 대상이 되었고, 한때는 '교실붕괴' 등과 같은 충격적 메시지가 많은 사람들 입에 오르내리기도 했다. 이제 학교는 웬만한 충격요법에는 무디어졌고, 교육에 대한 다소의 지적과 비판은 사회구조의 왜곡된 문화 정도로 넘기면서 별로 중요하지도 않는다. 물론 경제적 불평등 같은 사회구조적 문제 및 학벌사회, 학연과 지연에서 비롯된 파벌주의처럼 잘못 형성된 문화적 요인이 없는 것은 아니다. 그럼에도 교육과 학교, 교실과 수업 자체에서도 문제 해결을 위한 노력이 필요하고, 그 부분은 학교교육의 몫으로 고스란히 남아 있다. 21세기 한국의 학교에는 여전히 교육이 정상적으로 작동되지 못하는 부분이 있는 것이다. 그 예를 소개하면 다음과 같다.

1. 지금 우리 학교의 모습은 어떠한가?

우선 학생들의 학습 방식을 보자. 1960년대 교육과정이 개정될 때부터 공교육 폐해로 제기된 사교육은 그 이후로도 교육의 문제로 끊임없이 제기되어 왔다. 지금도 계속 논란이 되고 있다. 초·중·고등학생들은 여전히 '학교-학원-집'의 학습 패턴을 유지하고 있고, 고등학생은 여기에 야자(야간자율학습을 줄여 부르는 말)가 포함된다. 즉 '학교-야자-학원-집', 또는 '학교-야자-집' 정도이다. 대한민국 학생들 대부분은 이러한 학습 동선을 따라 책가방을 들고 이동하며 하루를 보낸다. 정규 수업 이외에 방과후수업, 야자(야간자율학습), 학원 수강 등 학습 보충의 의미가 무엇인지, 왜 필요한지 모르는 채 맹목적인 학원, 방과후수업, 또는 야자라고 하는 학습과정을 추가로 제공받는다. 학부모의 사교육비 부담 문제도 심각하지만, 학생들의 행복한 삶은 온데간데없이 사라졌다. 학교의 방과후수업과 야간자율학습을 정당화시키는 경쟁논리가 만연하고, 교사를 학습의 공급자로 학생을 수요자로 등치시킨다. 그래서 학습지도의 고유한 권리에 대해 교사보다 학생 보호자가 더 우선해서 선택권을 갖는다(수요자 중심 교육). 이러한 논리와 학부모의 선택적 강요에 의해 중고등학교에서 여전히 방과후와 야간 자율학습이 추진되고 있다.

교육 연한, 즉 교육의 양(소위 '가방끈'이라고 하는 학교를 다닌 횟수)과 특정 학교 졸업장이 신분상승과 계층이동의 사다리(통로)로 가는 길이라는 경쟁논리를 사회에 주입한 결과, 학부모들은 경쟁의 대열에서 자신의 자녀를 먼저 출발시키려는 욕심으로 더욱 사교육에 의존했다. 이것이 '선행학습¹'이라는 폐단을 낳았음에도 여전히 정상의 자리를 차지하고 있다. 이를 정상적인 학생들의 학습 방식이라고 보기는 어렵다.

또 수업을 보자. 수업은 여전히 평가 중심으로 구성된다. 무엇을 가르쳐야 하는지를 고민해서 교육과정을 구성하고, 또 이를 수업에서 다양

---

1. 학교에서 배우는 과정과 평가에서 유리한 결과를 얻을 목적으로 학원이나 과외를 통해 미리 학습 내용을 배우게 함으로써 자녀의 출발선을 앞세우는 학습 방식이다. 이것은 가정의 경제적 수준에 의한 불공평 재생산의 문제를 가져온다. 무엇보다 학생들이 더 이상 학습에 흥미를 느끼지 못해 학교교육의 교실 학습 분위기 침체, 학생들 간 출발점 학습격차, 교사의 교육과정과 수업 편성의 어려움 등 많은 문제를 야기하였다.

하게 구현하고, 성취에 따라 평가하는 것이 정상적인 절차이다.

그런데 학교현장은 그렇지 못하다. 특정한 대학에서 어떤 입시 방식을 내놓았는가에 따라 전국 고등학교의 수업의 방향이 정해지고, 학교교육과정도 이에 맞춰 구성된다. 교육과정에 별로 관심을 두지 않는 경우도 있다. 그래서 실제로 학교교육과정의 기능은 교사들의 수업 배분이나 정원 조정에서만 중요한 역할을 할 뿐이다. 심지어 고등학교 교실에서는 학교교육과정을 외면한 채 수능시험 문제에 맞춰 수업을 운영하고 있거나, 대놓고 수능 문제를 푸는 것으로 수업을 대신하는 경우도 많다고 한다. 대학입학이 중요하기는 하지만, 초·중·고등학교 수업 고유의 목적과 목표가 있을 터인데 이렇게 오로지 대학입시에 초점을 두고 모든 수업이나 교육과정을 구성하는 것은 정상이라고 보기 어렵다.

교육정책은 여전히 하향식이다. 교육은 여러 교육공동체의 협력과 합의의 과정을 거쳐 진행되어야 한다. 그래서 각종 위원회가 있고, 학교교육공동체의 각 집단은 법제화된 기구들을 통해 학교교육과 수업에 대한 여러 사항들을 협의하여 정하고 실천한다. 그러나 안타깝게도 학교교육을 결정하고 이끌어 가는 주체는 여전히 관료조직이다. 그들은 교육의 효과성보다 효율성을 앞세우며, 학교교육의 방향성 제시와 이행의 주도적인 역할을 정당화한다. 이러한 논리는 늘 선의로 포장됨으로써 교사들을 비롯한 학생 교육의 당사자들은 찍어 누르는 듯한 비교육적이고 비상식적인 논리에 적응하지 못한 채 가르치는 일을 하게 되고, 학생들은 경쟁의 프레임 속에 갇혀 버렸다.

이와 같은 비정상적인 하향식 교육 추진 방식의 단적인 사례가 고등학교 서열화이다. 1990년대 후반부터 불어닥친 세계화와 신자유주의는 경쟁 신념을 부추겼고, 교육 관료들의 효율성 사고는 어김없이 서열화라는 교육정책으로 이어졌다. 결국 학교교육에도 수월성과 수준별 교육이 추진되어야 한다는 학계의 논리가 학교교육 관련자 주류의 목소리와 요구인 양 포장되었다. 그에 따라 특목고보다 더 적극적인 자사고(자율형 사립고)와 자공고(자율형 공립고)가 등장했다. 또한 국제 수준에 앞서가려면 세계적인 학력 수준으로 끌어올려야 하고, 이를 위해서는 전국적인 학력평가를 해야 한다는 논리로 전국 모든 초·중·고 학생을 대상으로 하는 일제고사가 도입되었다. 물론 지금은 축소 또는 폐지되었지만 그 폐해에 대한 기억은 여전히 끔찍하다.

일제고사 당시 심각한 폐해 중 하나가 학력평가가 지역 간 학력평가의 수준을 높이는 경쟁으로 이어졌고, 어느 지역에서는 학력고사 성적을 조작했다가 물의를 빚기도 했다. 어디 그곳뿐일까! 정도의 차이는 있겠지만 수없이 많은 곳에서 그와 유사한 일이 벌어졌을 것이다. 이처럼 표준화된 평가도구를 통해 학력을 확인하려는 관료적인 태도는 획일적이고 표준화된 암기 위주의 교육을 부채질하기에 충분했다. 학생들은 이유와 원리를 모르는 채 학습 개념을 머릿속에 구겨 넣어야 하는데, 이는 교육 전문가의 입장에서 볼 때 별 의미가 없는 무리한 교육일 뿐이다. 이해와 설득, 자극과 감동이 없는 교육은 살아 있는 교육이 아니다. 그렇기 때문에 '교육 관료가 지원과 보조가 아닌 학교교육의 비전을 제시하고, 또 주도적으로 이끄는 교육행정은 과연 정상일까?'라는 점에 동의하기 어렵다.

2. 비정상적인 교육의 작동을 멈추려면 무엇을 해야 하는가?

인격의 성장과 지혜의 성숙을 가꾸는 것과 거리가 먼 소모적인 학습 방식, 비정상적인 교육과정과 수업 운영, 교육정책 추진 방식 등에 대한 마침표 신호는 진보 교육감의 등장과 무관하지 않다. 혁신교육은 2011년부터 서울과 지역 일부 자치구를 중심으로 학교단위에서 논의되었고, 대략 이 시기부터 전국적으로 혁신학교가 시범 운영되었다. 혁신교육지구가 서울에서 전면에 등장한 것은 2014년 말 박원순 서울시장과 조희연 서울시교육감이 서울 도시 공동 비전을 발표하면서부터다.

혁신교육지구의 초기 비전은 앞에서 제시한 것처럼 지금까지의 비정상적인 공교육을 혁신하여 바로잡겠다는 것이다. 가르침과 배움의 공간인 학교의 교육이 교사들의 열정은 그대로이나 여러 부분에서 비정상으로 이탈했었지만, 이를 정상 궤도로 되돌려 놓는 교육을 하겠다는 것이다. 가르침이 배움으로 연결되는 교육, 앎과 삶이 함께하는 교육, 이론과 실제가 통합되는 교육을 실시하겠다는 것이다. 이러한 학교교육의 자양분을 받은 학생들은 올곧게 성장하여 사회에 나가서도 행동하는 양심을 갖고 살아가는 강한 민주시민이 되는 것이다. 또 이러한 교육은 학생들이 자신의 목표를 향해 가는 여정에 어렵고 힘든 상황이 있어도, 때론 실패를 해도 다시 일어나 거침없이 자신이 추구하는 방향으로 밀고 가는 원동력으로서 삶의 목록을 쌓는 교육이다. 그리고 교육과정, 수업, 평가가 따로 떨어져 파편화된 상태[2]로 작동하는 것이 아니라 하나의 얼개로 얽혀 있고, 교육과정 속에 수업과 평가의 방향이 담겨지도록 한다. 이는 교육과정만 보아도 어떤 수업과 어떤 평가를 해야 하는지 알 수 있는, 즉 교육과정 중심으로 수업과 평가가 이루어지도록 함으로써 체계와 논리가 바로 서는 교육을 실천하겠다는 의미이다.

혁신교육지구는 혁신교육의 한 일부이다. 즉 혁신교육은 새로운 공교육의 추구로서 혁신학교와 혁신교육지구를 포함한다. 여기서 혁신학교의 핵심은 좋은 수업을 하겠다는 것이다. 혁신교육지구도 마찬가지로 좋은 수업을 하겠다는 것이다. 학교 입장에서 보면 공통점은 좋은 수업을 하는 것이다. 혁신학교는 좋은 수업을 위해 교사들이 스스로 또는 교원학습공동체를 통해 자신들의 수업을 세밀히 관찰, 연구하여 학생들에게 의미 있는 수업을 제공하기 위해 노력한다. 수업 변화의 중심은 교사들의 협력과 고민을 풀어 나가는 '연구과정'에 있다. 물론 혁신학교도 좋은 수업의 최종 목표는 마을과 함께하는 교육이 되어야 할 것이다.[2]

혁신교육지구는 두 가지 차원으로 진행된다. 그 하나는 학교가 좋은 수업을 위해 마을의 교육자원을 발굴하고, 이를 학교교육으로 가져와 교육과정을 재구성해서 수업을 하는 것이다. 이를 '마을과 함께하는 교육'이라고 한다. 다른 하나는 마을은 마을대로 학생들이 성장하는 데 필요한 마을교육기관을 세우고, 좋은 마을강사 자원을 확보하여 마을단위에서도 아이들을 키우는 일을 함께하는 것이다. 이렇게 하는 이유는 더이상 학원 교육에 아이들을 내맡기지 않겠다는 것이다. 또 교사가 교과서와 교실의 울타리 안에서만 이루어지는 수업으로는 수업지도의 효과는 물론 수업 내용을 이해시키기 쉽지 않기 때문에 마을교육자원과 함께 마을강사와 협력하여 가르침으로써 훨씬 의미 있고 효율적인 교육을

---

2. 파편화라는 말은 서로 분리되는 것을 의미한다. 여기에서는 교육과정, 수업, 평가가 서로 독립적이라고 할 수 있다. 이것은 설사 교육과정을 모르더라도 가르치는 일을 하는 데 별 지장이 없고, 충분히 가르칠 수 있는 구조라는 의미다. 또 가르친 내용을 보지 않고 누구나 평가문제를 만들 수 있다면 그것은 교과서적 지식을 묻는 문항일 것이고, 여기에서는 수업과 평가가 따로 작동한다. 아마 대학수학능력시험이 이런 유형의 평가일 것이다. 바로 이것이 학력고사와 같은 표준화된 평가일 것이다. 만약 이런 분위기라면 교육과정의 역할은 무엇일까? 곰곰이 생각하지 않을 수 없다. 가르치는 교사는 교육과정 전문가라고 이야기한다. 과연 교육과정을 외면한 채 교과서만을 가지고 가르치는 교사에게 이런 지위를 부여하는 것이 타당한지 의구심을 갖게 된다. 교육과정을 구성한다는 것은 한 학교의 모든 교사가 같은 방향을 바라볼 수 있도록 공유할 교육 목표와 수업 내용을 구성하는 것이다. 그리고 그에 대한 평가도 함께 공유하는 것이다. 때문에 가르쳐야 할 지식의 정수는 모든 학교가 같더라도 각 학교에서 정한 목표가 다르고 가르치는 내용도 다르기 때문에 평가도 각 학교가 정한 교육 목표와 수업 내용에서 비롯된 맥락적 지식을 평가해야 하는 게 당연하다고 볼 수 있다.

하겠다는 것이다. 학교는 학교대로 마을과 함께하는 교육을 추진하고, 마을은 마을대로 학생들을 성장시키는 데 필요한 질 좋은 탄탄한 마을 교육기관을 만들고 이를 운영할 마을강사를 양성하여 학생들의 교육과 성장을 맡는다면, 학생들은 학교와 마을을 통해 지적·인격적 성장을 함께 도모할 수 있을 것이다. 이것이 바로 혁신교육지구의 본질이며, 마을 교육공동체가 생태계적 교육을 지향하는 모습이다. 혁신학교와 혁신교육지구는 마을에 접근하는 단계와 방식에 차이가 있을 뿐이다. 교사로서 혁신학교와 혁신교육지구를 추구하는 것의 공통점은 '마을과 함께하는 교육'을 통해 좋은 수업을 하는 것이다.

3. 마을을 왜 학교교육에 담아야 하는가?

첫째, 수업을 더 수업답게 하고, 학생 관점에서 그들의 삶의 터전인 마을의 맥락이 수업에 반영되었을 때 더 잘 배우고 성장할 수 있다고 보기 때문이다. 그렇지만 마을을 교육과정과 수업에 담는 일은 쉽지 않다. 교사는 교과서를 가지고 학생을 가르친다. 교과서의 표준화된 개념과 원리는 매우 객관적인 지식 덩어리다. 여기에 맥락을 담으려면 학생들의 삶의 공간인 마을을 찾아 그들과 그 부모들이 만들어 간, 즉 마을 사람들이 삶이 이루는 과정에서 만들어진 마을자원을 찾아야 한다. 그리고 이를 다시 교육과정 속에 녹여 담아야 한다. 그래서 가르침은 전문가의 일이며, 교사를 전문가라 부르는 것이다. 절차는 훨씬 복잡하지만, 이러한 노력의 결과로 교사들은 학생들이 즐거워하는 좋은 수업을 하면서 보람을 얻을 것이다. 이것이 바로 수업 개선의 변곡점이 되는 것이다.

둘째, 경쟁이 아닌 협력을 추구하는 학습 지향이기 때문이다. 마을의 맥락은 같은 사건이라도 학습자에 따라 의미와 맥락이 다르다. 그래서 마을을 담은 수업을 한다는 것은 개인차를 반영하면서 협동학습을 추구하기에 유리하다. 개인차를 반영하는 개별화 수업 방법은 다양하다. 뿐만 아니라 협동학습으로 수업을 진행하는 방법도 다양한데, 이 두 가지를 함께하는 수업은 쉽지 않다. 이미 알려진 수업 방법인 주제중심 프로젝트 수업도 마을을 주제로 운영하면 아주 좋은 수업과정과 결과를 얻을 수 있다. 즉 마을의 다양한 현상을 주제로 가져오면 학생들이 각각의 의미로 프로젝트를 만들어 서로 협력하면서 학습을 할 수 있다. 교사의 협의에 의해 만들어진 교육과정에서 다루어야 할 주제가 정해지면, 이것을 수업에 담을 수 있도록 교과 재구성이 이루어진다. 이 일이 바로 교육 전문가인 교사의 몫이다.

학습자의 삶의 목록을 만들어 주는 수업 구성을 하려면 교사의 전문가적 안목이 있어야 한다. '학급의 많은 학생들을 대상으로 가르치는데 어떻게 개인 중심의 수업이 가능한가?' 이것은 일반적인 강의식 수업 방식으로 표준화된 교과서적인 지식을 가르치고 그것을 평가하면 그만이었던 시절의 이야기다. 이 방식은 어찌 보면 쉽고 단순하다. 그러나 마을을 수업과정 속으로 가져오는 것은, 또 삶의 목록을 담는 방식은 단순하지 않다. 그래서 교육과정 재구성이 어렵고, 수업이 쉽지 않은 것이다. 교사들은 마을을 담는 수업을 위해서 다른 교사들과 함께 고민해야 한다. 그래야 교사의 협력과 고민이 학생들의 협동과 개별화 수업으로 이어지고, 수업 개선이 일어날 수 있다. 다시 말하지만, 수업 개선의 마침표는 역시 '마을과 함께하는 교육' 방식을 지향하는 것이다. 이를 위해 교사들은 마을을 탐구 대상으로 삼아야 하고, 때로는 마을자원을 탐방하고 이를 바탕으로 수업을 꾸미는 일을 고민해야 할 것이다. 혁신학교처럼 혁신교육지구도 역시 마침표는 '마을과 함께하는 교육'을 통한 수업 개선이다.

4. 혁신교육지구와 수업 개선

앞에서 언급했듯이, 학교교육에서 수업 개선을 위한 몸부림은 혁신교육이 추진되면서 더 강해졌다. 지금까지의 열린교육은 교사들의 뚜껑을 열었고 거꾸로 수업은 교사들을 거꾸러뜨렸다는 자조적인 유머가 교사들 사이에 회자된 적이 있다. 즉 위로부터 내려온 하향식 교육혁신이나 수업 개선 관련 정책들은 그 전략과 프레임이 학교 안에서의 변화이고, 교과서의 틀을 고집하는 개선이었다는 것이다. 이는 실제적인 것이 아니라 시늉만 하는 것이었고, 모양만 바뀌는 것이었다. 학교 안에서 교과서만을 가지고 하는 그 어떤 수업도 학생들의 관심과 흥미를 이끌어 내기 어려웠다. 이는 교사만 변화하는 체하다가 마는 반쪽의 혁신이었다. 그랬기 때문에 그 성과를 잘 포장해서 드러냈을지는 몰라도, 실제로는 별로 달라지지 않았다. 사회와 달리, 교사나 학생들은 외부에서 유입된 정책들에 대해 별로 기대하지도 호응하지도 않는다.

혁신교육지구는 마을교육공동체, 교육생태계의 복원 등을 추구하는 교육혁신이다. 민·관·학이 함께하기 위해 지자체와 교육청이 구상하여 지역 거버넌스(협의체)가 만들고, 마을을 교육에 담기 위해 노력하는 방식이다. 학교는 학교대로 마을을 담는 교육을 추진하고, 각 자치구는 자치구대로 마을교육을 위해 좋은 교육자원과 강사 및 프로그램을 만들기 위해 고민한다. 말하자면 혁신교육지구는 학교 수업에 마을을 담기 위해 학교와 자치구가 함께 협력하는 교육 방식이다. 학교에서는 마을과 함께하는 교육과정 구성과 수업 운영이 이루어지고, 마을은 학교 이후

학생들의 성장을 지원하기 위해 마을교육기관과 프로그램, 마을강사를 발굴하고 역량을 키워 학원으로 향하는 학생들은 마을로 불러오는 것이다.

이제 학생들의 학습활동 동선이 '학교-학원-집'이 아니라 '학교-마을-집'으로 바뀌는 것이다. 이렇게 아동과 청소년을 키우는 데 학교와 마을이 협력하면서 추진해 나가는 혁신교육지구 중심 교육은 교육생태계를 갖는 마을교육공동체가 지향하는 교육이다. 따라서 혁신교육지구는 지금까지의 교육 패러다임을 벗어나는 새로운 교육이다. 과거부터 지금까지의 교육은 학교 울타리 안의 교육인 데 비해, 혁신교육지구는 학교 울타리를 넘나드는 교육이고 마을과 함께하는 교육이다. 과거에서 현재에 이르기까지의 교육은 텍스트 중심의 교육이다. 그러나 혁신교육지구가 추구하는 교육은 텍스트(text, 교과)와 콘텍스트(context, 맥락)가 함께하는 교육이다.

지금까지의 교육에서 가르치는 일은 학교교사들의 몫이었지만, 혁신교육지구는 아이들의 성장과 교육을 학교교사와 마을교사가 함께 한다. 아이들을 키우는 일을 학교와 교사 개인이 하는 것이 아니다. 지금까지는 '아이들을 어떻게 가르칠 것인가?'라는 탐구가 누구에게나 똑같은 기회를 준다는 평등equality의 취지에서 이루어졌다. 그래서 누구에게나 똑같은 시간에 똑같은 내용을 전달하는 교육이었다. 그곳에서 학생들이 어떤 경험을 하고 어떤 느낌을 갖는지에 대해서는 그다지 고민하지 않았다. 혁신교육지구는 공정equity을 추구하며 '학교에서 교실에서 수업에서 학생들이 무엇을 배우며, 무엇을 경험하고, 무엇을 느끼는가?'를 탐구의 대상으로 한다. 이는 학생의 의미가 교육과정의 탐구 대상이 된다는 뜻이며, 그래서 혁신교육지구를 미래교육의 지향이라고 보는 것이다.

5. 혁신교육지구의 지향

혁신교육지구의 지향으로서의 본질은 다음과 같다. 아동과 청소년은 학교와 마을이 함께 키워야 한다는 것이다. 학교에 마을을 담지 않는다면 학교교육은 초라하다. 마을을 교육에, 또 교육과정을 구성하는 데 담아냈을 때 의미가 커진다. 마을이 아이를 키우고 성장시키는 데 무관심하면 더 이상 마을의 미래는 없다. 마을은 아이를 키우기 위해 마을교육기관을 만들고 마을강사를 발굴, 운영하는 데 전력해야 한다. 또 마을에서 운영하는 아동 청소년 자치활동 프로그램이 지역사회 구성원으로서 지역의 발전이나 학생의 민주시민 의식 성장과 연관성을 갖는 것이 매우 중요하다. 이처럼 학교는 학교대로 마을은 마을대로 아이들의 교육에 온 힘을 쏟아야 한다.

이 두 가지의 추구가 바로 마을교육공동체의 의미이며, 교육생태계를 지향하는 교육이다. 혁신교육지구는 지역에 따라 또 자치구에 따라 다르지만, 서울의 경우 공식적으로 5년 차를 맞고 있다. 이제 겨우 출발 과정에 있으며, 교사들의 공감대도 그다지 크지 않다. 그렇지만 뜻이 통하면 천리도 지척이라는 말이 있다. 아직 학교의 분위기는 마을과 함께한다는 것을 어색해한다. 그렇지만 이것이 미래교육의 방향이라는 사실은 부인하기 어려우며, 그길로 가는 데 어려움이 있다면 함께 고민하고 노력하여 헤쳐 나가야 한다.

제2장

마을교사 학교와 마주하다

박현선

1. 들어가기

서울시교육청은 학생, 학부모, 교사는 물론 지역사회 구성원 모두가 교육의 주체가 되는 교육혁신의 방안으로 혁신교육지구사업을 실시하고 있다. 혁신교육지구는 지역사회가 교육적 기능을 회복하도록 함으로써 학교를 포함한 마을 전체가 미래 세대의 성장에 대한 책임을 함께 나누며, 교육공동체로서의 역할을 맡아 수행하는 것을 목적으로 한다. '한 아이를 키우려면 온 마을이 필요하다'는 아프리카의 속담처럼 마을 공동체 전체가 교육을 위해 협력하는 시대가 된 것이다.

혁신교육지구는 '학교'라는 제한된 울타리를 넘어 지역사회가 교육에 동참할 때 제대로 된 교육혁신을 이뤄 낼 수 있다는 교육 현장의 자각에서 시작되었다. 활동 중심의 생활 친화적인 교육을 지향하는 혁신학교의 실천 과정에서 학생들이 살고 있는 공간을 교육과 연결하고 그 지역의 교육 자원을 활용하는 일은 필수적이며 중요한 과업으로 대두되었다. 이러한 문제 인식과 고민이 교육환경을 개선하여 지역 발전을 도모하려는 지자체의 요구와 만나 혁신교육지구를 탄생시켰다.[1]

---

1. 강민정 외(2018), 『혁신교육지구란 무엇인가?』, 맘에드림, pp. 22-30.

서울형 혁신교육지구사업은 학교교육에 많은 변화를 이끌어 왔다. 마을-학교 연계 사업을 통해 다양한 인적·물적 자원들이 학교와 결합하여 학교교육과정을 보다 풍성하고 생동감 있게 만들며 공교육 활성화에 기여하고 있다. 이제 '학교'라는 공간에서 정규교육과정과 더불어 방과후활동 수업을 진행하는 마을교사의 모습은 쉽게 접할 수 있는 장면이 되었다. 많은 마을교사들이 다양한 학교교육활동에 참여하여 교사의 빈 지점을 채우며 아이들의 직접적인 삶과 연결되는 교육을 가능하게 해 주고 있다.

　마을교사는 학교와 마을을 아우르는 교육생태계의 중요한 주체로 자리매김하며, 그 역할과 활동 범위를 확장해 나가고 있다. 이들이 확고한 교육관과 전문성을 갖고 사업의 운영과 실제에 지속적으로 참여할 때 마을교육공동체를 지향하는 혁신교육지구사업이 보다 성공적으로 정착될 수 있을 것이다. 이것이 바로 우리가 마을교사에 주목하고 그들의 이야기에 귀를 기울여야 하는 이유이다.

　마을교사의 현실과 상황에 관심을 갖고 그들의 의견을 혁신교육지구 정책과 운영에 적극 반영할 때 비로소 교육의 장에서 지역 주민들의 주체적이고 자발적인 성장과 참여를 이끌어 낼 수 있다. 혁신교육지구사업에서 마을교사들의 목소리에 귀를 기울이는 것은 마을교사로 대변되는 '민'이 중요한 위치에 있음을 인정하고 그들과의 협력체제를 좀 더 굳건하게 만드는 노력의 일환이기도 하다.

　따라서 이 장에서는 마을교사들이 학교 현장에서 어떤 현실과 갈등을 경험하며, 그 경험이 그들에게 어떤 의미로 작용하는지 살펴봄으로써 마을교사의 전문성 신장 및 교육적 경험 확대를 위한 지원 방안이 무엇인지 모색해 보고자 하였다.

　이 글은 2018년 한 해 동안 필자가 혁신교육지구 연구교사로 있으면서 함께 활동했던 동대문구 지역 마을교사들을 관찰하고 인터뷰하며 기록한 '마을교사의 학교생활기'라고 할 수 있다. 비록 그들과는 다른 학교교사의 입장이지만 마을교사들의 눈으로 바라본 학교의 현실과 혁신교육지구에 대한 바람을 풀어내고자 노력하였다.

2. 궁금한 그들, 마을교사의 출현

교육 공간이 학교를 넘어 마을로 확대되고 마을의 인적 물적 자원들이 학교 담을 넘어 교육과정 안으로 들어오며 학부모를 포함한 마을 주민들이 다양한 방식으로 교육에 참여하고 실천하게 되었다. '마을 주민'이라는 지역사회의 인적 인프라를 적극적으로 활용하고 학교교육과정의 특정 영역을 마을의 교육역량과 연계, 재구성하여 실천한 결과가 바로 '마을교사의 출현'이다. 학교에서만 이루어지던 교육의 영역을 마을과 함께 책임지게 되면서 마을교사는 학생들과 교육활동을 통해 만나는 마을교육공동체의 또 다른 주체로 자리매김하게 되었다.

온 마을이 함께하는 교육공동체를 구축하여 교육혁신을 이루기 위한 서울형 혁신교육지구사업에서 학교와 마을의 적극적인 참여와 변화는 필수적이다. 초기부터 학교가 소극적인 자세로 일관했던 반면 마을은 적극적으로 결합하는 모습을 보여 주었다. 그동안 '교사와 학교'만의 영역으로 여겨졌던 교육에 '마을과 주민'이라는 또 다른 교육 주체가 함께하며 학교 현장이나 마을에서 다양한 교육을 실행할 수 있게 되었다.

'마을교사'라는 새로운 교육 주체가 학교 정규교육과정이나 방과후학교와 연계하는 것이 필수적인 서울형 혁신교육지구사업으로 부상하게 되었고, 마을과 학교의 협력 안에서 활동하는 마을교사가 마을교육의

중요한 구심점으로 인식되었다.[2]

마을교사는 서울 전 지역을 포함하여 혁신교육지구사업이나 마을교육공동체사업이 진행되는 곳곳에서 발굴 양성되어 활동하고 있다. 하지만 아직까지 실천 초기 단계이고 구체적인 검증 사례가 많지 않아 그 의미와 역할은 명확하지 않다. '마을교사'라는 용어를 서로 다른 관점과 개념으로 구별하지 않고 사용함으로써 혼란이 생기기도 하고 다양하게 해석되기도 한다.

이철우[2017 3]는 마을교사를 "학생들이 학교 밖에서도 만날 수 있는 마을의 구성원으로서 네트워크에 소속되어 강의, 돌봄 등 다양한 형태의 아동·청소년 교육을 실천하는 사람"이라고 정의하였다.

김태정[2017 4]은 "혁신미래교육의 취지와 가치에 동의하고 혁신교육지구사업의 다양한 학생 교육활동에 참여하는 주체"로 마을교사라는 용어를 설명한다. 이에 덧붙여 마을교사들이 갖추어야 할 역량으로 "창의적인 콘텐츠, 실재적인 교수학습능력, 융합 콘텐츠 개발 및 네트워크 형성을 위한 협동능력"을 제시하였다.

김혜신[2018 5]은 "아이들이 마을과 함께 성장할 수 있도록 교육과 문화의 기회를 제공하고 나아가 학교와 가정, 이웃을 이어 주는 사람"으로 마을교사를 정의하였다.

도봉구는 '도봉 마을교사'라는 용어를 사용하여 그 의미를 "구청에서 서류 접수 및 면접을 거쳐 등록·관리하는 마을교사 인력풀에 소속된

---

2. 주정훈 외(2017), 『학교와 지치구가 협력하는 마을방과후학교 운영 방안 연구』, 서울교육연구정보원 교육정책연구소, pp. 32-33.
3. 이철우(2017), 「마을을 품은 사람들」, 서울형혁신교육지구 제2차 실무협의회 회의자료.
4. 김태정(2017), 「혁신교육지구의 마을강사 지원 방안」, 서울형혁신교육지구 제4차 실무협의회 회의자료.
5. 김혜신(시민협력플랫폼 대표), 「혁신교육에서의 마을교사의 역할」, 〈2018 동대문구 마을교사 역량 강화연수 강의 자료〉(2018. 8. 22).

문예체·창체 협력교사, 방과후마을학교 강사, 도봉혁신교육지구특화사업 강사"라고 설명한다.[6]

마을교사는 학교 밖 마을에서 이루어지는 체험, 관찰 및 탐구활동 등의 교육을 담당하는 마을 주민을 일컫는 용어로 사용되기도 하고, 혁신교육지구사업의 일환으로 학교교육 안에서 협력수업을 하거나 방과후수업을 진행하는 마을 출신의 교사를 의미하기도 한다. 또는 이 둘을 모두 포함한 넓은 개념으로 '마을교사'를 '마을 안팎에서' 아이들과 관련된 다양한 교육활동을 수행하는 마을 주민으로 정의하기도 한다.

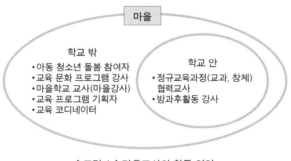

[그림 1] 마을교사의 활동 영역

마을교사는 정규교육과정의 협력교사나 방과후활동 강사 형태로 학교 안에서 아이들과 만나는 한편 학교 밖에서도 아이들을 위한 다양한 교육적 활동을 수행하며 마을교육을 보다 풍성하고 다채롭게 만든다.

혁신교육지구는 교육의 책임을 마을과 주민들로 확장시키며 교사뿐만 아니라 마을의 다른 구성원들도 아이들의 삶과 성장에 대한 책무성을 가져야 함을 강조한다. 하지만 마을 주민이 아이들의 교육에 책임을 나눠 갖는다는 것은 마을 어른들이 가르치는 사람인 교사가 되는 것을

---

6. 도봉혁신교육지원센터 홈페이지(http://happyedu.dobong.go.kr/Contents.asp?code=10001024)

포함하면서도 여기에만 국한되지 않는다. 마을교사의 역할을 '가르치는 것'으로 한정짓는 것은 혁신교육지구가 기존의 교육 패러다임을 극복하는 것임에도 불구하고 그 실행과정 속에서는 여전히 기존 관념의 지배를 받고 있다는 한계를 보여 주는 것이다.

마을교사의 역할에 대한 논의는 혁신교육지구가 추구하는 마을교육공동체 혹은 마을교육생태계의 모습과 그 맥을 같이한다.[7] 마을교육공동체는 분리되었던 마을의 다양한 교육 자원을 통합적으로 연결하여 아이들을 함께 책임지기 위해 협력하는 집단이다. 구성원들은 그 안에서 서로 배우고 가르치며 의미 있는 성장을 함께 이루어 나간다. 마을교사는 마을교육공동체에서 주도적으로 활동하며 광범위한 역할을 담당한다.

1) 삶(마을)과 배움(학교)의 매개자로서의 마을교사

'마을이 아이들을 함께 키운다'는 것은 그 마을이 가지고 있는 교육 자원과 인프라를 적극적으로 활용할 때 가능하다. 마을교육공동체는 이를 위해 아이들이 학교뿐만 아니라 마을의 자연과 문화 그리고 그 안에서 삶을 배움과 연결해 나갈 수 있도록 교육적인 기회를 제공해야 한다. 아이들은 마을의 주민들이 교사가 되고, 누구에게나 배움이 가능함을 경험하며 관계를 확장시켜 나간다. 그 속에서 공동체 의식 또한 체득하게 된다. 마을교육과정을 실현하는 과정에서 마을과 학교를 넘나들며 교육활동을 주도하는 마을교사는 마을과 학교의 매개자로서 중요한 위치를 지닌다.

---

7. 주정훈 외(2017), 앞의 글, pp. 32-33.

2) 교육혁신 실천가로서의 마을교사

혁신교육지구에서 마을과 마을교사의 역할은 학교로 들어가 학교교육의 혁신을 돕는 것도 있지만 좀 더 중요한 일은 학교 밖 마을을 교육적으로 변화시켜 마을 전체를 교육적인 공간으로 만들어 가는 일이다. 따라서 기존의 '지식과 기능을 전달하고 가르치는 것이 교육'이라는 고정관념을 버리고 마을의 주민들이 교육적으로 기여할 수 있는 일에 대해 상상하고 고민하며 실천해야 한다. 이와 함께 어른들이 아니라 아이들의 입장에서 필요한 것들을 찾아내려는 노력이 필요하다. 마을교사들은 학교와 마을에서 아이들이 원하는 교육을 실현하기 위해 새로운 상상과 실천에 도전해야 한다.

3) 마을교육공동체 전수자로서의 마을교사

마을교육공동체의 목표는 학생들에게 그 지역에 관한 내용을 관계 맺음과 실천적 경험을 통해 가르치고, 그들의 학습 역량과 정의적 발달을 도모하며 그들의 성장이 다시 마을로 돌아오는 지역공동체를 구성하는 것이다. 마을공동체는 마을 아이들을 그 마을의 민주시민으로 성장시켜 마을공동체의 새로운 주체로 설 수 있게 이끄는 역할을 담당한다.[8]

혁신교육지구사업은 아이들은 물론 마을의 모든 사람들이 마을에서 서로 배움을 실천할 수 있는 마을교육생태계를 만드는 일이다. 따라서 교육활동을 주도하는 마을교사는 아이들을 가르치며 스스로 자신의 성장을 위한 배움을 실행해 나가야 한다. 아이들은 이러한 마을교사들을 통해 성장 단계에서부터 마을과 관계 맺으며 새로운 마을 주체로 발전해 나간다.[9]

8. 이경석(2016), 「마을공동체, 삶 속에서 교육이 일어나는 이야기」, 『우리교육』 2016년 6월호, 120-129.

4) 협력적 교육 전문가로서의 마을교사

마을교사는 자기만의 전문적인 영역을 가지고 교육활동을 수행할 수 있는 능력 또한 갖춰야 한다. 마을과 학교의 결합을 통해 교육과정을 심화하여 더 넓고 깊게 배울 수 있도록 고민하고, 가치 중심의 교육이 삶의 관점에서 이루어질 수 있도록 교육활동을 기획하는 전문가가 되어야 한다. 또한 마을교사는 학교 안팎에서 진행되는 다양한 교육의 협력자로서 연대를 통해 동료 교사들과 지혜와 경험을 나누며 함께 수업을 발전시키고 성장하려는 열린 마음을 지녀야 한다.

이처럼 마을교사는 가치 중심의 배움을 삶과 연결하고 아이들 입장을 대변한 혁신적인 교육을 실천하며, 마을교육의 질 향상은 물론 지역 아이들의 성장 방향과 교육 비전을 구축하는 역할 또한 담당해 나가야 한다.

3. 내가 만난 마을교사

필자는 2018년 동부교육지원청 혁신교육지구 연구교사로 활동하면서 동대문구에서 활동하는 다수의 마을교사들을 만날 수 있었다. 이들 중 초등학교에서 교육활동을 진행하는 마을교사 다섯 명을 선정하여 심층 면담과 참여관찰을 실시하였다.

연구 대상은 최대한 다양한 마을교사의 특성을 반영할 수 있도록 경력, 연령, 활동 영역을 고려하여 선정하였고, 이들의 진솔한 이야기를 듣기 위해서는 필자와의 래포rapport 형성이 필수적이므로 혁신교육지구사

---

9. 나도삼(2015), 「마을기반 조성·공교육혁신 실현 마을연계형 학교 지원 시스템 구축」, 서울연구원, 27-36.

[표 1] 마을교사 기본 정보

구분	영역	성별	나이	관련 자격 및 과정 이수	경력	거주지
마을교사1	문화예술	여	30대	교육연극지도사	3년	중랑구
마을교사2	생태	여	50대	숲해설가, 유아숲지도사	9년	동대문구
마을교사3	놀이	여	40대	유치원 정교사, 보육교사, 동대문구 마을교사(놀이) 양성 과정	1년	동대문구
마을교사4	마을해설	여	40대	동대문구 마을교사(고장해설) 양성 과정	2년	동대문구
마을교사5	진로체험	여	40대	중등 2급 정교사, 독서지도사, 창직 진로 지도사, 학부모 진로 코치단 양성 과정	4년	동대문구

업에 참여가 활발하여 필자와 접촉이 용이한 마을교사를 선별하였다.

내가 만난 마을교사는 다음과 같다.

마을교사1은 30대 초반의 여성으로 대학 때 극단 활동을 바탕으로 졸업 후 문화예술기획업무에 종사하였다. 이후 학생들을 가르치는 일에 매력을 느껴 초등학교 돌봄 교실 특기적성수업 강사로 활동 중 학교의 권유로 동대문구 '우리마을교육멘토단'에 지원하여 보다 다양한 아이들을 만나게 되었다. 교육연극 관련 학회 연구모임 및 극단에서 활동하며 교육연극대학원에 재학 중이다. 2018년에는 동대문구 관내 2개의 초등학교에서 정규교육과정 내 연극 수업을 진행하고 있으며, 동대문혁신교육지구 분과별 네트워크[10] 중 마을교사 분과 모임 및 모니터링 활동에 참여하였다.

마을교사2는 50대 중반의 여성으로 2009년 동대문구에서 진행한 '숲해설가 양성 교육'을 이수한 후 생태 관련 다양한 봉사 및 교육활동에

---

10. 동대문혁신교육지구의 경우 혁신교육 추진을 위한 민·관·학 거버넌스 구축의 일환으로 6개의 분과별 네트워크(교원, 학부모, 청소년 자치, 도서관, 마을교사, 마을방과후)를 운영 지원하고 있다.

참여해 오다 2016년부터 동대문구 서울형혁신교육지구 마을교사로 활동 중이다. 마을교사 분과 모임, 동대문구 환경봉사 및 지킴이 활동, 동대문구 생태교사 모임 등 마을교육네트워크 활동에도 활발하게 참여하고 있으며, 2018년에는 동대문구 관내 3개 초등학교에서 생태수업을 진행하였다.

마을교사3은 초등학생 자녀를 둔 40대 초반의 여성으로 동대문구 2017년 마을교사(놀이 분야) 양성교육을 이수한 후 마을교사로 활동하고 있다. 2018년에는 관내 초등학교 한 곳에서 주말 놀이수업을 진행하며, 동대문구 '마을-교육활동 공동체 지원 사업'[11]에 참여하였다. 동대문구 놀이교사 모임의 구성원으로 활동하며 분기별 동대문구 놀이마당을 기획·운영하였다.

마을교사4는 초등학생 자녀를 둔 40대 초반의 여성으로 자녀가 다니는 혁신학교의 학교운영위원회 위원장 및 생협 조합원으로 활동하며 공동체 및 혁신교육에 대한 경험을 지녔다. 2017년 마을교사(마을해설 분야) 양성교육을 이수한 후 마을교사로 활동하고 있다. 동대문구 혁신교육지구사업 중 '우리고장체험활동'에 주 강사 및 보조 강사로 5~6군데 초등학교에서 수업을 진행하였다. 마을해설 분야 마을교사들과 매주 1회 공부모임에 참여하고 있으며, '마을-교육활동 공동체 지원 사업'에 합류하여 초등학생 대상 역사문화체험활동을 진행하였다.

마을교사5는 중학생과 초등학생 자녀를 둔 40대 초반의 여성으로 수학학원을 운영하며, 자녀 교육 연수나 학부모 활동에 적극적으로 참여해 왔다. 2014년 와락(동대문진로직업지원센터)에서 학부모진로코치단

---

11. 2018년 동대문혁신교육지구의 마을방과후 체제 구축을 위한 사업으로 마을 내 교육활동에 참여하기를 원하는 주민 모임을 대상으로 프로그램을 공모하고 예산을 지원해 주어 마을자원 발굴과 민간 네트워크 구성의 주요한 수단이 되고 있다.

양성 연수를 이수한 후 직업체험현장 발굴 및 모니터링 봉사활동에 참여하였다. 2015년부터 초중학교 맞춤형 진로 프로그램인 '파워맘맞춤형 진로교실'의 강사로 활동하면서 지역 아이들의 마을교사가 되었다. 2018년에는 '우리마을교육멘토단'에 들어가 동대문구 두 곳의 초등학교에서 진로체험교육을 실시하였다. 또한 마을-교육활동 공동체 지원 사업에 참여하여 진로독서 프로그램을 진행하였다. 혁신교육지구 내 학부모 분과와 마을방과후 분과원으로 관련 행사 및 프로그램에 적극적으로 참여하는 편이다.

4. 마을교사의 초등학교 생활기

연구에 참여할 마을교사를 선정한 후 그들을 따라 관련 모임과 행사는 물론 마을교사 대상 연수 등에 함께 참여하였다. 그리고 그들이 수업을 진행하는 학교로 직접 찾아가 생활 모습과 교육활동 장면을 관찰하였다. 또한 마을교사들에게 좀 더 친근하게 다가갈 수 있도록 1~2회 정도 개별적인 만남을 가진 후 마을교사와의 심층면담을 실시하였다. 그 결과 마을교사로서 경험하는 학교생활의 양상과 이 속에서 생성된 갈등과 성장의 추이를 파악할 수 있었다.

그들은 학교교육활동에 필요한 행정 절차와 업무를 접하며, 마을과는 다른 학교교육의 무게를 실감하고 있었다. 그리고 아이들을 교육하며 특정 분야의 교육활동을 주도적으로 진행하는 전문가로서의 자신의 모습을 발견하고 있었다. 마을교사는 그들의 교육 행위가 지식과 기능을 신장하고 소질을 개발하는 일에만 머무르지 않고 아이들의 전인적 성장을 도모하길 바라며 정서적인 돌봄에도 많은 노력을 기울이는 것을 알 수 있었다. 그들은 한정적이고 불규칙한 수업 일정을 소화하면서 불안정한 마을교사로서의 위치를 재확인한다. 또한 외부자인 마을교사에 대한 교사의 무관심과 이에 따른 소통의 어려움을 실감한다.

1) 학교교육활동에 필요한 행정 절차 및 업무 직면

마을교사들은 대부분 학년 초에 교육활동을 할 학교들이 정해지면 그해 1년 동안 진행하게 될 수업시수를 배정받는다. 동대문구의 마을교사들은 학교 계획에 따라 학교당 적게는 4차시에서 많게는 30차시까지 수업을 담당하게 된다. 대부분은 학교와 따로 강사계약서를 작성하고 규정에 맞춰 채용·신체검사서와 성범죄 및 아동학대 관련 범죄 전력 조회동의서를 작성하여 제출한다.

> 학교에 들어가면 성범죄조회동의서나 채용·신체검사서를 내야 돼요. 진짜 그걸 받는 건 너무 당연한 거구 저도 학교에 많이 나가니까 학교 입장을 저는 알고 있어요. 하지만 (다른) 마을교사는 그동안 안 나가셨던 분들이 처음 나가는 경우가 많아서 잘 몰라요. 그런데 모르는 부분을 학교에서는 당연하게 요구하시고 동대문구에서는 안내해 준 게 없고. 그래서 동대문구에서 채용하실 때부터 안내가 미리 나가면 훨씬 좋겠다는 생각을 했어요. _마을교사1

> 저는 학교에서 수업하려면 채용·신체검사서, 성범죄동의서는 당연히 내야 할 서류라고 생각해요. 그런데 한 번 제출하면 다른 학교랑 공유했으면 합니다. 매번 가는 학교마다 제출하는 것은 많이 불편해요. _마을교사2

학교 처음 들어올 때 계약서도 쓰고 채용신체검사서랑 다른 서류들도 제출했어요. 서류를 제출하다 보니까 '내가 아무나 할 수 없는 일을 하는구나'라는 생각에 자부심도 생기고, 학교에서 교육을 담당한다는 점에 책임감이 생겼어요. _마을교사3

채용신체검사서나 성범죄 및 아동학대 관련 범죄 전력 조회 동의서 등의 서류는 공교육기관인 학교에서 교육활동을 운영할 경우 반드시 제출해야 하는 것들이다. 따라서 학교에서의 교육 경험이 있는 마을교사들은 '학교'가 갖는 아동 보호와 교육의 의무를 이해하고 적극적으로 협조하는 모습을 보인다. 또한 여러 가지 채용 관련 서류를 제출하고 계약서를 작성하며 마을에서와 다른 학교라는 교육기관에서 이루어지는 교육활동의 무게와 함께 책임감을 실감하게 된다.

하지만 학교를 처음 접하는 마을교사들은 이 서류들의 필요성과 이유에 대해 알지 못하여 신경이 쓰이고 부담이 되기도 한다. 또한 마을교사들이 연계된 학교마다 같은 서류를 반복적으로 제출하라는 요구에 피로감을 느끼기도 한다.

학교는 교안 내라고 하죠. 저희는 연간으로 들어갈 때는 연간 계획서를 다 내야 되고요. ○○초 같은 경우는 다 넣었어요. 차시별로 자세하게 넣어요. 동아리로 15회인데 그 15회를 다 넣어요. 틀은 저희가 해요. 저희가 쓰는 양식이 있어요. 활동 목표가 뭐고 언제부터 언제까지 하고 주제는 뭐고, 몇 월 며칠은 무슨 주제를 어떻게 하고, 그렇게까지 쓰게 되어 있어요.

_마을교사2

교무실에 (마을교사) 출근부가 있어요. 사인하고 교무실에 가서 (참여 아동) 출석부 가져와서 수업을 하고 사인 다 한 다음에 갖다 놓고, (서류철) 맨 뒤편에 보고서까지는 아니고 오늘 수업에 한 놀이 간단하게 정리해서 적고 서명하는 게 있어요. 오늘 뭐 했다는 정도…. (중략)

학교에서 문자를 보내 달라거나 그런 건 없었고 담당 선생님이 아이들이나 학부모한테 문자를 받으면 저한테 다시 문자를 보내야 되고 이게 이중 일이잖아요. 건너서 들어오니까…. 그래서 제 번호를 가정통신문에 넣어 달라고 했어요. 그리고 제가 (수업 전날) "저녁에 아이들에게 안내 문자 돌려도 될까요?"라고 했는데 학교에서 좋다고 하셔서 문자를 돌리게 됐어요. 두 번째 시간부터. _마을교사3

이후에도 마을교사들은 수업 시작 전 학교에 자신이 담당한 교육활동 전체의 계획서를 제출한다. 그리고 학교에 올 때마다 근무상황부에 서명하고 수업 후 간단하게 활동 내용을 기록한다. 이러한 서류들은 내용은 비슷하지만 학교마다 형식은 달라진다. 학교에서 정해진 틀을 제공하거나 마을교사의 재량에 맡겨 자율적인 양식의 계획서를 받기도 한다. 방과후활동을 담당하는 마을교사는 독립적으로 혼자 수업을 진행하게 되므로 학생들의 출결사항과 수업 준비물 및 수업 관련 안내 사항을 직접 챙기기도 한다.

이렇듯 마을교사들은 주체적인 교육활동 외에도 학교 안에서 마을연계 수업이 이루어지기 위해 필요한 서류들을 작성하고 제출하는 일을 담당한다. 이들은 학교생활을 통해 자연스레 수업 이외의 행정적인 업무들 또한 학교에서 교육활동을 실행하는 마을교사들의 업무라고 인식하게 된다.

2) 영역별 교육 전문가로서 자신의 모습 발견

동대문구에서 발굴된 마을교사들은 학교에 들어와 음악, 미술, 체육과 같은 예체능은 물론 생태, 놀이 등의 다양한 분야에서 교육활동을 진행한다. 이들은 학교교육의 수준을 높이고 아이들에게 보다 행복하고 안전한 교육을 제공할 수 있는 원동력으로 작용한다. 마을교사에게 있어 자신이 맡은 교육활동은 가장 중요한 업무이자 의미 있는 시간이다.

> 제가 하는 수업 '창직'은 '새롭게 직업을 만든다'는 뜻이거든요. 그러니까 세상에는 많은 직업들이 있다는 것하고…. 중요한 건 발상의 전환? 다른 각도에서 생각할 수 있도록 해 주는게 중요하죠. 그래서 저희가 보드게임으로 발상을 전환시키려고 하죠. 보드게임을 통해 직업도 유추해 보고 새롭게 여러 요소들을 결합해서 만들 수 있는 것도 생각해 보고…. 모둠으로 직접 참여하고 활동하면서 서로의 생각을 들어 보고 발전시킬수 있게 하는 게 중요하죠. 하찮고 엉뚱한 게 아니라 모두의 생각들이 소중하다는 것을 알려 주고 싶어요. 직접 창직하는 활동도 해 보고 창직을 어떤 과정을 통해 할 수 있는지 PPT에도 담고 카드나 보드게임을 가지고 같이 해 보기도 하죠.
>
> _마을교사5

아이들을 대상으로 '창직'이라는 진로교육을 진행하는 마을교사5는 자신의 수업에 대한 확실한 목표를 가지고 수업을 계획하고 실시한다. 자신이 맡고 있는 '창직'이라는 프로그램의 특징을 파악하여 '수업을 통해 서로의 생각을 존중하고 발상의 전환을 시도하자'라는 목표를 설정하였다. 또한 아이들의 눈높이에 맞춘 카드놀이나 보드게임을 활용하여 자기만의 진로교육활동을 만들어 가고 있다. 이는 자신의 활동 영역에 대한 전문가적 역량을 보여 주는 것이라 할 수 있다.

> 아이들 데리고 밖에 나가서 유물이나 장소에 대해서 설명하려면 아이들이 잘 듣지 않아요. 그런데 오늘 체험한 내용을 '미니큐브'로 짚어 주면 아이들이 완전 좋아하죠. 저희가 4코스로 우리 고장 체험 활동이 진행되는데 코스별 장소에 대한 내용이랑 그림을 넣어서 만든 교구가 있어요. 아이들이 큐브를 완성하면서 내용도 익히고요. 버스 안에서 체험한 내용으로 퀴즈 낼 때 큐브에 힌트 있다고 알려 주면 더 재미있어하고 열심히 찾아요. _마을교사4

마을교사들은 아이들의 흥미를 고려한 수업지도 방법을 연구하고 수업에 적용한다. 다소 따분하고 어렵게 느껴지는 우리 고장의 유적지와 박물관에 대한 설명을 '미니큐브'라는 교구를 이용해 제시함으로써 아이들은 자신이 살고 있는 고장을 좀 더 인상 깊게 이해하고 기억할 수 있다. 각 유적지나 유물 스티커를 설명에 맞게 붙여 보며 재미있게 체험 활동에 참여할 수 있다.

마을교사들은 자신의 교육활동이 아이들에게 알찬 경험이 될 수 있도록 효과적인 방법을 연구하고 그것을 수업에 적용해 보는 과정 속에서 교구나 놀이를 통한 다양한 교육 방법을 만들어 내기도 한다.

> 저는 답사를 꼭 가요. (수업) 하루 전이나 2~3일 전에 꼭 가

고, 당일 일찍 가서 답사하는 거 그건 안 빼놔요. 그거 없으면 암만 준비해도 현장에 갔을 때 당황할 수 있어요. 생태는 꼭 그래요. 제가 어제 답사할 때 꽃이 저기 피었어요. 그런데 내일 그걸 이야기해 줘야 하는데 없을 때가 있어요. 저는 숲 해설 모임에서도 선생님들한테 그건 꼭 당부해요. '선생님이 많이 아는 게 중요한 게 아니다. 선생님들이 수업을 갈 때는 꼭 답사하고 교안 쓰고 시나리오 쓰고 해야 한다'라고요.

저 같은 경우는 학교 수업 다 다녔잖아요. 지금 학교 수업하시는 선생님들도 일지는 많이 안 쓰실 거예요. 저는 다 써요. 그날에 있었던 것도 쓰고 기대효과, 살짝 멘트하는 거 있으면 써 놓고 사진 6컷 정도 해 가지고 그 결과를 일지에 써서 학교에 드렸어요. _마을교사2

마을교사들은 효과적인 교육활동을 위해 수업 이외의 시간에 많은 준비를 한다. 마을교사2는 외부 여건에 따라 수업 내용이 달라질 수 있는 야외 생태수업의 사전 답사를 필수적으로 실시한다. 또한 전문적인 지식만으로 좋은 교육이 이루어질 수 없음을 알고 사전에 체계적인 교육활동 계획을 세우고 내용을 살펴보며 수업을 준비한다. 수업 후에도 수업일지를 통해 자신의 수업 내용을 살펴보고 반성하는 시간을 갖는다. 마을교사들은 사전 답사나 수업 시나리오 작성, 수업일지 작성 등의 수업 전후 활동을 통해 더 좋은 교육을 실현하기 위해 노력한다.

연구 참여자를 비롯한 대부분의 마을교사들은 자신의 분야에 대해 전문적인 지식과 기술은 물론 수업을 진행하고 준비하는 능력 또한 갖추어야 한다는 것에 동의하고 있으며, 자신의 전문성을 키우기 위해 열심히 노력하고 있음을 알 수 있었다.

3) 같은 마을 아이들에 대한 관심과 애정

마을교사 중 많은 수가 관내 학부모들로 자신의 아이들을 보살피는 마음으로 아이들을 만난다. 이들은 교육활동을 통해 학생들과 다양한 관계를 맺어 가며 학생들의 전인적 성장을 돕기 위해 노력한다.

> 정말 아이들이 변하는 것 같아요. 부딪혀서 '쟤 때문에 내가 죽었어.' 원망하는 게 아니라 '나도 그럴 수고 쟤도 그럴 수 있지.' 이런 게 생기더라고요. 물론 모든 아이들이 그런 건 아니지만 그래도 학기 초에 비하면 많이 유해졌어요. 처음에는 자기가 싫어하는 친구랑 같은 팀 되는 거 정말 싫어했는데 요즘에는 '좋지 않지만 같은 팀이니까 같이 해야지.' 이런 게 보여요. 아이들이 되게 잘 놀고 변화되는 거 보면 보람도 느끼고 내가 나한테도 고맙고 애들한테도 고맙죠. _마을교사3

마을교사3은 아이들의 교육활동에서 보였던 아이들의 인성적인 변화를 크게 받아들이며 보람이자 감사한 일이라고 표현한다. 마을교사들은 학생들에게 애정을 느끼고 그들이 바람직한 인성을 갖춘 사람으로 성장하는 데 많은 의미를 둔다.

> 아이들이 폭력적인 발언을 할 때가 많아요. 폭력적인 장면을 만들 때도 많고. 그럴 때 그 아이만 탓할 순 없는데 제 입장에서는 저 아이가 왜 그랬는지에 대해 이야기를 나눠 보고 싶어요. 그런데 저는 담임교사가 아니다 보니까 아이들을 데리고 와서 상담을 하거나 할 수가 없어서 좀 아쉬워요. "친구야 그 장면을 어떻게 만들게 됐어? 왜 이 장면을 뽑았어?" 이렇게 이

야기하긴 해요. 어떤 아이들은 정말 그냥 튀고 싶어서 만들 때도 있는데, 담임선생님이 한 번 더 물어봐 주시면 좋겠어요. 아이가 이야기하고 싶어 하지 않을 때는 그냥 "그렇구나. 네가 잘못해서 물어본 게 아니라 선생님은 혹시 네가 이걸 만든 이유가 있는지, 또는 다른 친구들 때문에 물어봤어." 그렇게 이야기할 때도 있고, "TV에서 그런 장면을 본 적 있니? 주변에서 이런 경험을 한 적 있어?"라고 물어보기도 해요. _마을교사1

마을교사1은 실제 수업 장면에서 겪은 경험담을 이야기하면서 돌출행동을 하는 아이들을 대할 때 마을교사의 입장을 전달한다. 아이들이 정서적으로 결핍된 상태에서 수업에 참여하며 생기는 문제에 대한 인식은 물론 그런 아이들을 어떻게 대해야 하는지 나름의 비법도 지니고 있다.

마을교사들은 '우리 동네 아이들'이라는 이유로 아이들에게 많은 관심과 애정을 갖고 있으며 아이들의 바른 성장에 주목하고 있음을 확인할 수 있다.

4) 단편적이고 불규칙적인 교육활동에 대한 불안과 갈등

2018년 동대문구에서 선발된 마을교사 73명 중 초등학교 수업에 연계된 마을교사의 수는 60명이다.[12] 마을교사에 선정되어도 학교의 선택을 받지 못해 수업을 진행하지 못하는 경우도 발생하는 것이다. 그나마 학교와 연계된 마을교사의 경우도 수업시간에서 많은 차이를 보인다. 올해의 경우 마을교사 한 명당 9시간에서 180시간까지의 수업을 담당하였다. 따라서 마을교사들은 마을교사연계사업을 신청하는 학교 수와 수업 시수에 민감하게 반응한다.

이번 경우는 신청한 학교가 별로 없어서 마을교사는 많았는
데 저랑 두 명만 됐었거든요. 또 한 명은 늦게 된 경우예요. 세
명이 됐는데 한 명은 늦게 됐고 한 명은 전에 했던 학교에서
나중에 연락이 와서 연결이 된 상태고. 저희 선생님들이 일곱
분이 신청하셨거든요. 저희가 (전래놀이 마을교사 양성 과정)
1, 2기가 있으니까 40명 중에 7명이 신청했는데 3명만 된 케이
스잖아요. _마을교사4

마을교사들은 동대문구청의 선발과정을 거쳐 마을교사 인력풀에 이
름을 올리더라도 수업이 연결될 때까지는 학교의 연락을 기다려야 한다.
학교가 마을교사와 수업을 연결하는 기간이 따로 정해져 있지 않은 점
도 마을교사들에게는 또 다른 불편이다.

조금은 더 시간을 할애하든지 아니면 지원을 더 해서 학기
별이나 분기별로 참여할 수 있게 해 주시면 좋겠어요. 지속적
으로 3월에 3번이면 3번, 4월에도 3번이면 3번, 이렇게 월별로
라도 지속적인 활동 기회가 있어야지 하죠. 우리는 딱 그거 하

---

12. 동대문구는 2018년 동대문혁신교육지구사업에서 활동할 마을교사를 생태, 놀이, 고장
해설, 우리마을교육멘토단(문화예술체육 및 진로 영역) 4개 분야로 나누어 총 73명을 모
집·선정하였다. 동대문구 자체 양성 과정을 거쳐 어느 정도의 인원이 확보되어 있는 생태,
놀이, 고장해설 분야 마을교사의 경우는 수업 계획서 및 이력서 제출, 면접 및 모의수업 등
의 선발 절차를 마련하였으나, 아직은 구 자체의 교육 자원이 부족하다고 평가되는 '우리
마을교육멘토단'은 학교가 희망하는 분야의 마을교사가 있을 경우 해당 마을교사가 제출
한 이력서와 수업 계획서를 학교에 안내한 후 학교의 선택을 받아 교육활동을 진행하게 된
마을교사만을 '우리마을교육멘토단'의 마을교사로 선정한다. 생태, 놀이, 고장해설의 마을
교사는 구청이 주관하는 일련의 선발 절차 안에서 프로그램의 적정성, 수업 능력, 혁신교
육 참여 의지에 대한 심사를 거친 반면 '우리마을교육멘토단'의 경우 교육 가능 프로그램
의 학교 연계 가능성만으로 모집이 되어 학교가 최종 선발을 맡게 되므로 혁신교육지구의
가치 및 방향성, 마을교사의 역할 인식 등과 같은 마을교사의 혁신교육 마인드에 대한 확
인이나 점검이 불가능하게 된다.

고 그럼 그다음에는 뭐 하느냐고. 그래서 저 같은 경우도 내년에, 좀 그런 거예요. 이런 한시적인 프로그램 때문에 제가 여기에 마을교사로 남아 있어야 되나, 갈등이 안 생길 수가 없죠.

_마을교사2

또 마을교사들의 수업 일정은 학교 계획 및 사정에 따라 정해진다. 그래서 자신의 의사와 상관없이 일정한 기간에 집중해서 많은 수업이 진행되기도 하고 장기간 불규칙적으로 정해진 날짜에 수업을 나가기도 한다. 마을교사들은 불규칙적이고 단편적인 교육활동으로 활동에 대한 어려움과 갈등을 경험한다.

5) 교사들의 무관심과 소통의 어려움

마을교사들은 보통 학교의 업무 담당 교사를 통해 학교와 처음 대면하게 된다. 하지만 학교에 가서 실제 수업을 진행할 때는 또 다른 교사들과 마주해야 한다. 정규교육과정의 경우 학급의 담임교사들과, 방과후활동을 진행할 때는 교육 장소를 맡고 있는 교사와 접촉하게 된다.

담당 선생님하고 수업 실시하는 반 선생님하고 달라서 연락이 안 돼요. 그런 게 되게 어려워요. 담임선생님, 중간에 담당 선생님이 있고, 또 부장 선생님이 있잖아요. 최종 수업 받는 (반) 담임선생님하고 얘기가 안 될 때가 있어요. _마을교사2

(복도에서 수업을 진행하는데) 선생님께서 "우리는 '복도에서 뛰면 안 된다'라고 가르치는데 여기에서 뛰면 어떻게 하나요?" 하시는 거예요. "그럼 자리를 옮기겠습니다." 하고 그 앞에 빈

공간에서 놀고 간식을 먹는데 선생님이 또 나오셔서 "아니 왜 여기서 하나요?"라고 하셔서 "저희는 전래놀이 팀이고 우천 시나 미세먼지가 많을 때는 여기서 활동을 하는데 간식만 먹고 내려갈게요"라고 했어요. 그랬더니 되게 안 좋아하시면서 "왜 여기서 하지?" 그러시는 거예요. 그런데 장소는 학교에서 정해 주신 거였거든요. _마을교사3

마을교사2는 학교에서 교육활동을 진행하면서 업무 담당 교사와 수업을 진행하는 학급의 담임(담당)교사가 달라 의사소통이 힘들어져 수업 준비나 진행에 곤란을 겪었다. 마을교사들은 혁신교육지구사업이나 마을교사에 대한 이해가 없는 교사들과 대면할 때 많은 어려움을 느낀다. 자신이 하고 있는 활동의 이유와 자신의 존재에 대해 설명해야 할 경우도 생긴다.

당장 제일 신경 쓰는 건 학생이어야 하거든요. 그런데 학생한테 신경을 못 쓰고 관리자나 선생님을 신경 써야 할 때 제일 속상해요. 어떤 경우냐면 보통 저희들은 아이들이 떠들고 그런 것에 관대해요. (아이들이) '배고프다, 답답하다' 짜증 낼 수 있어요. 그런데 일절 못하게 하시는 분이 계세요. 너무 이렇게 하면 저희는 말도 못 해요. (담임선생님들이) 애들 나무라시는 모습을 보면 불편해요. 저희에게 아이들을 맡기고 조금 지켜봐 주시면 좋겠어요. _마을교사4

담임(담당)교사와 협력수업을 진행할 때 서로에 대한 이해가 부족하면 소리 없는 갈등을 겪기도 한다. 정규교육과정 안의 협력수업의 경우 마을교사는 담임교사와 처음부터 끝까지 함께하게 되는데 이때 서로 협의 없이 수업이 진행되면 마을교사, 담임교사 모두 어려움을 겪기도 한다. 협력수업에서 교사 간 사전 조율이나 의견 교환은 꼭 필요한 작업이다. 이를 통해 각자의 역할과 수업의 방향을 공유하면 교사 간 갈등 없이 원활하게 수업을 진행할 수 있다.

5. 학교 안에서 마을교사의 길을 찾다

학교에서 다양한 교육활동으로 아이들을 만나는 마을교사들은 과연 이러한 경험들을 어떤 의미로 받아들일까? 그들은 학교생활을 통해 바람직한 마을교사상에 대해 고민하고 '마을교사'로서 스스로의 역할을 인식하게 된다. 또한 이들은 교육활동에 필요한 다양한 경험을 겪으며 그 속에서 성장해 나간다. 그리고 학교 구성원, 동료 마을교사와의 관계 속에서 연대의 중요성을 인식하고 실천한다.

1) 진정한 마을교사로 거듭나기

마을교사는 학교 안에서 정규교육과정에 결합하는 협력교사나 방과후학교 강사 형태로 아이들과 만난다. 마을교사는 교육활동을 통해 아이들과 관계를 맺으며 자신의 역할과 가치에 대해 인식하게 된다.

그 수업에서 제가 의도한 걸 전달하진 못했지만 아이들끼리는 뭔가 한 꼭지에서 '나 아까 그거 재밌었어.' 이렇게 말하는 걸 보고 자책감을 덜고 있는 편이긴 해요. 정식 교사가 아니라서 드는 생각은 좀 있어요. 수업을 준비할 때 '이게 맞는 걸까?'하는 생각이 많이 들어요. 어떤 부분에서는 교육적인 목표를 달성하긴 해야 하는데 아이들한테는 교과수업이 아니니까 강요하지는 않고 싶어요. 그런데 또 강요하지 않다 보면 '이게 과연 교육일까? 노는 걸까?' 그런 생각이 들 때도 있고 '아이들이 뭔가 기억해 가거나 담아 가는 게 있는 수업인 걸까?' 그런 생각도 들죠. 그리고 '이 수업의 짜임이 과연 맞는 걸까? 아이들한테 유치하거나 너무 수준이 올라가 버려서 소화할 수 없는 건 아닐까?' 그런 생각을 많이 하는 편이에요. _마을교사1

마을교사1은 학교에서 아이들과 연극 수업을 진행하며 수업에서 갖추어야 할 기본적인 수업관을 바탕으로 자신의 수업을 되돌아보고 좀 더 나은 수업을 진행하기 위해 노력한다. 마을교사1은 교육활동에서 교육목표의 중요성을 알고 있으며 무엇보다도 아이들의 흥미와 관심을 고려한 수업의 재미도 우선순위에 두고 있다.

이렇게 마을교사들은 '가르치는 사람'으로 바람직한 교육의 방향과 방법에 대해 고민하며 아이들의 특성에 관심을 갖고 그들이 수업을 통해 성장해 나갈 수 있도록 도와주기 위해 노력한다.

작년에 갔는데 올해 또 가서 인사할 때 알아보면 내가 하는 일에 보람이 느껴지죠. 제 닉네임이 ○○○이거든요. "○○○ 선생님 올해는 뭐 할 거예요?" 이렇게 막 물어보는 애들도 있고, "뭐 하러 왔어요?" 그러고. 어떤 애들은 작년에 했던 걸 기억하는 애들도 있어요. "작년에는 선생님 뭐 했는데 올해는 뭐 해요? 작년에 만든 것 아직도 우리 집에 있어요"라고요.

_마을교사2

마을교사2는 자신이 열정을 다해 만났던 학생들이 자신을 기억해 주고 수업에 관심을 표현하는 것에 큰 만족감과 자긍심을 가지고 있다. 수업을 마친 이후에도 그 결과물을 계속 간직하고 있는 아이들을 보며 마을교사는 자신의 교육활동에 대해 자부심을 갖게 된다. 2년에 걸쳐 아이들을 다시 만나고 관계를 만들어 가며 단편적으로 교육활동을 수행하는 마을교사의 제약을 이겨 내고 교육활동을 계속 이어 갈 수 있는 힘을 얻게 된다.

제가 아이들한테도 얘기는 해요. "내가 엄마라서 엄마처럼 참견하고 싶은 것도 있다. 선생님이 왔을 때는 바르게 인사하고 헤어질 때도 인사하고 기본적인 것은 갖췄으면 좋겠다"라고요. 인성적인 것과 교육적인 것을 저는 꼭 담아서 넣어 줘요. 만약에 오늘 수업을 하면, 주제를 꼭 정해서 가는 편이에요. 저는 생태니까 집에서 할 수 있는 기후 변화를 막는 데 조금이라도 도움이 되는 것들-수돗물 잠그기, 멀티탭 끄는 것은 너희가 지킬 수 있다고(알려 줘요). 그리고 자기 방 쓰레기 버리는 것, 그러 건 꼭 하라고요. 저는 제가 엄마라 생활에 대한 이야기를 하는 편이에요. 우리가 사는 곳의 아이들 인성 문제니까 그런 건 꼭 얘기를 해요. _마을교사2

저는 마을교사 하면서 보는 관점이 좀 달라졌어요. '마을교사들은 조금 다른 말을 하네. 다르게 사네.' 이런 걸 보여 주고 싶은가 봐요. 예전에는 남의 자식 잘못하는 것 보면 말 안 하고 방관했는데, (얼마 전에) 저희 아파트에서 (아이들이) 담배를 피우고 있어요. 그래서 제가 그랬어요. "○○중이지? 빨리 꺼.

너희 폐 다 망가진다." 이렇게 한마디라도 던지게 되요.

_마을교사4

또한 마을교사들은 교육활동 시간에 국한되지 않고 아이들의 삶 속에서 교육적인 영향력을 행사하기도 한다. 학교에서 수업을 진행할 때 생활 속에서 실천하고 함께했으면 하는 일들을 꼭 전달하려고 노력하는 한편, 학교 밖에서도 아이들에 대한 책임감을 갖고 지도하며 보살피는 일을 멈추지 않는다. 마을교사는 마을교육공동체의 핵심적인 주체로서, 학교와 함께 '교육'이라는 가치를 공유하면서 학교 안팎에서 아이들에게 의미 있는 변화가 이루어질 수 있도록 지원한다. 마을 아이들을 그 마을의 민주시민으로 성장시켜 마을공동체의 주체가 되도록 도와주는 것이다.

아이들이 친구들한테 대우받고 자존감 있게 좀 그렇게 컸으면 좋겠어요. 아이들을 만나러 갔을 때도 표정이 어둡다거나 이런 친구들 보면 '저 친구들한테 무슨 말을 해 주면 좋을까?' 그런 마음이 들어요. 강사가 뭘 가르치고 오는 느낌이 있다면 마을교사는 우리 아이 바라보듯이 보살피는 마음이 필요한 것 같아요. 마을에서 일하면 다 감싸고 보듬을 만한 마음이 더 커야 되는 게 아닌가 생각이 들어요. _마을교사5

비단 마을교사5뿐만 아니라 연구에 참여했던 마을교사들 또한 아이들의 정서와 인성에 대한 관심이 높았다. 그들은 자신들의 교육활동이 지금 여기 존재하는 아이들에게 위안과 즐거움이 되길 희망한다. 아이들은 마을교사와 다양한 관계를 맺으며 정서적인 안정을 느끼고 마을의 공동체성을 체감한다. 마을교사들은 자신들의 실천을 통해 아이들이 지금보다 더 좋은 사람으로 성장하는 모습을 보며 보람을 느끼고 자신의 교육적 행위를 긍정적으로 평가한다.

이렇게 마을교사들은 바람직한 마을교사상에 대해 고민하고 이를 매우 중요한 과정으로 여기며, 아이들을 위한 보다 나은 교육활동을 만들기 위해 고민하고 노력한다. 또한 이들은 아이들이 보다 정서적으로 안정되고 바른 인성을 갖출 수 있도록 세심하게 배려하며 학교 안팎에서 교육적인 행위를 실천해 나간다.

2) 자아의 성장을 위한 배움의 경험 쌓기

마을교사들은 아이들 앞에 서기 위해 분야별 전문 교육이나 마을교사 양성 연수 등 다양한 교육을 받는다. 시작은 아이들을 가르치기 위한 것이었지만 스스로 아이들의 성장을 위해 시작한 배움이 자기 자신을 변화시키고 발전시키는 것임을 발견한다.

연수 많이 받고, 필요성을 느껴서 대학원도 가게 되었어요. 계속 공연기획 쪽에 있다가 한 번은 아이들이랑 하는 공연 기획을 재능기부로 해 줬어요. 그러다 너무 좋아서 '아이들이랑 연극으로 만날 수 있으려면 내가 어떻게 해야 될까?' 해서 연수를 받기 시작했어요. 연극도 공부하고 교육도 공부하다 보니까 그 두 개를 다 가지고 있는 게 대학원 교육연극과정이었어요. 공부도 되게 많이 하고, 선생님들이랑 같이하는 모임을 많이 하는 편이에요. 경력으로 어떻게 하다 보니까 올해 처음으로 교육청에서 교사 대상 협력종합예술 직무연수를 (진행)했어요. 제가 '공부하길 잘했다.' 했어요. 선생님들이 질문을 하시는

데 공부를 안 했으면 대답 못 했을 거예요. _마을교사1

마을교사1은 좋은 마을교사가 되기 위해 다양한 연수를 듣고 대학원에도 진학하였다. 지금까지 교육과 연극에 대한 공부를 계속하고 있으며, 학교교사들과 함께 교육연극연구모임을 만들어 다양한 정보를 공유하고 새로운 수업을 만들어 내기도 한다. 올해는 그 전문성을 인정받아 교육청 교사 대상 직무연수의 강의를 맡기도 하였다.

저는 처음 공부할 때 수목원이 가까이 있어서 좋았어요. 거기 가면 이름표 다 있잖아요. 처음 배울 때 저는 거기를 우리 집 정원처럼 드나들었어요. 지금도 거의 2주에 한 번 정도씩 산책도 할 겸 가요. 올해 새로 (수목원에) 해설사 선생님이 들어오셨는데 수목원에 나무가 뭐가 있고 그런 건 그 선생님보다 많이 알 수 있어요. _마을교사2

마을교사들의 배움이 꼭 좋은 교육활동을 수행하는 것만을 목적으로 하지 않는다. 아이들을 위해 시작한 공부로 인해 그 분야의 전문가가 되고 자신이 쌓은 배움의 깊이와 노력에 스스로 만족하기도 한다. 이러한 성취감이 또 다른 자극이 되어 더 높은 수준의 배움에 도전할 수 있는 원동력이 된다.

'무엇 때문에 이걸 계속할까? 내가 굳이 지금 이 나이에 생물, 화석, 광물 이런 것 (공부) 안 해도 되는데 내가 여기서 왜….' 이렇게 묻고 있는 거죠. 혹시 예전에 공부 못 한 게 아쉬움이 남아서? 그런데 학위를 주는 것도 아닌데…. 공부해서 아이들에게 도움이 되고 이런 것도 좋긴 한데 첫 번째는 마을에 대한 시선이 달라지니까 제 자신의 성장이 가장 큰 거죠. 계속 공부를 하잖아요. 그러면 모르던 세상이 하나씩 보이는 거예요. 생각해 볼 기회를 주는 거죠. _마을교사4

마을교사4는 마을교사로서 아이들과의 교육활동을 위해 시작했던 공부가 자기 자신을 변화시켰다고 이야기한다. 자신이 했던 공부를 통해 그 분야의 지식과 견문이 넓어지는 것을 넘어 세상을 보는 시각과 관점이 달라지며 더 나은 인간으로 성장했음을 고백한다. 이들은 마을교사를 준비하며 경험했던 연수와 교육을 통해 자신의 교육활동에서 얻는 보상 외에 새로운 배움의 즐거움을 얻는다. 마을교사 스스로 좋은 학습자로 거듭나며 자기 주도적 학습의 이상적인 모델을 보여 준다. 마을교사들에게 이러한 배움의 경험은 자신의 변화와 성장을 가져오는 중요한 요소로 작용한다.

3) 함께 연대하며 실천하기

마을교사에게는 자기만의 전문적인 영역을 가지고 교육활동을 수행할 수 있는 개인의 역량도 중요하지만 교사들 간의 연대를 통해 지혜와 경험을 나누고 함께 실천하는 일 또한 마을교사에게는 중요하다.

선생님들마다 굉장히 달라요. 사실 여기 1학년 ○반 선생님은 진짜 열심히 도와주세요. 다른 공간을 쓰고 싶다면 다른 공간도 내어주시고요. 1학년 선생님들은 아이들을 연극적인 걸로 끌고 갈 때 도움을 많이 주세요. 선생님이 같이 연기도 해 주시고요. 어떤 아이가 이야기에 의심을 하면서 수업에 잘 몰

입하지 못할 때 "선생님도 봤어." 이렇게 이끌어 주시고 하거든
요. 그런 반면에 6학년 선생님 같은 경우에는 협력을 해 주시
려고 하지만 아이들 스스로 워낙 잘한다고 생각하시는지 수업
자체에는 그렇게 관심은 없으신 것 같아요. _마을교사1

마을교사들은 학교에 나가 교과(담임) 교사들과 함께 수업을 진행하
며 갈등을 경험하기도 하지만, 아이들의 성장을 도모한다는 공통의 목
표 아래 함께 소통하고 협력하여 좋은 수업을 이끌어 내기도 한다. 교과
(담임) 교사와의 협력수업에 대한 성공의 경험이 있는 마을교사는 교과
(담임) 교사와 연대의식을 갖게 되고 자신이 학교교육의 또 다른 협력
주체임을 인식하게 된다.

이번에 처음 나가시는 선생님과 같은 학교에서 (함께) 수업
을 하게 됐어요. 수업은 어찌 됐든 간에 (같이) 잘 마쳤어요.
제가 또 이런 말도 했어요. '선생님이 만족하신 수업을 했으면
그건 최고다. 그런데 오늘 내가 아이들한테 가서 뭘 가르치고
왔는지 내가 과연 교사 자격이 있는지 한 번씩 물음표가 생겼
으면 좋겠다'라고요. 그런데 저랑 같이했던 ○○ 선생님은 잘하
셨어요. 제가 그건 말했어요. '저랑 수업을 해서 제가 선생님을
무시하거나 그런 건 없었다. 내가 수업을 먼저 해 본 사람으로
서 노파심에 그런 얘기를 했는데, 선생님이 그런 건 좋게 생각
해 주면 좋겠다.' 그랬더니 선생님이 나중에 편지를 주셨어요.
'(나이가) 마흔이 되기 전에 어른다운 어른을 만난 것 같다.' 그
렇게 편지를 주셔서 저도 감동받고 그래서 생태 해설에 필요한
루페하고 그런 도구를 선물로 드렸는데, 감사했어요. _마을교사2

마을교사들은 교육현장에서 함께 활동하는 동료 마을교사와 소통하며 도움을 주고받기도 한다. 마을교사2는 2009년부터 마을교육활동을 진행한 고경력 마을교사이다. 그는 다른 마을교사와 한 학교에서 수업을 진행하게 되면 자신의 노하우나 지식을 기꺼이 함께 나눈다. 이를 통해 후배 마을교사들은 새로운 정보를 얻고 자신의 수업 역량을 키우게 된다. 마을교사2 또한 동료 교사와의 상호작용을 하며 더 바람직한 방향으로 교육을 실천하기 위해 노력하게 된다. 이러한 관계 맺음속에 마을교사들은 새로운 깨달음을 얻고 그것을 함께 실천하게 되는 것이다.

> 다른 마을교사가 어떻게 활동하는지는 마을교사 역량 강화 연수도 가고 (혁신교육지구)사업에 참여하면서 듣는 거예요. 안 나오면 모를 것 같아요. (다른 마을교사들도) 수업도 하고 혁신교육지구 일에 함께 참여해서 같이 가면 좋겠어요. 아이들과 만나 수업만 하면 꾸준히 가긴 힘들지 않을까요. 저는 연대하며 같이하는 게 좋더라고요. 만나서 같이 뭔가를 연구하고 고민해서 함께 가는 것이 재미가 있어요. 그래야 신나서 더 잘할 수 있고요. 개인주의가 아니라 같이 으쌰으쌰 하는 이런 분위기가 중요해요. _마을교사5

마을교사5는 마을교사라는 역할을 수행하는 데 혁신교육지구 분과모임이나 여러 행사에 참여하는 것이 도움이 된다고 생각한다. 마을교사들이 함께 만나고 활동하며 서로 유대감을 갖는 공동체가 되는 것이 '마을교사'라는 일을 오래 지속할 수 있는 열쇠가 되는 것이다. 마을교육 활성화를 위해서는 마을교사들이 서로 친밀감과 연대감을 갖고 함께할

수 있는 공동체 문화를 형성하는 것이 교사들 개개인의 역량 강화 못지
않게 중요하다. 마을교사들은 지역사회라는 삶의 터전 안에서 동료들과
연대하며 상생하는 공동체 문화를 실현하면서 마을교육의 스펙트럼을
넓혀 가고 있다.

6. 학교 안 마을교육공동체를 위한 몇 가지 제안들

마을교사들은 마을은 물론 학교 안에서 음악, 미술, 체육과 같은 예
체능은 물론 생태, 놀이 등의 다양한 분야의 교육활동을 진행한다. 이
들은 학교교육의 수준을 높이고 아이들에게 보다 행복하고 의미 있는
교육을 제공할 수 있는 원동력이 된다.

마을교육의 핵심 주체인 마을교사들의 참여를 보다 활성화하기 위해
서는 이들의 교육적 요구를 반영하고 실천하는 것이 필요하다. 동대문
구 마을교사들의 의견을 분석한 결과 이들이 원하는 마을교사 지원 방
안은 '민·관·학이 참여하는 사전 단계 컨설팅 활성화', '마을교사 인증
및 경력 인정 시스템 마련', '학교 안 마을교사를 위한 공간 및 자료 확
보', '마을-학교 연계 교육에 대한 학교교사의 책임과 역할 배분', '실질
적인 도움을 줄 수 있는 연수 기회 제공'으로 정리할 수 있었다.

1) 민·관·학이 참여하는 사전 단계 컨설팅 활성화

혁신교육지구사업의 취지에 맞게 마을교사들이 학교에 들어가 의미
있는 교육활동을 수행할 수 있게 하려면 사전 준비 단계에서 학교교육
활동 시 필요한 행정 절차 및 서류는 물론 사업의 전반적인 진행 과정,
학교 수업 형태와 방법에 대한 컨설팅이 요구된다. 구청의 사업 담당자,

학교교사, 과거 활동 경험이 있는 마을교사들을 컨설팅 요원으로 구성하여 사전 단계에서 전문적인 컨설팅이 이루어질 수 있도록 제도적인 뒷받침이 이루어져야 한다.

동대문구의 경우 마을교사 지원 및 연계 사업은 구청이 주관하고 있지만 마을교사가 학교에 들어가 교육활동을 진행함으로써 실제적인 마을교사 관리 업무는 학교가 맡게 된다. 따라서 학교가 마을교사에게 구청에서 안내하지 않았던 별도의 행정적 절차와 서류를 요청하거나 학교 사정에 의해 수업 일정이 변경되기도 한다. 이러한 학교의 사정을 알지 못하는 마을교사들은 학교에 불만을 갖게 되고 서로 오해가 쌓이기도 한다. 민·관·학이 함께하는 사전 컨설팅이 진행되면 서로의 입장 차와 요구를 확인하고 조율할 수 있으며 이를 통해 마을교사들은 열린 마음으로 학교교육활동에 참여할 수 있을 것이다.

또한 컨설팅을 학교교육과정을 계획하는 시기와 맞추어 진행하면 더 효과적일 것이다. 이 시기에 학교교사들이 실제 수업에 활용할 교과서를 가지고 마을교사와 만나 구체적인 일정이나 교육활동의 내용, 대상, 방법들에 대해 논의하는 시간을 가질 수 있다면 마을교사는 물론 학교도 더 쉽고 효과적인 마을 연계 교육을 실행해 나갈 수 있을 것이다.

> 한편으로는 그런 부분도 큰 것 같아요. 마을교사들도 자기가 가지고 있는 신념이 있잖아요. 그런데 (학교와) 연결이 될 때 시간만 맞으면 그냥 되더라고요. 저희가 가지고 있는 교육 방향이나 가치를 지킬 수 있도록 해 주셨으면 좋겠어요. 수업을 시작하기 전에 강사를 선정할 때 (학교가) 저희가 제출한 수업 계획서를 보시고 저희들과 학교가 수업에 대해 많은 협의를 통해 의견을 나눴으면 좋겠어요. 그리고 수업 내용에 대

해 합의가 된 경우에 마을교사가 정해지는 게 맞는다고 생각해요. _마을교사1

마을교사들이 학교 선생님들이나 학교의 입장을 들어 본 시간이 별로 없어요. 거기서 약간 오해의 소지가 있는 것 같아요. 마을교사를 양성도 하시고 뽑기도 하시니까 뽑고 나서 학교에서는 그때도 얘기 나왔던 것처럼, 당신(마을교사)들을 구청에서 육성은 했지만 다 오라고 할 수 없는 이유에 대해 설명을 해 주시면 좋겠다 싶어요. 그리고 학교에 들어오는 교육활동들은 적어도 어떤 것들을 갖추었으면 좋겠다든지, 그런 것들을 이야기 나눌 수 있는 워크숍 같은 게 있었으면 좋겠어요. _마을교사3

2) 마을교사 인증 및 경력 인정 시스템 마련

현재 자치구마다 마을교사, 마을강사, 협력강사 등 다양한 이름으로 마을교육 주체들이 발굴되거나 육성되고 있다. 자치구의 교육 여건에 따라 별도의 양성 과정을 거치지 않고 선발과정을 거쳐 학교와 연계하거나 별도의 마을교사 양성 교육을 통해 마을교사를 육성한 후 공모·심사 과정을 거쳐 학교 정규교육과정이나 방과후활동에 투입한다. 마을교육 시스템이 제대로 만들어지려면 무엇보다 학교 관계자나 학부모들이 믿고 신뢰할 수 있는 우수한 마을교사들을 확보하는 것이 중요하다.

마을교사의 질 관리를 위해서는 먼저 마을교사의 자격 기준을 마련한 후 이에 부합하는 마을교사들을 인증하고 이들의 마을교육활동 경력을 누적 관리할 수 있는 시스템이 마련되어야 한다.[13] 마을교사 인증 및 경력 인정 시스템을 통해 혁신교육지구 안에서 그들의 전문성과 활동 경력을 인정해 준다면 마을교사들의 중도 이탈을 예방할 수 있으며,

마을교사에 대한 학교와 학부모들의 신뢰도 또한 높일 수 있다.

> 나쁜 게 경력이 10년 된 사람이나 5년 된 사람이나 1년 된 사람이나 페이(급여를 의미함)나 대우가 똑같아요. 그건 아닌 것 같아요. 1년만 수업을 해도 그게 어딘데요. 그게 다 공부고 경력이 되잖아요. 애들 앞에 한 번 서 보는 거랑 두 번 서 보는 거랑 그 경험만 따져도 그게 얼만데…. 마을교사 경력을 인정해 주는 건 없죠. 올해도 그랬고 매번 그랬죠. _마을교사2

3) 학교 안 마을교사를 위한 공간 및 자료 확보

마을교사들에게도 학교는 아이들과 조우하고 자신의 교육 가치와 신념을 실현하는 소중한 교육 공간이다. 하지만 마을교사들은 불규칙적이거나 일시적으로 학교에 가서 활동하기 때문에 학교라는 공간을 낯설고 불편한 장소로 인식하게 된다. 학교는 학생들의 교육 경험을 확장시키는 데 도움을 주고 학교의 빈틈을 채워 주는 마을교사를 하나의 교육 주체로 인정하고 그에 맞게 배려해야 한다.

학교는 마을교사들만을 위한 전용 공간이 아니더라도 그들이 부담 없이 이용할 수 있는 공유 공간을 마련하고 마을교사가 교육 자료와 준비물들을 필요할 때 사용할 수 있도록 제공해 주어야 한다.

> 학교에 바라는 것은 그냥 쉴 수 있는 공간 정도…. 지금처럼 교무실에서 쉴 수 있게 하고 차 한잔 주시는 것, 그러면 되지 않을까 싶어요. 우리가 계속 생활하는 영역도 아니고 어쩌다

---

13. 성열관 외(2016), 「서울형혁신교육지구 중장기 발전방안연구」, 서울특별시교육연구정보원 교육정책연구소, pp. 160-161.

한 번씩 (학교에) 가는 거라 1~2교시, 3~4교시 정도 있는 거니까 차 한잔 물 한잔 먹을 수 있는 거면 저는 괜찮다고 봐요.

_마을교사2

학교에 필요한 물품이 어디에 있는지 모르니까 어떻게 물어서 이걸 써야 하는지 당황스러울 때가 있어요. 아마 학습자료실에 있을 것 같은데 항상 문이 오픈되어 있지 않더라고요. 저는 체육자료실도 담당 선생님이 "문이 항상 열려 있을 거예요." 했는데 늘 갈 때마다 문이 잠겨 있는 거예요. 그게 불만이었어요. _마을교사3

4) 마을-학교 연계 교육에 대한 학교교사의 책임과 역할 배분

마을교사와 학교교사는 아동을 위해 협력해야 하는 존재이다. 제대로 된 학교-마을 연계 교육을 실행하기 위해서는 어느 한쪽만이 아닌 모두의 노력이 필요하다. 마을교사는 물론 학교교사 또한 마을교사와 함께 진행하는 교육활동에 책임감을 갖고 자신의 역할을 수행해 나가야 한다.

마을교사는 자신만이 가지는 전문성과 수업 콘텐츠를 교실로 가져와 학교교사의 교육활동을 보다 활동적이고 의미 있게 만들어 나갈 수 있도록 도와준다.

이렇게 실질적인 도움을 받는 학교교사들은 마을교사가 아이들의 특성에 맞게 수업을 계획하고 실행할 수 있도록 관련 정보와 자료를 제공해 주어야 한다. 또한 수업이 이루어지는 장면에서도 목표에 맞게 진행될 수 있도록 함께 참여하고 학생들을 관리하며, 필요한 부분에는 개입하여야 한다. 이러한 역할 분담이 이루어져야 마을교사와 학교교사가 서로 협력하고 존중하는 관계로 발전해 나갈 수 있다. 마을-학교 연계 교육이 정착되기 위해서는 마을교사를 단순히 '수업 한 시간을 대신 해 주는 사람'이 아닌 교육 협력자로 바라볼 수 있는 학교교사의 인식 개선 과 노력이 필요하다.

> 아주 적극적으로 (함께하면서) 담임선생님이 더 재미있어하 시는 반도 있는가 하면 담임선생님이 같이 안 계시기도 해요. 같이 안 계셔서 처음에는 '뭐, 이래'라는 생각도 했어요. 저는 그날 단 두 시간만 맡는 것이고 어떤 애들인지 모르잖아요. 저 는 쟤가 동그란 앤지 세모난 앤지 모르잖아요. 그건 진짜 중간 에 컨트롤해 주시면 좋겠더라고요. 그런데 그냥 맡기고 가시니 까 그때는 담임선생님처럼 애들을 확 끌어당길 수도 없고 어려 워요. 교육학을 배운 선생님도 어려우신데 우리가 잠깐 두 시 간 보는 사이에 어떻게 하느냐고요. _마을교사2

5) 실질적인 도움을 줄 수 있는 연수 기회 제공

동대문구는 2016년부터 마을교사 양성 및 역량 강화를 위한 연수 를 실시해 왔다. 하지만 프로그램의 내용이나 일정이 거의 고정되어 있 어 많은 마을교사들이 참여에 대한 어려움과 자신이 원하는 프로그램 을 들을 수 없다는 점에서 불만을 호소하고 있었다. 다양한 분야는 물 론 각기 다른 일정과 성격의 교육활동을 진행하는 마을교사들의 기호 에 딱 맞는 연수를 만드는 일은 불가능하다. 하지만 그들의 의견을 듣고 가능한 부분에서 최선의 배려를 보여 준다면 마을교육활동을 활성화시 키는 데 소중한 디딤돌이 될 것이다.

이 보수 교육을 뭐라고 할까? 우리가 나가서 활동하는 시간인데 누가 교육을 받을 수 있겠어요. 이번에 스케줄 나온 거보고 기가 막혔어요. 우리처럼 활동하는 사람들은 그 교육을 하나도 받을 수가 없어요. 지금 다 그 시간대에 분과 모임에 나갔어도 그 시간은 아닌 거예요. 주말은 아니라도 오후 시간이 있잖아요. 그런데 지금은 다 오전 시간에 있고 그것도 8월 휴가철까지 다 넣었어요. 그래서 저는 하나도 신청을 못 했어요. 우리 생태 선생님들도 마찬가지였고, 제가 알기로는 활동하시는 선생님들은 하나도 신청을 못 하시는 것 같아요.

_마을교사1

마을교사들은 올해 동대문구 마을교사 역량 강화 연수 일정이 평일 오전 일정한 시간대에 집중되어 참여가 어려웠다는 의견을 밝혔다. 연수 일정을 동일 시간대나 요일로 고정하기보다는 주말과 평일 오전과 오후에 골고루 편성하여 마을교사들이 가능한 시간을 선택하여 참여할 수 있도록 배려해 주는 것이 필요하다.

마을교사들은 더 많은 교육활동에서 학생들과 만나기를 원한다. 그런데 아무리 마을교사를 위한 많은 사업을 계획하고 실행하더라도 학교와 아이들이 원하지 않는 교육은 진행될 수 없다. 따라서 마을교사들은 스스로 매력적인 교육활동을 만들고 이를 학교에 제안할 수 있는 기획자가 될 수 있도록 노력해야 한다. 이를 위해서는 학교교사와 함께 협업하여 학교교육과정과 연계할 수 있는 마을 연계 교육 프로그램을 개발하거나 마을 교과서를 제작하는 작업에 참여하여 프로젝트를 수행하며 배움을 넓혀 나갈 수 있는 기회를 제공하는 일 또한 하나의 방법이 될 수 있다.

우리는 선생님들의 성향이나 특성을 알고 있거든요. 저희끼리 평가나 반성하는 시간을 갖는 것도 좋은 것 같아요. 그리고 이랬으면 좋겠어요. 잘하시는 분이 혼자서만 하는 게 아니라 그걸 배우는 누군가 같이 가는 거예요. 보조로 하다가 주 강사가 되고 이렇게 돌아가는 거죠. 일정 부분은 함께해 보고, 배우면 좋지 않을까 하는 게 제 생각이에요. _마을교사4

마을교사들은 함께 활동하는 다른 마을교사를 통해 배우고 함께 연대하며 교육에 대한 의지를 키워 나간다. 따라서 마을교사들 간의 네트워크를 활성화할 수 있는 연수 또한 필요하다. 같은 분야의 소모임이나 워크숍을 통해 스스로 어려움을 느끼거나 필요하다고 생각되는 부분의 연수를 기획 운영하고 참여할 수 있도록 하는 지원도 필요하다. 마을교사들이 자신들의 역량으로 다양한 네트워크를 만들고 이를 통해 스스로 배움을 확장해 나가도록 해야 한다.

마을교사를 위한 연수는 '마을교육공동체 구축'이라는 혁신교육지구 사업의 방향성에 부합하고 마을교사들의 교육활동 역량 또한 지속적으로 개발할 수 있도록 '연대'와 '성장'에 초점을 두어 그 체계를 만들고 지원해야 한다.

7. 맺음말

이 장에서는 마을교사들이 초등학교 현장에서 어떤 현실과 갈등을 경험하며, 그 경험이 이들에게 어떤 의미를 지니는지 탐색해 보았다. 그리고 마을교사들이 제시한 문제점과 요구 사항을 바탕으로 실질적인 지원책 및 학교와 마을교사의 발전적인 협력 방안을 모색하였다.

마을교사들은 초등학교 안에서 학교교육활동에 필요한 행정 절차와 업무를 경험하며, 학교에서 이루어지는 교육의 다른 무게를 실감하고 있었다. 또한 특정 분야의 교육활동을 주도적으로 진행하는 전문가로서의 자신의 모습을 발견하고, 마을 아이들에 대한 애정과 관심을 느끼며 아이들의 전인적 성장과 정서적인 돌봄에도 많은 노력을 기울였다. 하지만 한정적이고 불규칙한 수업 일정을 소화하면서 불안정한 마을교사로서의 위치를 재확인하고, 외부자인 마을교사에 대한 교사들의 무관심과 이에 따른 소통의 어려움을 실감하고 있었다.

마을교사들은 이러한 경험들을 통해 바람직한 마을교사상에 대해 고민하고 '마을교사'로서의 자신의 역할을 체득하게 되며, 교육활동을 위해 실천했던 다양한 배움이 자신을 변화 발전시키는 것을 체감하며 성장해 나간다. 또한 학교 구성원이나 동료 마을교사와의 관계 속에서 연대의 중요성을 인식하고 실천한다.

마을교사들이 원하는 마을교사 지원 방안은 민·관·학이 참여하는 사전 단계 컨설팅 활성화를 통해 서로의 입장과 요구를 확인·조율하여 더욱 효율적인 협력체제를 형성하는 것이다. 또한 마을-학교 연계 교육에 대한 학교교사와의 책임 및 역할 배분을 통해 협력수업의 효과를 살리고 마을교사를 위한 공간 및 자료를 제공받음으로써 학교 안 또 다른 교육 주체로 인정받기를 원하고 있었다. 마을교사 인증 및 경력 인정 시스템을 도입하여 마을교사에 대한 신뢰도를 높이고, 학교교사 연계 프로젝트, 워크숍, 분야별 소모임과 같은 실질적인 연수 기회를 통하여 다양한 네트워크 속에서 자신의 성장을 주도하고 자기만의 교육활동을 기획할 수 있는 능력을 갖게 되길 희망하고 있었다.

기존의 혁신교육지구에 관한 글들이 학교에 주목하여 교사나 학생들의 입장에서 논의의 장을 펼쳐 나갔던 반면 이번 글은 철저히 '민'의 커다란 줄기라고 할 수 있는 마을교사의 입장에서 쓰고자 노력하였다.

마을교사는 학교와 마을을 아우르는 교육생태계의 중요한 구성원으로 이들이 확고한 교육관과 전문성을 갖고 사업의 운영과 실제에 지속적으로 참여할 때 혁신교육지구사업이 성공적으로 정착될 수 있다. 마을을 대표하는 새로운 교육 주체로서 마을교사의 역할과 무게의 중요성을 생각할 때 그들의 학교 경험을 들여다보고 목소리를 듣는 것은 꼭 필요한 일이다. 이러한 작업이 선행되어야만 마을-학교 연계 교육활동의 문제점을 개선하고 질적인 성장을 도모할 수 있다.

이 글을 통해 마을교사들의 목소리가 혁신교육지구사업의 방향은 물론 구체적인 사업 내용에 반영되길 바란다. 또한 이들의 의견을 바탕으로 마을교사가 어떤 분야에서 어떤 방식으로 마을과 학교의 아이들을 만나야 지속적이고 안정적인 마을교육공동체 구축에 기여할 수 있을지에 대한 심도 깊은 논의가 이루어지길 기대한다.

참고 문헌

- 강민정 외(2018). 『혁신교육지구란 무엇인가?』. 맘에드림.
- 주정흔 외(2017). 『학교와 지치구가 협력하는 마을방과후학교 운영 방안 연구』. 서울교육연구정보원 교육정책연구소.
- 이철우(2017). 「마을을 품은 사람들」. 서울형혁신교육지구 제2차 실무협의회 회의자료.
- 김태정(2017). 「혁신교육지구의 마을강사 지원 방안」. 서울형혁신교육지구 제4차 실무협의회 회의자료.
- 이경석(2016). 「마을공동체, 삶 속에서 교육이 일어나는 이야기」. 『우리교육』 2016년 6월호.
- 나도삼(2015). 「마을기반 조성·공교육혁신 실현 마을연계형 학교 지원 시스템 구축」. 서울연구원.

제3장

마을교사 지원 시스템을 마련하라
-현장 활동가들의 말로 엮어 낸 정책 제안서-

김형숙

1. 들어가는 글

서울형혁신교육지구 정책은 마을과 학교가 본래의 긴밀한 관계성을 회복하여 마을 아이들의 온전한 성장과 발달을 지원하는 것을 목표로 한다. 2012년 구로구와 금천구에서 서울시교육청에 혁신교육지구 시범 운영을 제안한 것을 계기로 하여 2018년 현재까지 혁신교육지구는 마을교육공동체 운동의 역사를 만들어 가고 있다. 이에 따라 구로 금천 혁신 교육지구 시범 운영 시기(2013~2014)의 비전이었던 교육격차 해소는 서울형혁신교육지구가 본격적으로 시작된 1기(2015~2016)에는 민·관·학 거버넌스 운영과 공교육혁신으로 변화한다. 2기(2017~2018)에 이르러서는 민·관·학 협력체제(거버넌스) 구축과 마을교육공동체 조성으로 점차 진화하고 있다.

그런데 민·관·학 거버넌스의 실질적 운영이라는 일정한 성과에도 불구하고 구성원들 간에 마을교육공동체에 대한 비전과 철학의 공유가 부족해 성과 위주의 사업에 머물고 있는 실정이다. 게다가 지역사회에 축적된 사회적 자본과 지역 주민들의 역량에 따라 22개의 지구별 편차도 매우 크다. 2017년 서울형혁신교육지구에 대한 자체 평가에서 공통적인 한계로 지적된 것이 교육청과 학교의 마을교육에 관한 인식 부족,

민·관·학 거버넌스에 대한 소극적 결합이다. 그 해결책으로 제안한 것이 일선 교사들의 혁신 마인드 제고를 위한 연수의 강화다. 그러나 온갖 정책들의 실험장이자 처리장이 되어 이미 과부하 상태에 빠져 있는 학교를 그대로 방치한 채 교사 연수를 강화하고 혁신교육지구 정책에의 참여를 독려하는 것은 적절한 해결책이 아니다.

오히려 이 시점에서 '교육＝학교교육'이라는 오래된 통념을 '교육⊃학교교육'이라는 새로운 관점으로 전환할 필요가 있다. '교육'이라는 크고 복잡한 사회적 사안을 단지 '학교교육'에 가두어 둘 것이 아니라 '학교교육을 포함하는 교육'이라는 교육의 본령으로 제대로 자리매김하자는 것이다. 국가가 책임져야 할 공공재로서의 교육은 단지 단위학교와 현장 교사들이 수행할 제도 교육에 한정되는 것이 아니기 때문이다.

서울형혁신교육지구는 교육청과 지자체가 중심이 되어 마을의 학교와 교육 전문가들이 협력적 관계를 통해 지역의 특성에 맞는 마을교육 시스템을 만드는 과정[1]이다. 여기서 교육 전문가는 마을교사나 마을활동가, 즉 마을의 곳곳에서 풀뿌리 교육운동을 실천하고 있는 지역 주민들을 포함한다. 그런데 협력적 관계 형성은 결코 쉽지 않은 과제이다. 주체들 간의 만남과 소통이 있어야 하고, 공통의 비전을 세우는 지난한 협의 과정이 있어야 한다. 이를 위해서는 각각의 주체들의 성장이 담보되어야 한다.

그중에서도 특히 마을의 교육력[2]을 증진하기 위해서는 마을 주민들의 교육적 역량을 키워 나가는 것이 중요하다. 그들이야말로 학생들이

---

1. 이윤미 외(2015), 『2015 서울형혁신교육지구사업의 평가 및 발전 방안 연구』, 서울교육연구정보원.
2. 지역의 교육력이란 지역의 학습 풍토인 학습의 가치관, 학습 경험, 학습 의욕 등과 지역이 가지고 있는 인적 물적인 교육 조건을 의미함. 양병찬(2008), 「농촌 학교와 지역의 협력을 통한 지역교육공동체 형성」, 『평생교육학연구』 14(3), p. 137.

일상에서 마주치는 사람들이며 마을의 구성원들이기 때문이다. 무엇보다 서울형혁신교육지구에서 추구한다고 공표하는 공교육혁신과 마을교육공동체가 지속가능하려면 마을교사가 되기를 원하는 지역 주민들에게 학습과 연수, 네트워크를 지원하는 체제가 실질적으로 마련되어야한다.

이 글은 20여 년 경력의 초등학교 교사가 2018년 한 해 동안 학교를 잠시 벗어나 서울의 각 혁신교육지구를 자유롭게 돌아다니며 만난 마을교육활동가들과의 인터뷰를 기반으로 한 질적 연구 보고서 중 일부이다. 애초에 연구의 시작은 마을교사 발굴 및 연수 시스템이 전혀 갖추어져 있지 않은 후발 지역에 대한 현실적인 고민에서 비롯되었다. 따라서 연구를 통해 선도적인 지역들의 사례를 수집하고 분석함으로써 서울형혁신교육지구 마을교사 지원체제 구축 방안을 정책적으로 제안하고자 했다.

그런데 연구 과정에서 알게 된 사실은 서울형혁신교육지구의 마을교사 지원체제는 총괄적인 시스템이 부재하며 선도적인 지역에서도 여전히 그 구축 방안을 모색하기 위해 고군분투 중이라는 것이었다. 게다가 실제 교육활동에 참여하고 있는 마을교사에 관한 기초 자료나 연구들조차 부재했다. 이런 현실에서 이 글은 마을교사 주체들이 말하는 지원체제 구축 방안에 대한 요청인 동시에 학교라는 공교육 현장에서 교육활동을 하던 교사의 학교 밖 현장 연구에 터한 정책적 제안이다.

2. 혁신교육지구와 마을교사

마을교사는 혁신교육지구 정책의 전개 과정에서 새롭게 등장한 주체를 칭하는 용어이다. 서울형 신교육지구는 현재 한창 진행 중인 사업으로 정책의 역사가 짧고 그 내용이 충분히 축적되지 않은 까닭에 마을교사에 대한 연구가 거의 이루어지지 못한 상태이다. 또 '마을교사'라는 용어도 아직 제자리를 잡지 못하고 있다. 따라서 이 글에서는 논란 많은 '마을교사'라는 용어를 먼저 정의하고자 한다. 필자 나름의 개념 정의에 토대가 되었던 것은 혁신교육지구 관련 기존 연구, 마을을 돌아다니며 직접 수강한 마을교사 아카데미, 그리고 현장에서 수집한 활동가들과의 생생한 인터뷰이다.

'마을교사'는 애초에는 '학교 밖 마을학교'에서 교육활동을 진행하던 교사를 일컫는 용어로 사용되다가 학교 안팎에서 마을에 관한 교육을 수행하는 교사를 포함하는 과정을 거친다. 그리고 2018년 현재에는 마을교육공동체라는 지향을 갖고 학교와 지역사회에서 마을교육을 실천하고 있는 이들을 통칭하는 용어로 쓰이고 있다. 지역에 따른 편차가 있기는 하나 마을교사 기본 소양 교육과 역량 강화 교육 등의 일정한 과정을 마친 이들을 마을교사로 한정하기도 한다.

김혜신은 마을교사를 "아이들이 마을과 함께 성장할 수 있도록 교육과 문화의 기회를 제공하고, 나아가 학교와 가정, 이웃을 이어 주는 사람"[3]으로 정의한다. 그에 따르면 마을교사는 교육 전문가이자 문화 전달자이며 마을과 학교를 연결하는 중재자 혹은 협력자이다. 요컨대 마을교사는 아이들 성장의 노잡이이자 마을교육공동체의 비전을 공유하는 주체인 것이다.

실제로 현장에서는 '마을교사'와 '마을강사'라는 용어가 혼용되어 쓰이고 있다. 일반적으로 마을공동체운동이나 혁신교육지구의 역사가 오

---

3. 김혜신('시민협력 플랫폼' 대표), 「마을에서의 마을교사 역할 이해」 강의록, 〈2018 강북마을 교사 역량 강화 연수〉(2018. 7. 19).

래된 지역에서는 '마을교사'라는 용어가 정착되어 있고, 그 외 지역에서는 '마을강사' 또는 '(마을)협력강사'라는 용어를 주로 사용한다.

〈2018 서울형혁신교육지구 지구별 운영 계획서〉를 검토해 본 결과 '마을교사'라는 용어가 세부 사업명 등에 명시적으로 등장하는 지역은 강동구, 강북구, 구로구, 동대문구, 마포구, 성북구, 영등포구이다. 도봉구는 '마을교사'를 '마을교육활동가'라는 용어에 포함시키거나 대체하여 쓰고 있으며, 금천구는 마을교사와 마을강사를 혼용하여 쓰고 있다.

필자가 만난 참여자들의 진술에 따르면, 2017년 무렵 '마을학교'와 '마을교사'라는 용어 사용을 둘러싸고 논란이 있었다고 한다. 이후 각 지구별로 내부적으로 '마을교사' 호칭에 대한 용어 정리가 이루어졌지만, '마을교사'를 둘러싼 담론 투쟁은 여전히 진행 중이다. 참여자들이 마을교사와 마을강사 중 어떤 용어를 사용하느냐와 '마을교사'라는 호칭에 대해 보이는 참여자들 각각의 반응들이 이를 드러낸다. 그리고 계획서, 보고서, 연구논문, 자료집 등에서 연구 주체가 선택한 용어의 차이가 이러한 상황을 입증한다.

'마을강사'는 정규 학교의 교사에 대해 보조적인 위치에서 협력수업을 진행하는 협력강사라는 의미가 강하다. 따라서 이 용어는 전문성이나 자격 요건 등과 관련하여 학교교사와 마을교사 간의 일종의 구별 짓기를 전제하고 있다. 그러나 앞서 언급했듯이 마을교사 역시 마을교육공동체를 지향하면서 마을교육을 실행하고 있는 교육 전문가이다. 이런 맥락에서 필자는 선도적인 지역에서 통용되고 있는 '마을교사'라는 용어를 사용한다.

한편, 마을교사 '지원체제'는 마을교사의 발굴 및 양성, 역량 강화 연수, 학습, 수업 실행, 다른 마을교사들과의 네트워크 구성, 교육활동에의 매칭 등을 지원하는 총체적인 지원 시스템을 의미한다. 마을교사 발굴 및 양성은 서울형혁신교육지구 1기가 시작되었던 2015년과 2016년에는 핵심 사업이었으나 2기 이후로는 교육활동 매칭의 어려움과 새로운 필수 과제 추진 등으로 인해 전반적으로 정체되고 있는 형국이다. 또 2기에 결합한 후발 지역에서는 다른 사업들에 비해 소홀하게 다루어지고 있다.

서울형혁신교육지구에 관한 정책 연구들 중 마을교사를 언급한 부분들을 개략적으로 살펴보면 다음과 같다.

〈서울형혁신교육지구 정책 사업의 운영 실태와 개선 과제〉는 서울연구원의 정책연구로 2015년부터 2017년 상반기까지의 혁신교육지구 정책 사업의 전반적인 추진 현황과 성과 및 한계를 분석한 후 사업의 지속성을 위한 개선 과제를 서술하고 있다. 이 연구는 각 지역 실무협의회 구성원들의 설문조사와 실무협의회 소속 실무자, 서울시, 자치구, 서울시 교육청의 업무 담당자들과의 면담과 FGI를 기반으로 한다.

면담조사 결과 혁신교육지구사업 참여자들이 가장 큰 변화로 지목하고 있는 것이 역량 개발 및 축적[4]이고, 이런 맥락에서 역량 강화를 위한 교육과 연수가 필요하다는 의견을 개진한다. 연구는 독립적인 컨트롤 타워인 혁신교육지구 총괄추진단의 설치와 함께 참여 주체의 역량 강화와 자생력 강화를 위해 참여 주체별(학부모, 지역 주민 등) 연수 및 교육을 체계적으로 시행할 필요가 있다고 단언한다. 중앙 단위의 총괄추진단이 역량 요소 도출과 역량기반 교육과정 개발 등 중장기적인 관점에서 체계적인 연수계획을 수립하고 연수를 기획하고 운영할 것을 제안하는 것이다.

〈학교와 자치구가 협력하는 마을방과후학교 운영 방안 연구〉는 서울형혁신교육지구 필수과제인 마을방과후활동 체제 구축과 연계된 서울

---

4. 이혜숙·이영주(2017), 『서울형혁신교육지구사업 운영 실태와 개선 과제』, 서울연구원, p. 107.

시교육청의 마을방과후학교 시범사업을 대상으로 한 정책 연구이다. 이 연구에서는 서울형혁신교육지구 정책의 발전과정 중 교육 4주체의 등장을 언급하면서 마을교사의 위상과 역할을 서술하고 있다.

혁신교육지구 정책의 확산은 제4의 교육 주체로 지역이 거론될 정도로 교육 주체 확장의 결정적 계기가 되었으나 지역의 역할과 교육 3주체와의 관계는 아직 분명하게 정리되지 못한 상태이다. 그럼에도 새로운 주체로 등장한 마을교사가 학교 정규교육과정이나 방과후학교에 들어가는 것이 혁신교육지구의 핵심 사업으로 인식되고 있고, 민관 거버넌스의 구체적 실천 형태[5]임을 명확히 하고 있다.

이 연구는 마을교사라는 것이 마을 출신의 또 다른 교사로 현재의 학교교육의 틀 안에 들어오는 이들을 염두에 둔 것인지, 아니면 마을 안팎에서 아이들과 관련된 다양한 일들을 수행하는 보다 광의의 교육을 담당하는 이들을 지칭하는지가 보다 명료해질 필요가 있음을 거론한다. 전자의 경우는 협력교사나 방과후학교 강사 형태로 역할이 협소해지고, 후자의 경우는 이 두 역할 외에 학교 밖의 다양한 교육적 활동으로 아이들을 만나는 일이 포함된다. 본 연구에서 설정한 마을교사의 범주는 후자이다.

한편, 기본 소양교육은 필요하지만 마을교사가 또 다른 가르치는 일을 예비하는 사람으로 협소하게 이해되는 것은 혁신교육의 관점에서 바람직하지 않음을 명확하게 짚고 있다. 이는 마을교사 연수에 대한 필자의 견해와 일치한다. 우리 아이들에게 필요한 것은 단지 지금과 다른 것들을 더 많이 배우는 것이 아니기 때문이다. 마을교사의 역할을 어떻게 볼 것인가의 문제는 서울형혁신교육지구가 지향하는 마을교육공동체의

---

5. 주정훈 외(2017), 『학교와 자치구가 협력하는 마을방과후학교 운영 방안 연구』, 서울교육연구정보원 교육정책연구소, p. 33.

상과 연관되어 있다[6]는 점에서 중요한 과제이다.

필자가 보기에 마을교사 지원체제 구축은 단지 기능적 시스템이 아니라 사회적 자본의 문제이다. 사회적 자본social capital은 어떠한 가치를 창출하거나 사회적 문제를 해결하기 위해 필요한 사회적 조건이나 특성에 관한 것이다. 이때 사회적 조건이나 특성은 사회 구성원들이 형성해 놓은 관계적 혹은 협력적 특성을 의미한다. R. D. 퍼트넘Putnum에 따르면 사회적 자본이란 "개인들 사이의 연계connections, 그리고 이로부터 발생하는 사회적 네트워크, 호혜성reciprocity과 신뢰의 규범"[7]과 같은 사회조직의 특성을 의미한다. 요컨대 사회가 축적해 놓은 사람들 간의 관계망이자 신뢰라는 무형의 자산인 것이다. 마을교사와 마을교사 지원체제는 이러한 사회적 관계망 형성의 촉진자이자 매개라는 관점에서 검토되어야 할 것이다.

3. 마을교사 지원 사업 현황

1) 혁신교육지구 마을교사 지원 사업(2018) 현황

2018년 서울형혁신교육지구 지구별 사업 계획서에 '마을교사(마을강사) 지원'이나 '마을교사(마을강사) 인력풀 제공'이라는 문구는 혁신교육지구 필수과제인 수업 방법 개선 협력교사 지원과 중학교 협력종합예술활동 지원이라는 세부 과제에 공통적으로 등장한다. 그런데 마을교사역량 강화 연수와 연구 동아리 조직, 그리고 인증제에 대해서는 지구별로 차이가 있다.

---

6. 주정훈 외, 앞의 글, p. 33. 각주 (5)~(6)은 이 논문의 33쪽 서술을 요약 정리한 것임.
7. 로버트 D. 퍼트넘(2000), 『나 홀로 볼링』, 정승현 옮김(2009), 페이퍼로드, p. 17.

[표 1]은 2018년도 각 지구별 마을교사 지원 사업을 예산과 함께 정리한 것이다.

[표 1] 2018년도 서울형혁신교육지구 마을교사 지원 사업[8]

자치구	마을교사 지원 사업명	내용	예산(천 원)
강동	강동 마을교사학교	-연수(기초/ 심화), 학습 동아리, 마을학교	15,600
	방과후 돌봄 교실	전래놀이 강사 보수 교육	800
강북	마을교사 교육 지원	-역량 강화 연수(8회, 필수/심화) -2019 신규 기본교육(8회) -특화교육, 연구모임 지원(10팀)	38,550
		워크숍(2회), 마을교육박람회	11,450
강서	마을결합형 강서마을학교	역량 강화 교육	3,000
		마을교육공동체 네트워크	15,000
관악	토닥토닥 마을학교	역량 강화 연수	7,000
		마을교육공동체 네트워크	9,000
		강사풀 및 검색 시스템 구축	1,500
광진	마을강사 인력풀 구성 및 연수	-인력풀 구성 및 질 관리, 인증제 -연수(기본: 구청/ 심화: 교육지원청, 30시간)	10,000
		홈페이지(광진마을학교) 활성화	7,000
구로	온마을교육대학 (온마을 소통의 공동체)	-주체별 역량 강화 지원 사업 -워크숍, 공동 학습 동아리	20,000
노원	문예체·창체 마을협력강사 지원	역량 강화 교육	2,240
도봉	혁신교육활동가 양성 과정	혁신교육활동가 양성	20,000
동대문	마을교사 소양 및 심화 과정	-마을학교 설명회, 인증 시스템 -기본 소양교육, 심화 과정	10,000
동작	마을교육풀-학교 연계	-교육: 기본(4시간)/ 심화(12시간) -네트워크, 워크숍, 결과 보고	6,300
		마을인증위원회 운영	1,800
마포	마을교사 성장교육	-교육과정, 역량 강화 교육 -협의모임, 네트워크, 평가 워크숍	14,000
서대문	우리마을강사 지원	초: 우리마을강사 역량 강화 연수	3,000
		중: 자유학기제 아이앰샘 역량 강화 연수, 워크숍	1,500

8. 〈2018 서울형혁신교육지구 지구별 사업 계획서〉와 면담 자료를 참조하여 재구성한 것으로, 예산은 마을교사 지원 사업에 관한 것만을 대상으로 함. 자유학기제 등 교육기관 배부 강사비 등은 제외하였음.

성동	성동마을학교 운영	-양성 및 교육: 기본, 특화 -동아리 지원, 간담회, 협의회	10,000
성북	마을교사 양성 및 학교 연계 프로그램 지원	-역량 강화 교육: 기초(마을 연계 교육과정), 심 화(프로젝트 수업) -인증제, 마을교사 풀 관리 -학습 동아리, 추진단 운영	21,600
		워크숍, 설명회, 박람회, 홍보 책자	12,000
	문예체 협력 예술교사	워크숍, 교사-예술강사 간담회	5,400
	수업 방법 개선 협력교사	협의회, 평가 및 사례 발표	3,000
양천	문화예술, 창체 협력강 사 지원	연수(창의체험, 전래놀이 협력강사)	3,000
	해누리 마을방과후	마을자원 소통의 날	10,000
영등포	'지구시민-마을학교' 프로젝트	-마을교사 운영협의회, 주체별 운영모임 인증위 원회, 워크숍, 세미나 -양성·역량 강화, 네트워크, 〈마을교사의 날〉 -동네교육 콘텐츠 공모	53,000
은평	마을강사 양성 및 보수 교육	-「책 읽는 마을」 마을강사 양성, 보수 교육 -마을방과후강사 안전교육 연수	3,600
종로	마을강사 역량 강화	-협력종합예술 강사, 협력강사, 문예체 마을강 사, 마을방과후강사 역량 강화 연수	2,220
중구	마을강사 역량 강화 연수	-협력종합예술 강사, 협력강사, 문예체 마을강 사, 마을방과후강사 역량 강화 연수	11,404
금천	양성-평생교육팀 예산으로 충당(평생학습도시 선정)		
용산 서초	지원 사업 및 예산 집행 계획 없음		

2) K 혁신교육지구 마을교사 사업 현황

(1) 2017년 : 도입기

K지구는 L지구와 함께 2017년부터 제2기 서울형혁신교육지구사업에 동참한다. 여기에는 "아이 교육시키기 좋은 교육행복도시"를 구상하던 구청장의 의지가 강력하게 작동한다. 실제로 민·관·학 거버넌스 체제로 운영되는 혁신교육지구는 지역사회 내에서 혁신적인 학교교육을 실천하고 있던 혁신학교와 긴밀하게 연계되어 있다. 혁신교육지구는 교육혁신

을 위한 목적으로 '혁신학교'보다 확장된 지역이라는 수준에서 추진되는 교육정책으로, 교육문제를 해결하기 위해서는 지역과 협력해야 한다는 현실적인 필요성에서 출발한[9] 측면이 있기 때문이다.

2017년 K지구 내 혁신학교는 초등학교 1개교와 중학교 2개교로 타 지역에 비해 현저히 적은 수이다. 혁신교육지구의 마중물로 마을결합형학교[10]를 운영한 초등학교도 일반 학교로 교육 주체들 간에 학교교육과정이나 마을교육 등 교육 현안을 함께 논의하거나 협의체를 운영한 경험이 미흡했다. 그러므로 혁신교육지구사업은 구청 주도로 시작된다.

2017년도 비전은 "마을과 함께하는 혁신미래교육 실현, 행복교육도시"이다. 이를 위해 지역의 우수한 문화적 인프라를 활용한 문화예술교육이 지역 특화 사업으로 추진된다. 그런데 공론화 과정을 거치지 않은 채 진행된 사업은 기관이나 단체 위탁과 학교로 예산이 부여되는 방식으로 집행된다. 이에 따라 마을교사는 '협력교사'나 '마을강사'라고 불리며, 학교에서는 기존의 협력강사 수업 영역이 다양화되고 강사 지원이 증가한 것으로 인식된다. 그러므로 이들의 발굴이나 연수에 대한 논의는 이루어지지 않는다. 마을교사에 대한 업무도 해당 기관이나 단체 혹은 학교에 맡겨지는 것이다.

'마을교사'에 근접한 교육활동은 정서 감성 보습 프로그램 〈음감미감〉이다. 〈음감미감〉은 ○○ 심리상담센터에서 개발한 프로그램으로, 교육지원청의 공모사업에 선정되면서 학교 수업에 연계된다. 강사 양성 과정과 활동 프로그램은 순전히 센터 담당자의 교육적 역량에 의해 만들

---

9. 이윤미 외, 앞의 글.
10. 서울시교육청이 서울형혁신교육지구사업과 연동하여 2015년 9월 11개교(초 7, 중 3, 고 1) 운영의 기반 조성기를 거쳐 2016부터 3개교를 추가하여 시범 운영함. 그 성과를 바탕으로 2017년 확산 및 일반화를 거쳐 2018년에는 혁신교육지구에 참여하지 않은 3개 자치구(강남구, 중랑구, 송파구) 학교 중 일부 학교를 대상으로 시행 중임.

어진다.

40명의 음감미감 강사들은 지역에 거주하는 음악과 미술 전공 경력 단절 여성으로 ○○○ 기관의 '청소년 음악 미술 강사' 교육 워크숍을 수료한 뒤 강사활동 전형에 응시하여 일정 점수를 취득한 이들이다. 강사들은 4차시 수업안을 기획하여 13개 학교(초 10, 중 2, 고 1)에서 학생들을 만난다. 수업은 학생들이 서로 소통하고 음악과 미술로 자기를 표현하며 이를 통해 자기애를 갖도록 하는 것을 목표로 한다. 워크숍은 음감 9시간, 미감 8시간으로 청소년 정서 감성의 이해(90분)와 청소년 미술 혹은 음악 활동의 비전과 의미(120분)를 공통으로 하고, 4차시 분량의 예술활동을 수행해 보는 것으로 구성된다.

한편, 2017년 서울형혁신교육지구사업 중 마을방과후활동 체제 구축의 일환으로 학부모 독서토론 멘토를 양성하기 위한 '보늬샘 연수'가 기획된다. K구에서는 32명의 학부모가 총 45시간의 '영화와 함께하는 독서토론지도' 교육에 참여한다. 모 기관에 위탁 운영된 연수는 마을교육공동체 이해와는 무관하게 인문학 강의와 독서토론으로만 구성된다. 그리고 연수 이후의 활동에 대해서는 별다른 기획이 없다. 보늬샘은 양성 그 자체로 끝나는 사업이 되었고, 보늬샘 중의 일부가 제각기 활동하고 있다.

K지구의 도입기에는 마을교사 발굴이나 연수에 관한 지원 정책이 부재했다. 이는 관 주도로 시작된 혁신교육지구사업에서 마을교육공동체의 상과 마을교사에 대한 인식이 명확하지 않았던 까닭이다. 그러나 1차년도를 마무리하면서 실시한 컨설팅의 주제가 '마을강사 양성 및 인력풀 구축 방안'이었던 것을 보면 마을교사 인력풀에 대한 요청이 지속적으로 대두된 것으로 보인다.

(2) 2018년 : K마을학교

2018년 K지구는 시즌2 사업을 시작한다. 1차년도의 경험과 중앙 단위에서 설정된 필수과제를 중심으로 세부 사업이 계획된다. 그리고 모든 사업은 강사 양성 등 일체의 지원을 위탁한 기관이나 단위학교에 일임하는 방식이다. 계획서에는 중학교 협력종합예술활동과 문화예술 상설동아리 지원 사업에 한해서는 "마을강사 인력풀을 구성하여 학교가 희망 시에 제공"하겠다고 밝히고 있으나 마을교사 인력풀은 구비되어 있지 않다. 그럼에도 불구하고 음감미감 강사 워크숍과 도슨트 양성 과정은 지역사회의 마을교사 발굴이라는 움직임을 보여 준다는 점에서 주목된다. 또 학교-마을 손잡기 프로젝트는 기관 위탁이기는 하지만 교육지원청이 주도적으로 기획한 교육활동에 마을교사가 결합하는 마을교육과정의 시도라는 측면에서 의미가 있다.

'마을로 떠나는 예술여행'을 진행하는 도슨트 마을교사들은 K평생학습관의 도슨트 양성 과정을 수료한 지역 주민들이다. 다수가 초·중·고 학부모인 이들은 경력 단절 여성으로 2017년 9월부터 총 20시간의 강의를 수강하고, 마을교사로 활동할 기회를 갖게 되자 평생학습과에 도슨트 심화 과정의 개설을 제안한다. 이에 따라 2018년 1월부터 심화 과정이 개설된다. 그들은 학생들과의 미술관 활동을 준비하기 위해 강의 수강과 자체 스터디를 병행한다. 학습은 활동의 전체 흐름과 설명할 내용, 그리고 실제 경험과 유의 사항을 공유하는 방식이다.

1기 수강생 17명이 마을교사로 활동하고 있으며, 1년 동안 13개 학교 (초 4, 중 6, 고 3) 640명의 학생들을 10명씩 한 팀으로 구성하여 미술관 활동을 전개한다. 교과 수업을 비롯하여 방과후활동, 동아리, 중학교 자유학기제, 고등학교 특성화 프로그램 등 학교급별로 다양한 형태로 연계하여 진행하는 것이다. 구청의 교육지원과에서 학교의 신청을 받아

마을교사팀에게 전달하고 구체적인 일정은 마을교사들과 학교가 협의하여 만든다.

음감미감 교사들은 44명이다. 이 프로그램은 2017년에 비해 2배 이상 확대되어 29개 학교(초 22, 중 4, 고 3)에서 수업을 진행한다. 연수는 2017년의 과정을 심화한 형태로 미술치료, 음악치료, 심리상담 전문가들과의 위크숍과 함께 모의수업 실연을 포함하여 총 6.5시간 동안 이루어진다. 그러나 학교교육과정이나 학습자 이해에 관한 내용은 포함되어 있지 않다.

한편, 학교-마을 손잡기 프로젝트는 교육지원청이 주관하는 사업이다. 세부 사업 중 마을 숲 탐방, 학교 텃밭 지원, 우리 마을로 떠나는 여행, 심리 상담 지원의 4개 사업이 7개 기관에 위탁되어 운영되고 있으며, 강사들은 해당 기관에 소속된 사람들로 관련 업무나 지원은 위탁 기관이 담당한다. 그중 지역 소재 기관은 2개이고, 강사 중 지역 거주민은 극소수이다. 현재 학교-마을 연계 교육활동은 '마을교육'보다는 전문성을 갖춘 강사들의 기능적인 수업에 그치고 있으므로 마을의 교육력 증진과 마을교육공동체 조성과는 무관하다

K혁신교육지구에는 마을교사에 대한 기본 소양교육과 역량 강화 연수가 부재하다. 마을교육공동체에 관한 이해 교육이 없는 것이다. 그 모든 것이 오롯이 마을교사가 속한 단체나 마을교사 자신의 역량에 맡겨질 뿐이다. 학교-마을 연계 교육활동에 대한 2018년 모니터링 보고서[11]에 의하면 현장 교사들은 마을교사에 따라 역량의 편차가 크다고 지적한다. 또한 학년별 수준에 맞는 활동 프로그램과 교수 용어 사용이 미흡하며, 활동의 교육적 의미가 명확하지 않은 채 재미 그 자체에 머물고 있음을 언급한다. 이에 대한 대안으로 수업 기획 단계에 교사들과의 협의시간을 제안한다. 한편 마을교사들은 지원체제의 허술함을 다음과 같

이 지적한다.

> 처음엔 애들도 다 크고 그래서 자원봉사로 시작했어요. 뭔가 의미 있는 일을 하고 싶어서 찾다가 거기서 이걸[○○과정] 듣게 된 거죠. … 우리도 애들한테 가르치기 전에 뭔가 전문적으로 △△에 대해 더 공부하고 싶은데 □□□[소속 단체]은 우리를 모아서 뭘 하지도 않고 회합도 안 하고. 우리 팀 회장이 그냥 나가라고 연락 오면 나와요. _K지구 마을교사1

> 그런데 전 좀 의아했던 게 본인이 나갈 학교가 먼저 정해진 다음에 모의수업을 해야 하는데, 모의수업을 다 하고 학교가 정해져요. 그래서 전 모의수업 할 땐 초등학교 대상으로 한다고 생각을 했는데, 학교가 고등학교로 정해지다 보니깐 그 수업에 대한 피드백을 들을 수 있는 시간이 전혀 없었어요.
>
> _K지구 마을교사2

4. 마을교육활동가들에게 길을 묻다

1) 내가 만난 마을교육활동가들

필자는 마을교사 지원체제 내부의 구체적인 모습을 파악하기 위해 2018년 3월부터 10월까지 선도적인 혁신교육지구의 마을교사 모임, 연

---

11. 교육지원청 주관으로 실시되는 사업 중 마을결합형 중점 학교(5개교)와 학교-마을 연계 교육활동(30개교)에 대해 마을결합형학교 지원단(교장 1, 교감 2, 교사 8)이 컨설팅과 모니터를 진행함. 연구자도 지원단으로 학교 컨설팅과 활동 프로그램에 대한 모니터를 진행함. 이상의 서술은 컨설팅과 모니터 결과 보고서에 근거함.

수, 회의 등을 참여 관찰했다. 이를 통해 마을교사 지원체제에 대한 전반적인 상황과 현장의 분위기를 파악할 수 있었고 많은 현장 활동가들을 만났다.

[표 2] 면담 참여자 현황과 주요 면담 내용

자치구	참여자	직업/역할	사업 참여 기간	마을교사 경험	마을활동 경험
A	a	실무협의회 위원	4년	-	-
B	b	실행추진단장	4년	○	-
	c	마을교사 사업팀장	3년	○	-
	d	마을교육활동가	3년	-	○
C	e	마을교육협력분과장	3년	○	○
D	f	구청 교육전문관	3년	-	-
E	g	(전) 마을교육지원센터장	5년	-	-
	h	교사 / 운영위원회 위원	6년	-	○
	i	(전) 장학사	2년	-	-
F	j	교육전문관(주무관)	4년	-	-
	k	구청 주무관	-	-	-
G	l	혁신교육지원센터장	4년	-	-
H	m	마을분과장	3년	○	-
I	n	(전) 정책보좌관	3년	-	-
	o	마을교육활동가	4년	○	-
J	p	마을분과장, 운영위원장	4년	○	○
	q	마을활동가	-	○	○
K	r	마을교육활동가	-	○	○
	s	교사	-	-	-
	t	학교장	1년	-	-
	u	구청 주무관	2년	-	-

주요 면담 내용

- 마을교사의 정의와 범주
- 해당 지구 마을교사 지원체제의 변화 과정
- 해당 지구의 마을교사 발굴, 연수, 네트워크, 교육활동 매칭의 현황
- 해당 지구 마을교사 지원의 중심이 되는 곳
- 중간지원조직 또는 혁신교육지원센터에 대한 참여자의 생각
- 구상하는 마을교사 지원체제
- 혁신교육지구에 제안할 만한 마을교사 지원체제

혁신교육지구사업 참여자들과의 면담을 통해 지구별 마을교사 지원 체제의 현황을 파악하고 정책 방향 및 방안에 관한 의견들을 조사하기 시작했다. 면담자 선정은 눈덩이 표집 방식을 취했다. 다양한 참여관찰 현장에서 알게 된 마을교육활동가를 예비 면담한 후 그들을 통해 지구별 핵심 활동 참여자로 소개받은 마을교사, 혁신교육지구 정책담당자, 혁신교육지원센터장, 혁신지구 업무 담당 주무관을 면담했다. 혁신학교 교사로서의 경험과 마을결합형학교 업무, 그리고 혁신교육지구 실무위원, 혁신교육지구사업 모니터링 및 컨설팅 수행 경험이 활동가들과의 접촉면을 넓혀 주었으며 라포 형성에 도움을 주었다.

면담은 총 11개 지구 21명을 대상으로 2018년 6월부터 11월까지 진행했으며, 면담 참여자들의 현황과 주요 면담 내용은 [표 2]와 같다.

2) '마을교사'라는 호칭

참여자들은 각자가 속한 지구와 자신의 위치에 따라 마을교사, 마을강사, 마을교육활동가 중 하나의 용어를 선택적으로 혹은 혼용해서 사용한다. 그리고 용어를 둘러싼 논란을 언급하며 최근의 전국 단위의 협의회 자리에서는 '마을 선생님'이라는 호칭을 사용하기도 했다고 전한다. 참여자들이 정의 내리는 마을교사는 마을에서 만날 수 있는 선생님이자 학교와 마을을 잇는 매개자이고 마을교육공동체를 일구는 마을교육활동가이다.

이런 맥락에서 개인의 재능을 기능적으로 전수하는 데 그치는 방과후강사와는 다름을 공통적으로 강조한다. 그리고 마을교사의 자격 요건을 지역에 거주하거나 적어도 마을에서 마을교육공동체활동에 참여하는 사람들로 한정하는 것이다. 요컨대 참여자들에게 '마을교사'라는 말은 단지 호칭에 그치는 게 아니라 마을교육이라는 전문성을 담은 정체성의 표식이자 자긍심의 표현이다.

(1) 마을 선생님 : "우린 방과후강사가 아니에요"

학교 선생님은 학교교사, 우린 마을에 있는 선생님이니까 마을교사… 그래서 '강사하고 뭐가 달라'라는 말이 젤루 속상해요. 강사도 해 봤지만 강사도 학교에서 애들 만나고 나면 땡이에요. 그뿐이거든요. 그런데 우리는 마을에서 마트 가도 애들 만나고 그렇거든요. 그게 기분이 다르더라고요. … 그렇게 이게 싫다고 하시면 마을 선생님, 근데 이게 혁신 안에서 통일됐으면 좋겠어요. _B지구 마을교사팀장

강사라는 게 한계가 있거든요. 뭐 전문적이긴 하겠지만 참여자나 수강생을 향해서 계속 깊이 있는 고민을 하거나 그다음 단계를 고민하지 않아요. 그런데 마을에서 마을학교를 만든다는 사람들이 강사가 맞아? 그런 고민들이 있었죠. … 사람들이 강사가 맞아, 그래서 마을교사에 대해서도 우리가 어떤 정의를 내려야 되는 거 아냐 하고…. _J지구 마을학교분과장

전문강사를 마을교사라고 껍데기 씌우지 말자. … 학생들 입장에서 보면 학교에서 안 가르쳐 주는 걸 가르쳐 주는 샘이 마을에 있는 거야. 학교 밖에 나가도 만날 수 있는 사람. 가게라든가 찾아가서 만날 수 있는 사람… 마을에 대한 이해, 아이들에 대한 애정, 자기가 학생들과 만날 수 있는 콘텐츠, 이게 최소 요건이죠. _B지구 실행추진단장

종이접기 기술이 부족하더라도 뭐 마을을 잘 알려 줄 수 있고 마을에서 더 오래 살았고, 아이들과 손잡고 종이접기한 그 꽃을 가지고 마을을 찾아가서 어디에 붙이면 더 예쁜지를 얘기해 줄 수 있는 사람이 더 필요하다는 게 제가 생각했던 마을교사예요. _E지구 전 마을교육지원센터장

(2) 학교(앎)와 마을(삶)의 연결고리

마을교사는 학교와 마을의 연결고리. 아이들 교육도 해 주면서 삶도 같이 연결해 주는 고리가 아닌가 싶어요. 왜냐면 우리는 마을에서 만나면 마을의 어른이지만 학교에서 만났을 땐 마을교사고 하니깐 아이들과 계속 만나는 사람이고 그래서 저희는 마을교사가 굉장히 중요하다고 생각하거든요. 우리도 교육을 하는 사람인데… 마을교사라고 하니깐 방과후강사보다 못한 이렇게 생각하시더라고요. 그런데 저흰 그거 아니거든요. _B지구 마을교사팀장

(3) 마을교육활동가

우리 C지구에서는… 마을공동체 안에서 같이 활동해야만 마을 선생님이라고 해요. _C지구 마을교육협력분과장

마을교사는 이름으로 교사지만 교사 하면 여러 가지 역할이 있잖아요. 그런데 저는 활동가의 역할에 방점을 둬요. 마을혁신교육활동가에 방점이 찍혔으면 좋겠는데, G지구에서 인증받

은 분들 중에 기능인으로서 역할하는 분들이 꽤 있어요. 자기 재능을 학교든 마을이든 펼치는 분들도 있는데 기능인으로서 역할도 필요하지만 활동가 역할도 필요하고… 결국은 그런 분들이 주도적인 역할을 하게 되더라고요. _G지구 혁신교육지원센터장

마을교사들이 그냥 수업만 하는 게 아니라 마을 구성원으로 많은 사람들을 아우르고 하나의 공동체를 만들어 주는 걸 바라는데, 대부분의 자치구, 우리도 마찬가진데 자기 일거리만 생각을 해요. … 혁신은 마중물이 되어 지역의 주인으로 주민으로 성장할 수 있는 기반이 돼야지 이게 혁신에만 묶이면 안 된다고 생각해요. _D지구 교육전문관

3) 발굴과 양성

대부분의 혁신교육지구들은 사업이 도입된 초기에 마을교사 발굴 및 양성 사업을 대대적으로 벌인다. 따라서 마을교사 양성이 가장 활발했던 시기는 서울형혁신교육지구가 본격적으로 시행되었던 2015년과 2016년이다. 마을교사를 발굴할 것이냐 양성할 것이냐를 두고도 핵심 활동가들 사이에서는 논쟁이 있었으므로, '발굴'과 '양성'이란 용어 사용을 통해 참여자들이 마을교사 사업을 바라보는 관점을 포착할 수 있다. 마을교육공동체 운동의 역사가 축적된 지역의 일부 활동가들은 '양성'이라는 말에 거부감을 표명하며 '발굴'이라는 용어를 사용한다.

마을강사 양성이라는 말을 쓰지 말라고 말하고 싶다. △△이 워낙 마을자원 인프라가 없다 보니 마을도 살리고 학교에도 연계하고자 하였으나, 1년 운영 후 내부적으로 실패라는 평가를 했다. … 마을을 살리고

만들자는 목적이었는데 이분들이 강사활동만 하더라는 것이다. 그래서 강사 양성은 평생학습센터로 넘긴 상태이다.[12]

이에 반해 2016년 이후 22개 자치구로 혁신교육지구사업이 확산되면서 초기의 문제의식이 희석되어 현재는 '양성'이라는 말이 통용되고 있다. 참여자들은 마을교사 사업의 지구별 특징을 크게 발굴형과 양성형으로 나눈다. 발굴형으로는 E지구, B지구, M지구를, 양성형으로는 F지구, G지구, I지구를 거론한다. 마을교사를 발굴하고 이후 혁신교육활동가는 양성을 했다고 진술하는 G지구의 경우에는 외부적 시각과 내부적 시각이 갈리기도 한다. 외부에서는 양성이라고 말하고, 내부 활동가는 발굴이라고 말하는 것이다.

(1) 발굴

발굴은 마을에서 이미 풀뿌리 교육활동을 하고 있는 개인이나 단체를 찾아서 엮는 것에 주안점을 둔다. 그러므로 지역의 핵심 활동가가 민·관·학 거버넌스나 협의체에 참여한 경우에 시도된다. 실행 방식으로는 공모를 통해 사람을 선발하는 경우와 교육 콘텐츠를 선정하는 경우로 나뉜다. 그러므로 양성에 비해 마을교사의 수가 많지 않으며 최초 선발이나 선정의 경우에는 심사위원회 혹은 선정위원회가 구성된다. 이러한 위원회는 이후에 마을(교사)인증위원회나 인증제로 이어진다.

> 마을은 그동안에 돈이 없어도, 이런 프로그램이 없어도, 이런 필요성이 없어도, 이런 교육과정이 없어도 우리는 뭔가를

---

12. 〈K혁신교육지구 컨설팅 회의록〉 중 부분 인용(2017. 11. 7).

하고 있었다는 거예요. 그러면 마을에서 잘하고 있었던 것, 마을에서 아이들을 통해서 이미 검증된 것, 그리고 검증된 사람들을… 새로운 공간으로 유입시키는 역할을 내 역할이라고 본 거예요. _E지구 전 마을교육지원센터장

이게 직업을 주기 위한 일이 아니잖아요. 양성이란 말을 써야 할지도 의문. 그래서 전 발굴이라고… 대체로 봉사의 마인드를 가지고 있다가 사업의 마인드로 가요. … 제일 중요한 건 마을강사는 생활인, 마을 사람이다, 양성이라기보다는 마을 학생들과의 만남을 배움이 있게 한다, 아이들을 키워 낸다는 관점에서 그 속에서 당당해지는 거죠. 평생교육 차원에서 봐야 해요. _E지구 전 장학사

그런 발굴을 처음엔 모두 ○○위탁업체에서 했어요. 우리가 혁신지구 준비하고 있을 때 이미 강사 양성을 하고 있었고… 구청에서 공모를 해요. 교육지원과에서 공모를 하면 40~50개 콘텐츠가 모여요. 한 사람이 엮어서 융합형으로 두 개를 내기도 하고 단체가 하나를 내기도 하고 세 개 내기도 하고 받아서 추려서 심사를 하조. 거기에 심사위원은 교사, 방과후강사, 마을담당 분과위원장, 교육전문관, 장학사 그런 식으로 구성해서 콘텐츠를 뽑아요. _D지구 교육전문관

초기 모델은 처음부터 평범한 사람을 교육을 시켜서 마을교사를 양성해 내는 게 아니라 처음엔 공개모집 형태로 간 거예요. … 2015년 문예체 창체 때는 서류 면접 재능 시연까지 깐

깐하게 면접자, 교장, 장학사, 교사 전문가를 오게 해서 공개 오 디션처럼 본 거죠. _G지구 혁신교육지원센터장

(2) 양성

양성은 시민단체나 주민자치조직 등 마을의 인적 자원 인프라가 빈약한 지역에서 일반적으로 선택하는 마을교사 모집 방식이다. 후발 지역들 대다수가 공고를 통해 관심 있는 주민들을 모으는 양성 방식으로 사업을 시작한다. 2015년 초창기 A지구에서는 인적 인프라 구축 사업의 일환으로 'A마을교사학교'를 마련하여 설명회를 개최하고, 분야별로 교육과정을 만들어서 5개월 동안 주간, 야간, 주말반을 운영하기도 한다. 일반적으로 자치구청에서 교육전문관이나 교육정책보좌관을 선임한 지역의 경우에는 양성 과정이 마을교육공동체에 대한 이해를 중심으로 체계적으로 구성된다.

현재 마을교사 양성과 재교육 체제가 잘 구축된 지구에서는 전반적인 기획을 마을교사분과에서 전담하기도 하며, B지구에서는 차년도 마을교사 공모 요건으로 5강 이상의 필수 수강을 제시한다.

구글 만들어서 마을에 계신 분들에게 실무추진단장이 쫙 뿌렸고, 마을교사를 모집하는데… 교육과정 등 살피지 못하고 막연하게 분야라는 거만 늘어놨지 자격요건 없이 우선 모아 놓고. 큰 그림 없이… 교육과정 타이트하게 기초 기본 심화 3개 과정을 7~11월까지 오후, 야간, 주말반까지 빡세게 했어요. 과정 마친 후 시연했어요. 실무 평가, 팀별로 만든 걸 대표로 나와서 수업 계획서 평가도 하고. 추진단에서 전 커리를 짜고.

_A지구 실무협의회 위원

마을의 다양한 교육 역량들이 네트워크해서 이분들을 마을 선생님으로 성장하게 하고, 이분들이 학교를 지원하거나 마을 공간을 활용하여 마을교육공동체 활동을 할 수 있도록 주체를 어떻게 육성할 거냐 하는 고민을 갖고 지역을 세 달 동안 돌아다녔죠. 여기는 사람을 키워야 한다, 다른 데랑 다르다, 지역의 특성에 맞게 했던 거고. 2015년 학부모 사업과 함께 양대 사업으로 했던 게 마을교사 발굴, 육성 사업에 집중했죠.

_I지구 전 정책보좌관

근데 이게 약간 체계적으로 양성할 수 있는 기미가 보였던 게 놀이교사, 놀이샘, 보늬샘. 독서하고 놀이 두 테마로 잡아 가지고… 지금 놀이 연수 같은 경우는 탄탄하게 체계가 돼 있고 연중으로 연수가 있어요. 센터에서 주관해서. _E지구 교사

4) 마을교사 인증제

마을교사 인증은 인증위원회에서 이루어진다. 혁신교육지구사업 초기에는 교사자격증이 없는 마을교사가 학교로 들어가서 수업한다는 것에 대한 관의 부담감으로 인해 인증 절차가 까다로운 편이다. 게다가 인증위원회는 대부분 학교 교장들로 구성되는데 수업 시연, 수업안 작성, 자질에 대한 심사로 이어지고 소수의 마을교사들만이 통과된다. 이후 인증위원에 수업하는 교사들의 참여가 제안되면서 교사, 장학사, 마을분과장 등으로 구성된 인증위원회에서 인증이 이루어진다.

인증의 경험이 축적되면서 교육 콘텐츠의 학교급별 적합성이 주요한 평가 기준이 되고, 마을교사분과가 활성화된 J지구에서는 마을탐방의 전 과정을 마을교사들이 나누어 수업 시연을 하는 방식으로 인증이 이

루어지기도 한다. 인증 과정 자체가 심사라기보다 프로그램에 대한 컨설팅을 받을 수 있는 협력의 장이 되는 것이다. 현재 22개 자치구 중 인증제를 도입하고 있는 자치구는 10개이며, C지구에서는 연수 이수자들에게 수료증을 발급하고 이를 학교로 배부되는 마을교육 자료집에 기입해 주기도 한다.

코스를 마치고 강사로서의 자질에 대한 직무연수를 했어요, 그걸 마치신 분들이 인증심사 거쳐서 절대평가로 90점 미만은 탈락… 1기 코스워크 마친 분만 해도 800명, 직무연수 참가하신 분이 130명 수료… 심사에 통과하신 분이 46명, 수업 시연 다 하시고 커리큘럼 다 작성하시고 강의 시연하고 개별 성향에 대한 면접까지 했어요. _F지구 주무관

문예체 창체 협력교사는 1년 동안 3번 공개모집을 해서 210명을 추렸고요. 300명은 G의 마을학교 활동하고 계신 분들 개인이 인증장 신청해서 받는 걸로. 마을학교도 공모로 해서 뽑은 거예요. 그분들이 운영을 몇 년 동안 한 상태에서 2016년부터 인증을 준 거예요. 공개모집 과정을 거쳐서 인증해 주는 형태였고. _G지구 혁신교육지원센터장

연수 끝나고 바로 마을교사 인증위원회에서 시연을 해요. 수업 들어가기 전 코스 프로그램 등을 심사하는 10분씩 시연. 학교지원단 샘들 도움받죠. 전 사실 첨엔 반대했어요. 양성까지 하고 프로그램 평가 정도만 하자 그들 안 들여보낼 거냐… 갈등하다 한 번 정도는 해야 하지 않을까 했는데 교장 선생님

들이었는데 … 퍼실 점수가 넘 안 좋았어요. 이게 왜 학교에
있어야 되느냐고. (……)

　인증위원회는 실제로 수업을 같이 하는 교사를 넣어 달라.
내가 생각한 건 프로그램과 무얼 하고자 하는가 그 의도 평가
받고 싶은 것이고. 교육의 목표 전체적인 흐름, 체계 이런 건 샘
들이 잘해 줄 거라서. 근데 그건 뭐라 안 하시더라고요. … 작
년엔 심사위원한테 9시부터 12시까지 프로그램을 전부 보여 드
리자, 모두 나눠서 강사 인증을 한 거예요. _J지구 마을학교분과장

5) 교육활동 매칭

　발굴된 마을교사와 마을교육 콘텐츠들을 학교와 지역사회로 알리고
매칭하는 방식도 지역마다 다양하게 펼쳐지고 있다. 매칭을 위한 자료의
보급을 담당하는 주체는 구청의 교육지원과 업무 담당자나 혁신교육지원
센터이고, 실제 매칭은 단위학교와 마을교사 개인 혹은 마을교사가 속한
단체 간에 직접 이루어진다. D지구처럼 소수의 콘텐츠와 마을교사를 매
칭하는 경우에는 일체의 업무를 구청의 업무 담당자가 전담하기도 한다.

　인력풀과 프로그램들을 책자나 파일로 만들어 학교와 지역사회에 배
부하는 방식이 가장 일반적이며 최근에는 마을교사와 마을교육 콘텐츠
검색 시스템을 구축하는 지역도 늘어나고 있다. 경험이 쌓임에 따라 사
전 수요조사와 교사들과의 간담회를 통해 교육활동 매칭의 폭을 넓혀
가기도 한다. 혁신교육지구가 활성화되면서 마을교사 콘텐츠들을 한자
리에 모아 전시하고 상호 교류하는 교육박람회도 마을교사의 교육활동
매칭이 이루어지는 역동적인 장이 되고 있다. 한편, 학교급별 수준에 맞
는 학교-마을 연계 교육과정을 통해 마을교사와의 협력수업을 안정적
으로 구축하는 지역도 생겨나고 있다.

(1) 인력풀 또는 프로그램집 홍보

그분들의 제안된 프로그램을 책자로 학교로 뿌려요. 그중 반은 작년에도 했던 분이고, 학교가 최종 선택권을 갖고 있는 걸로⋯ 책 제작과 홍보는 구청과 저희 사무국이 같이 해요.

_B지구 실행추진단장

강사가 가지고 있는 콘텐츠를 계획서와 함께 써서 내면 우리가 학교랑 살펴보고 충분히 가능해 보이는 걸로 분야별로 분류하고 이것들을 묶어 학교에다 목록을 줘요. 우리가 강사를 발굴했는데 필요하면 연락을 달라고 하고요. 매칭을 하면 100%가 다 되는 거죠. ⋯ 콘텐츠 수가 29개⋯ 학교 안은 만족도 100%, 전부 다 해 주니깐요. _D지구 교육전문관

(2) 사전 수요조사와 간담회

전환기 같은 경우는 사업 담당자가 소통을 하죠. 담당 교사하고. 왜냐하면 저희가 전환기 수업 주제 정하는 것부터 교사들 의견을 듣거든요. 상반기 저희가 수요조사를 해요. 수요조사에는 "몇 번 할까요?"도 있지만, "어떤 교육을 하고 싶으세요?" 이런 것도 있고. 중간에 마을에 이런 자원이 있는지를 조사해서 있는 건 있다고 얘기하고 없는 건 없다고 얘기하고 다시 확정된 프로그램 안내서로 신청을 다시 받죠.

_E지구 전 마을교육지원센터장

자유학기제 지원하기 전에 1학년 부장이나 담당부장들 간담회를 해요. 4월에 했어요. 설명 후 신청을 받죠. 올해는 자유학기제 들어가실 분들 조사를 해요, 구청에서 코디네이터가. 있는 마을교사 풀에서 표를 만들어서 올핸 이런 분들이 들어갈 수 있다고 학교에 다 보내요. 그다음에 학교에서 이분들 몇 시간 신청해요. 매칭을 해서. _A지구 실무협의회 위원

(3) 교육박람회

G지구가 제일 먼저 한 게 박람회죠. 마을자원을 최대한 모아서 개인, 그룹, 단체, 기관, 도서관, 혁신교육지구 참여자 모두 부스 운영하고, 박람회 때문에 연락처 주고받아서 학교 수업 협력 제안도 하고… 근데 관심 있는 교사만 와요. 지원청도 처음엔 공동 주최 않겠다는 걸 견인해 낸 거죠. 혁신하교 샘들 대거 오는데, 일반 학교 샘들도 이제 알고는 있어요.

_G지구 혁신교육지원센터장

만남의 자리 이런 거 했었어요. 올해 초 센터 행사 때. 여러 단위들이 부스 운영을 했었어요. 그때 많이 소식을 들었죠. … 이걸 더 크게 박람회 식으로 해야 하는 거죠. _E지구 교사

(4) 학교-마을 연계 교육과정

그때 고민한 게 학교에서 필요한 교육이 뭘까, 마을에서 해 주고 싶은 교육이 뭘까예요. 마을만이 할 수 있는 것은 마을탐

방이에요. … 마을해설사는 초3 전체 다 들어가요. 이제는 주제가 정해져서 진로원정대, 창의전래놀이, 학부모 연극단 맘마미아. 학부모 연극단은 잘되죠. 초1 수업 '학교폭력예방연극'에다 들어가니까요. _J지구 마을학교분과장

1·2·4학년 안전교육. 혁신교육 2기 때 학년 연계 만들자 1·2학년 안전, 3학년 마을투어, 4학년 성폭력 예방교육, 6학년 전환기, 5학년이 비는데… 교육청에서 하든 지자체에서 하든 연계를 해 보자, 그래서 그 연계를 논의했었죠. 혁신교육지구 민·관·학 평가단에서. _E지구 교사

6) 마을교사 역량 강화

마을교사의 역량 강화 문제는 마을의 교육력 증진이라는 점에서 중요한 화두이다. 더구나 혁신교육지구사업이 해를 거듭할수록 스테레오 타입의 프로그램과 사업의 성과에 매몰되고 있다는 내부의 비판이 등장하면서 각 지역에서는 마을교사로 대표되는 마을교육활동가들의 역량을 강화하는 방안이 모색되고 있다. 연수는 초기의 기능 위주의 특강에서 교사학교로 발전하여 기본, 심화, 특화 교육의 형태로 체계화되고 있다. 내용은 혁신교육지구와 마을교육공동체 이해, 교육철학, 청소년 발달, 민주시민 등의 연수와 마을탐방이 주를 이룬다. 여기서 더 나아가마을교사가 주체적으로 구성하는 마을교사 교육과정에 대한 관심이 생겨나고 있다. 자발적인 동아리들이 연구모임으로 발전하고 있으며 다양한 분야의 마을교사들이 모여 융합형의 마을교육 콘텐츠를 생산하기도한다.

현장 활동가들에 따르면 마을교사들은 학습과 함께 실천의 경험, 즉

분과 활동과 민·관·학 거버넌스 실무회의 등에 참여함으로써 성장한다. 이른바 질적 도약은 마을교사들이 주체적으로 연구팀을 꾸릴 수 있는 환경을 조성하고 실무협의체에 참여할 기회를 제공함으로써 가능한 것이다. 이런 맥락에서 민의 역량 강화에 관심을 두는 지구에서는 마을교사들의 성장과정을 지원하는 사업을 지속적으로 수행하고 있다.

(1) 연수 : 특강에서 마을교사 교육과정으로

학교에서 얘기하는 자격 과정을 완성하기 위한 교육과정이 아니라, 교사들 자신이 활동하면서 어떤 강의를 더 듣고 싶다고 해서 마련되는 강의… 저는 이게 결이 다르다고 생각을 했거든요 그래서 이 중심에 마을교사 교육과정을 하려고 했고요.

_E지구 전 마을교육지원센터장

어떤 연수를 듣고 싶냐고 수요조사를 했더니, 이번에는 3년 차가 되니깐 마을도 그렇고 학교도 그렇고 교육과정 안으로 들어와라 이렇게 하시는 거예요. 올해는 교육과정 연수를 받았어요. ○○ 수석교사가 다른 수석교사들을 모아서 저희들이 교사 연수를 받게 된 거예요. _C지구 마을교육협력분과장

(2) 동아리에서 연구모임으로

창의공예 연구팀은 와이어 공예, 양말공예, 순수미술을 하는 분들이 모여서 이걸 어떻게 융합할 수 있을까. … 내 수업을 먼저 풀어요. 다음에는 배운 것과 내 걸 합쳐 가지고 와서 설명

을 하고. 이걸 수업으로 어떻게 발전시킬까 하는 거예요. 2016
에는 활동비도 없었어요. 저희가 자발적으로 2017부터 팀당
100만 원, 우리끼리 부족하면 외부 강사 강의를 들어도 되고.

_B지구 마을교사팀장

말하자면 초등교육과정 연수를 8시간 받았는데, 8시간으론
택도 없다고 해서 20명이 신청을 해서 초등교육과정 연구모임
이 꾸려진 거예요. 하고 나니 더 갈증이 생긴 거죠.

_C지구 마을교육협력분과장

(3) 마을교육 콘텐츠 : 마을 교과서 & 융합 프로그램

완성된 콘텐츠를 마을교사에게 가르치는 구태의연한 연수가
아니라, 본인들이 현장을 다니면서 우리 아이들에게 필요한 교
육이 뭔가 생각하고 그 콘텐츠를 스스로 계발하는, 물론 거기
엔 전문가가 투입되어야 할 거예요. 교육연극 전문가랑 시나리
오 작가가 붙을 수도 있고, 내부에 없으면 예산을 가지고 스스
로 콘텐츠를 생산하는 주체로 성장하는 거죠. 그걸 다시 마을
에서 학교로 되돌리는 거예요. _I지구 전 정책보좌관

저희가 초3 마을 교과서에 들어가 있는데 집필진에서 만난
선생님들을 모셨어요. 마을해설사 샘들도 모으고. 그래서 처음
으로 회의를 했어요. 지역화 교과서와 마을놀이의 연계. 저희
나가는 수업이 마을놀이거든요. 같이 간담회를 했어요. … 우
리가 잘하고 있는지 듣고 싶어서 선생님들 세 분하고 마을해설

사 열다섯 분이 같이 모여서 했어요. _J지구 마을학교분과장

마을수업의 자율성은 인정을 하지만 학교에 있어서는 어느 정도의 표준안이 필요하다고 보는 편이라서 그분들이 각각 자기 콘텐츠를 가지고 와서 콘텐츠 융합을 요청했어요. … 학교에서 요청한 프로그램과 융합 가능한지를 같이 검토했으면 좋겠다고 해서, 예를 들면 한자와 놀이 융합 프로그램이 그래서 생기기도 했어요. _E지구 전 마을교육지원센터장

(4) 분과 활동과 실무회의 경험

사업팀 회의 20명 정도 와요. 그래도 이게 낫죠. 예비교사도 오고, 마을교사 면접 등 이런 거 그때 다 정해지는 거잖아요.

_B지구 마을교사팀장

시스템을 만들기 전에 다양한 걸 보고, 분과에서 이런 걸 제안하고 싶어서… 좋다기보다는 서로 합의가 되는 시스템을 만들고 싶은 거죠. 합의가 된 것은 추후에도 계속 바뀌 갈 수가 있거든요. _H지구 마을분과장

공식적인 교육 말고 또 성장하는 게 있어요. 저희는 동아리 대표 모임이 있어요. 동아리 대표 모임이 회의를 해서 어디 축제에 나가기도 하고 연수도 하고. 두세 달에 한 번씩 그게 가능한 게 뭔가 하면 마을방과후 패키지 교육을 하고 있는데, 마을방과후 운영 때문에 서로 소통하고. _E지구 교사

(5) 마을교사의 성장 스토리

경력자라서 더 잘할 거 같은데 오히려 더 해이해지는… 아, 그리고 이 정도면 괜찮더라, 이런 것들이 생기니까 아, 이러면 안 되겠다, 계속 긴장을 해야지 이런 생각이 들더라고요.

_B지구 마을교사팀장

마음열기부터 배우러 다니시고… 차시에 따라 아이들 따라 변형도 해요. … 하나의 순수한 취미모임을 하는 마을 주민 학부모로서 아이들을 온전하게 성장시키고, 또 전문적인 교육을 하는 강사로까지 가게 하려면 한 사람의 성장과정이 있고, 이 성장 스토리에 지원해 줘야 해요. 그냥 1, 2년 뚝딱뚝딱 되는 건 아닌데…. _E지구 교사

그전엔 그랬거든요. 교사들은 왜 안 해? 혁신교육이면 샘들한테 좋은 거 아냐? 정말 너무하는 거 아냐? 막 이랬거든요. 근데 들어가서 보니까요. 샘들이 너~무 일이 많아요. 그쵸? 아, 이건 아니다. 샘들이 수업을 해야 되는 거 아냐? 근데 왜 이거까지 다 하고 있지? … 저는 학교 프로그램으로 안 들어가려고요. 학교 프로그램으로 들어가지 말고 나와서 하자. 그게 이 마을학교가 할 일이죠. _J지구 마을학교분과장

7) 마을교사 지원조직

마을교사 지원조직에 대한 문제는 혁신교육지구사업 전체를 총괄하는 지원센터에 대한 논의 속에서 포괄적으로 다루어진다. 그리고 이것

은 사업 도입 초기부터 논란이 분분했던 영역이다. 조직의 성격과 필요성, 설치 여부부터 센터장을 누구로 할 것이냐는 문제까지 얽혀 지역에 따라서는 구성원들 간의 갈등의 요인이 되기도 한다.

> 센터를 만들 때는 센터장이 누가 되는지가 마을에서 되게 예민한 문제였고 지금도 그래요. … 지역의 어떤 이런 부분이 위탁이 한 번 생기면 길게 가잖아요. 교육에서도 이해관계가 … 누가 먼저 선점하면 먼저 가져가 버리는 게 워낙 강하기 때문에. _H지구 마을분과장

현재 마을교사 지원 사업을 전담하는 곳은 각 지구별로 다양한데, 지원센터, 실무협의체(또는 실행추진단), 구청의 교육지원과, 마을(교사)분과를 중심으로 이루어지고 있다. 교육 관련 시민모임이나 네트워크들이 탄탄하게 구축된 E지구에서는 지난한 논의와 투쟁을 통해 기획과 집행력을 갖는 지원조직을 만들어 내기도 한다. 또는 구청에 채용된 혁신교육 활동가가 센터나 구청 교육지원과에 소속되어 중간지원가로 활동하는 지역도 있다.

> 관에서 조직한 협의체 그 수준에서 벗어나서 운영협의회, 실무지원단, 마을센터 이 체계가 이제 딱 자리를 잡거든요. … 개인으로 이걸 못 맡긴다, 개인이 그거를 대표성을 가졌을 때 생기는 문제가 더 많다, 우린 이거를 집단화하고 구조화하고 시스템으로 만들었으면 좋겠다고 해서 찾아낸 답이 센터였고요. 그래서 차라리 허브센터를 만들어라. … 결정과 집행 이런 거를 온전히 민이 참여할 수 있게. 그러니까 사전에 여론조사하

듯이 그것만 수렴하고 우리들 아이디어만 빼 가지 말고 우리가
그 집행도 하고 집행의 결과도 누가 책임질 테니 그럴 수 있는
기구를 만들어 달라. _E지구 전 마을교육지원센터장

초창기 때 교육보좌관이 중간지원조직 역할을 한 거예요. 구
청에선 인건비가 나가는 거고, 길게 하려고 하지 않았던 거죠.
만약에 G처럼 혁신교육센터가 있었다면 혁신교육센터 안에 보
좌관이 들어가고 그랬다면 조금 더 체계적으로 왔을 텐데….
_H지구 마을분과장

저는 양성 과정만 하고 나면 그다음 처리를 구청의 혁신교
육센터에서 이거를 하는 거죠. 구청 교육지원과의 혁신교육지
원팀에 팀장 하나, 주무관 하나. 저희가 이렇게 잘할 수 있었던
게 교육전문관이 있었어요. 이분이 3년 딱 하시더라고요. 더는
안 하시더라고요. 너무 고생하셨어요. _J지구 마을학교분과장

그런데 일반적으로는 마을교사 관련 사업들이 마을분과에서 기획되
고 실무협의체에서 결정되어 구청 교육지원과의 혁신교육팀이 집행하는
구조로 진행되고 있다. 그리고 이때 교육지원청의 기여는 미미하고, 오롯
이 장학사 개인의 성향과 참여 태도에 맡겨진다. 참여자들은 공통적으
로 혁신교육지구사업을 총괄적으로 지원하는 시스템의 부재를 한계로
지적하며 지원조직이 필요함을 언급한다. 참여자들이 구상하고 있는 지
원조직은 민·관·학 거버넌스 협의 구조를 토대로 한 허브센터이자 컨트
롤 타워이다.

(1) 기능성 센터가 아니라 허브센터로

기능성 센터는 만들기 쉽고 그거는 있어도 그만 없어도 그만이라고 생각을 해요. 기능적 역할은 공무원이 더 잘할 수 있어요. _E지구 전 마을교육지원센터장

초기에는 센터에 대한 기능적 기대감이 있는데 기능적인 건 성공하지 못해요. 가교로서의 역할이 중요하겠죠.

_G혁신교육지원센터장

△학교와 ▽학교가 있으면 양성된 마을교사가 할 수 있는 걸 인근 학교에서 찾아서 할 수 있게 연결해 주는 게 센터나 교육지원청의 역할이라고 생각해요. 교육청에 사람이 없으니깐 사실 힘들 거예요. _E지구 교사

(2) 컨트롤 타워 시스템 구축

마을교육센터 같은 실무적인 추진단이 전권을 갖고 계속 실험하고 학교와 마을 연계를 계속해 줘야 돼요. _E지구 교사

E지구도 교육지원과의 강한 예속이 있지만 거긴 기획력과 집행력을 갖고 있어요. (센터는) 경험을 가진 민들을 포괄해 줘야 해요. 어쨌든 E모형이 최선이다. B 같은 경우 실행추진단이 센터 역할을 하잖아요. _E지구 전 장학사

지금은 사업이 일단 많고 구청이 혼자서 다 컨트롤하기엔 이미 범위를 벗어났고, 구청 시스템 문젠데 계속 바뀌잖아요. 발령이 나서. 또 다시 협의해서 하고… 또 마을교사는 스스로 성장하는 주체가 되어야 하는데, 그러려면 뭔가 작게라도 의미 있는 활동을 하는, 그런 역할을 하는 중간지원조직이 필요한 거죠. _A지구 실무협의회 위원

학교 담당은 전환기에 수업, 그 교육과정을 정해 주고 거기 필요한 교사들 지원해 주고 요런 것들을 그분이 하세요. 마을 담당은 마을교육의 주체들을 만들어 내고 찾아내고 교육시키고 평가하고… 컨트롤 타워는 필요하죠. 지역의 수련관이나 청소년 문화의 집 이런 데가 있고 역할을 나누지만 그냥 두면 그 단체 사업이 되는 거예요. 그래서 단체 사업이 되지 않게 엮는 활동들을 그 담당이 하고 있어요.

_E지구 전 마을교육지원센터장

센터를 만드는 걸로 만족하는 게 아니라 내용을 채워 가려면 센터는… 혁신교육 철학에 동의하는 사람과 공공성을 가지고 열심히 할 수 있는 사람이 오도록 해야 하는데, 혁신지구사업이 뭔가를 전체적으로 포괄하는 권한을 가진 센터장 밑에 민간활동가, 공무원…. _G지구 혁신교육지원센터장

(3) 토대는 민·관·학 거버넌스

민간이 안정적인 하나의 구조가 없는데 왜 큰 그림만 그리느

냐. 민간이 안정적인 구조를 가져야 한다는 거예요. … 지원 주체는 실행추진단. 매주 회의 구조를 가지고 있다는 게 엄청난 거죠. _B지구 마을활동가

마을센터 구성을 보면 분과장, 분과장을 지원하는 담당 매니저가 있어요. 이게 결합되어 있으니까 분과장을 도와주는 역할. 물론 구청의 오더도 받지만 분과도 연결해 주니까 오히려 힘이 있다는 거죠. 분과와 마을센터가 연결되어 있기 때문에…. _E지구 전 장학사

중간지원조직이 서면 제일 좋겠죠. … 근데 교육청에선 자기네 예산에 맞게 알아서 쫙 짜 오셨더라고요. 저희는 내용에 뭐에 세부 계획서 다 내거든요. … 교육청 예산도 마을교사들이 참여해서 같이 할 수 있는 게 있어야 하는데….

_B지구 마을교사팀장

교육지원청에서 학교로 들어가는 예산에도 단서를 달기 시작한 거죠. 마을과 함께해라, 학교 안에서 교실 단위로 학교 단위로 머무르지 않게… 민의 결정기구는 운영위원회와 실무지원단이라는 자기 구조 안에서 작동이 되면 되고, 거기 결정을 받아 안아서 집행하면 되기 때문에… 소통과 업무 실행이 원활하게 돌아가는 구조를 계속 만들어 내는 거고. 센터는 죽은 조직이면 안 된다. _E지구 전 마을교육지원센터장

5. 마을교사 지원체제 구축 방안

1) 발굴 및 양성

(1) 지역 연구

지역의 교육문화연구는 마을교사 발굴 및 양성에 앞서서 반드시 선행되어야 할 일종의 현장조사이다. 마을교육공동체를 지향하는 혁신교육지구 정책에서 해당 지역의 교육문화 지형을 파악하는 것은 1단계 작업이 되어야 한다. 교사, 마을교육활동가, 문화연구가, 업무 담당자들이 연구팀을 구성하여 지역사회를 직접 돌아다니거나 마을교육활동가 그룹 인터뷰를 통해 질적 연구를 해야 한다. 이는 기존의 마을 만들기나 도시재생 프로젝트에서 수행하는 작업과 유사하며 지역 내 연구집단이 있다면 협업도 가능하다. 이를 통해 지역사회의 교육적 요구와 학교의 교육 실태 및 수요조사가 함께 이루어져야 한다.

(2) 발굴

어떤 교육적 자원을 발굴할 것인가는 혁신교육지구에서 구상하고 있는 마을교육공동체의 상과 직결되는 문제이다. 지역 연구가 실태 파악에 주안점이 놓였다면 발굴에서는 공교육혁신과 마을교육공동체 조성이라는 목표를 명확히 설정해야 한다. 지역 주민이 제안하는 마을교육 콘텐츠 공모를 통해 다양한 교육자원을 발굴하거나 마을교사 지원자가 본인의 교육 프로그램을 제출하고 선정위원회에서 현장 적합성을 검토하는 방식을 취할 수 있다. 지역사회 비영리 기관 및 단체, 공공기관 등에 홍보하여 다양한 주민 모임과 동아리가 결합할 수 있도록 한다.

대상은 지역 거주민 혹은 혁신지구 소재 교육활동 단체나 모임 소속

활동가로 한정한다. 이는 지역의 교육력을 키우기 위함이며 아이들에게 마을교육을 해 줄 마을교사를 발굴하기 위해서다. 이와 함께 혁신교육지구사업으로 각급 학교에서 진행했던 교육활동 중 교육적 성과가 좋았던 단체 및 강사들의 자료를 수합하여 영역별로 추리는 작업이 필요하다.

(3) 양성

마을교사의 양성은 학교-마을교육과정과의 연계 속에 중장기적인 기획으로 진행되어야 한다. 학교와 지역아동센터 등에서 필요로 하는 영역의 수요를 조사하고 발굴된 교육자원과 매칭해 본 후 양성 여부를 결정한다. 단기 속성으로 기능인을 만들어 학교에 배치하거나 경력단절 여성이나 청년 대상의 일자리 창출로만 접근하는 방식은 경계해야 할 것이다. 마을교사는 마을교육공동체를 일구어 갈 마을교육활동가이기 때문이다.

마을교사 양성은 학교-마을교육과정이라는 큰 그림 속에서 이루어져야 한다. 예로 학년별 특성에 맞는 교육활동 계획을 수립하고 마을교사가 필요한 영역에 관심 있는 지역 주민들을 모아서 양성하는 방식이다. 생태텃밭, 안전교육, 놀이샘, 심리상담 등 마을교사가 요구되는 새로운 영역이 이에 해당할 것이다.

양성교육은 양질의 체계적인 교수-학습과정이어야 하며, 평생학습관, 도서관, 체험학습장 등 지역사회의 학습기관과 전문기관 등을 활용하여 평생교육 차원에서 진행되는 것이 바람직하다. 그리고 마을교사들에게는 수업활동 전에 기본 소양교육과 함께 현장 교사와의 협의 시간이 주어져야 한다.

2) 마을교사 인증제와 인력풀 구축

마을교사 인증제의 도입은 마을교사 역량 강화 연수 및 교육과 연동하여 논의되어야 한다. 이미 학교와 지역사회에는 중학교 협력종합예술 강사, 수업 방법 개선 협력교사, 문예체 마을강사, 마을방과후강사라고 불리는 많은 강사들이 활동하고 있으며, 이들의 정체성은 한 영역으로만 한정할 수 없다. 그러므로 마을교사라는 새로운 주체 형성을 위한 '마을교사학교'를 개설하여 혁신교육지구, 마을교육공동체, 청소년의 이해 등의 수업을 이수할 기회를 제공하고, 일정한 과정을 수료한 마을교사에게 연수 이수증을 발급하는 방식이 적합할 것이다. 그리고 이러한 내용을 마을교육 자료집에 기재할 수 있겠다.

인증위원회는 마을교육 콘텐츠와 마을교육단체들에 대한 인증을 수행한다. 마을탐방 등 프로그램의 전 일정을 마을교사들이 나누어서 보여 주는 콘텐츠 인증 방식은 고려해 볼 만하다. 인증위원회의 구성에는 현장 교사와 마을교육활동가가 포함되어야 한다. 인력풀과 마을교육 콘텐츠 자료집은 현장의 수요와 학교급별 교육과정을 고려하여 구성하며 분야별 마을교사와 단체, 그리고 그들이 협력하여 생산한 융합형의 프로그램, 마을 배움터들을 담는다.

3) 마을교사의 교육활동 매칭

마을교사의 교육활동 매칭은 지원조직 등 전담 주체가 인력풀과 마을교육 콘텐츠 자료집을 현장에 보급 후 업무 담당자가 직접 연락하거나 또는 센터가 일종의 플랫폼이 되어 상호 연결해 주는 방식이 적합하다. 인력풀과 자료집 배부에서 마을교육 콘텐츠 검색 시스템 구축으로 나아가야 할 것이다. 마을교사와 학교 교육활동의 매칭은 학교-마을교육과정을 만드는 과정이기도 하다. 교과, 창체(동아리), 방과후활동, 자유학기제, 진로활동이라는 활동 영역이 씨줄이 되고 놀이, 생태, 수공예, 문화예술, 심리상담 등의 내용 영역이 날줄이 되어 서로 짜고 엮는 방식이어야 할 것이다.

자유학기제와 진로활동들은 담당 교사들과 마을교사들이 간담회를 통해 교육활동을 함께 기획하거나 컨소시엄 형태로 결합하는 방식을 취할 수도 있다. 지역의 마을교육 콘텐츠들을 한자리에 모아 전시하고 상호 교류하는 교육박람회도 교육활동 매칭의 장으로 유용하다. 다만 지역의 특성을 고려하여 사교육의 홍보 시장이 되지 않도록 하는 방안 모색이 필요하다.

4) 마을교사 역량 강화

(1) 연수

1차년도 연수는 기본과 심화로, 2차년도부터는 선택과 필수로 배치하여 체계적인 연수가 되도록 구안한다. 1차년도 연수는 혁신교육지구와 마을교육공동체, 마을교사의 역할, 교육철학과 교수법 등 실용적인 내용으로, 2차년도 연수는 학교교육과정, 어린이와 청소년 발달, 미래 사회와 교육, 마을학 등 심화된 내용으로 설계한다. 마을교사분과 협의를 통해 마을교사들이 필요로 하는 교육 내용을 추가하고, 심화교육의 경우 역량 있는 단체나 마을배움터에 위탁하는 방식도 고려해 볼 수 있다. 일정 정도의 연수 이수자에게 다음 해 마을교사 활동의 참여 기회를 제공하거나 마을교사 인증을 부여한다. 지구 단위의 개별적인 연수의 한계를 극복하기 위해 권역별 마을교사학교를 개설한다. 또한 교사, 지역 주민, 학부모, 마을교사가 함께 참여하는 마을교육대학과 민주시민학교도 시도해 볼 만하다.

(2) 연구모임

마을교사들은 자발적인 학습 동아리나 연구모임 등 학습공동체를 통해 성장한다. 마을교사들이 자발적으로 꾸리는 연구모임을 활성화하기 위해 재료비, 강사비, 탐방비 등 연구비를 지원하고, 마을교사들이 모여 서로의 배움을 나누고 공유할 수 있도록 활동공간을 제공한다. 특히 다양한 영역의 마을교사들이 콘텐츠 융합을 시도하여 새로운 교육 콘텐츠를 생산하고, 컨소시엄 형태로 전환기 교육 프로그램 등 새로운 영역을 만들어 내도록 촉진한다. 마을탐방 코스를 개발하고 마을 교과서를 만들어 내는 등 타 지구에서 성과가 좋았던 마을교육 주제를 중심으로 교사와 마을교사가 함께 연구모임을 구성해 볼 수 있다. 교육 주체들 간의 협력을 통해 마을교사와 학교교사는 교육적 안목이 넓어지고 함께 성장하기 때문이다.

(3) 마을분과 활동

마을교사들은 마을(교사) 분과원 활동을 시작으로 분과장 회의, 실무협의회, 운영위원회 등 민·관·학 거버넌스 협의체에 참여하는 기회를 갖는다. 혁신교육지구사업 관련한 실무와 마을교육이라는 교육적 의제에 대해 머리를 맞대고 함께 고민하고 갈라진 의견들을 그러모으는 합의의 과정은 그 자체로 민주주의 학습이다. 마을교사들은 분과 회의를 통해 분과 회칙 혹은 약속을 정하고, 연수할 내용을 기획하며 마을교사 인증 절차와 방식 등을 제안한다. 그리고 한 해의 사업 내용을 평가하고 이를 바탕으로 차년도 마을교사 관련 사업 계획과 예산을 편성한다. 그러므로 마을교사분과는 마을교사들이 마을교육활동가로 성장하는 인큐베이터이다. 구청이나 교육지원청은 분과 협의를 활성화하기 위해 기초교육을 실시하거나 퍼실레이터 혹은 소통 촉진자를 지원할 수 있다.

5) 마을교사 지원조직

마을교사 지원조직을 어디에 어떻게 설치할 것인가라는 문제는 마을교사 지원체제 구축에서 중요한 부분이다. 이것은 중간지원조직 혹은 혁신교육지원센터와 연동하여 다루어져야 할 문제이다. 한 참여자의 말처럼 "조직은 필요하지만, 그 내용은 조심스러워야 한다. 유토피아적이 아니라 실제 검증된 모형들을 분석하면서 가야 할"것이다. 참여자들이 구상하고 있는 지원조직은 민·관·학 거버넌스를 토대로 한 허브센터이자 컨트롤 타워이다. 그런데 이것은 이상형이고 현실의 지원조직들은 지역별 상황에 따라 다양한 모습으로 존재하고 기능한다. 민·관·학 거버넌스 토대는 마련되었으나 허브센터와 컨트롤 타워의 역할이 미흡한 지구가 있는가 하면, 자치구청 산하에서 컨트롤 타워와 허브센터로서의 기능적 역할은 하고 있으나 민·관·학 거버넌스가 작동하지 않는 지구도 있다. 뒤이어 혁신교육지구사업에 동참한 후발 지구들이 쉽게 선택하는 모델은 기능적인 허브센터이다. 현실적으로 사업을 매끈하게 집행하기 쉬운 까닭이다.

혁신교육지구의 마을교사 지원조직은 단계별 접근이 필요하다. 그 첫 작업은 민·관·학 거버넌스를 탄탄하게 구축하는 것이다. 마을교사분과가 제대로 서고 마을교사들이 협의하여 제안한 기획들이 실무협의회에서 논의되고 구청이나 교육지원청에서 집행되는 경험이 충분히 쌓여야 한다. 그런 연후에 기능적인 지원조직이 아니라 민·관·학 거버넌스를 기반으로 한 혁신교육지원센터가 독립기구로 세워져야 할 것이다. 이 센터는 마을교사를 지원하는 행정업무만을 전담하는 기구가 아니라 마을교사를 마을교육활동가로 성장시키고 혁신교육지구의 비전을 만들어낼 수 있는 산실이자 거점이 되어야 한다.

[표 3]은 필자가 제안하는 마을교사 지원체제 구축 방안을 요약 정리한 것이다.

[표 3] 마을교사 지원체제 구축 방안

마을교사 역량 강화	연수	마을교사 교육과정/ 마을교육대학
	연구모임	마을교육 콘텐츠 연구 및 개발
	분과 활동	마을교사분과 활동 및 실무 회의 참여
▲	마을교육활동가	학교–마을 연계 교육과정 연구 및 개발
교육활동 매칭	마을교육 콘텐츠 검색	마을교육 콘텐츠 검색 시스템 구축
	교육박람회	마을교육자원 전시 및 상호 교류
	마을교육 자료집	마을교육 콘텐츠 자료집 배부
	인력풀	영역별 마을교사 인력풀 제공
▲		
인증제	마을교육 인증	마을교육 콘텐츠, 활동 프로그램 인증
	마을교사 인증	마을교사학교 필수 강의 수강 및 면접
▲		
마을교사 발굴 및 양성	양성	사전 수요조사, 마을교육과정 연계성 검토
	발굴	주민 참여형 마을교육 공모
	지역 연구	지역의 교육문화 실태 및 특성 연구
▲		
마을교사 지원조직	혁신교육지원센터	마을교사 지원 허브센터 & 컨트롤 타워
	마을 코디네이터	마을교사 교육활동 중간지원자
▲		
민·관·학 거버넌스 토대 마련	민·관·학 실무협의회	민·관·학 거버넌스 실무협의체 구축
	↑ ↓	
	마을(교사)분과	마을(교사)분과 구성 및 민주적 협의

6. 마을교사 지원체제 구축을 위한 제언

마을교사는 혁신교육지구사업과 함께 새롭게 등장한 교육 주체이다. 지역의 거주민인 그는 아이들이 마을에서 일상적으로 만나는 어른이며 학교나 지역사회에서 마을교육을 수행한다. 필자는 이러한 마을교사의 지원체제에 주목하여 선도 지역들의 사례조사를 통해 서울형혁신교육지구의 마을교사 지원 시스템을 마련하기 위한 방안을 모색해 보았다.

선도적인 지역에서는 마을교사 양성 시기를 지나 교육활동에의 매칭과 역량 강화 연수에 중점을 두고 있으며, 매칭은 인력풀, 마을교육 콘텐츠 자료집 홍보, 교육박람회, 학교-마을교육과정 연계를 통해 이루어진다. 마을교사들의 질 관리가 거론되며 인증제가 확산되고 있다. 마을교사들의 역량 강화는 연수, 연구모임, 마을교육 콘텐츠 개발, 분과 활동 및 실무회의 참여를 통해 이루어지고 있다.

마을교육활동가들이 지향하는 마을교사 지원조직은 민·관·학 거버넌스를 토대로 한 허브센터이자 컨트롤 타워인데, 현실의 지원조직들은 다양한 모습으로 존재하고 기능한다. 민·관·학 거버넌스 토대는 마련되었으나 허브센터와 컨트롤 타워의 역할이 미흡한 지구가 있는가 하면, 자치구청 산하에서 컨트롤 타워와 허브센터로서의 기능적 역할은 하고 있으나 민·관·학 거버넌스가 작동하지 않는 지구도 있다.

혁신교육지구에 적합한 마을교사 지원체제 구축을 위해서는 발굴 및 양성 이전에 지역의 교육문화 연구가 선행되어야 한다. 그리고 마을교사 개인에 대한 인증보다는 마을교육 콘텐츠 인증이 이루어져야 하고, 학교 교육활동과의 매칭이 학교-마을교육과정이라는 큰 틀에서 이루어져야 한다. 마을교사 역량 강화를 위해 권역별 마을교사연수, 마을 교과서 제작 연구모임, 민주주의 학습장인 분과 활동과 회의 참여가 활성화되도록 지원되어야 할 것이다. 마을교사 지원조직은 행정업무를 전담하는 기능적인 기구가 아니라 마을교사를 마을교육활동가로 성장시킬 수 있는 거점이 되어야 한다.

서울형혁신교육지구 마을교육활동가들의 생생한 말을 토대로 한 질적 연구를 마무리하며 마을교사 지원체제 구축을 위한 필자의 생각을 정책적 제언으로 정리해 본다.

첫째, 마을교사의 양성과 역량 강화는 평생교육의 관점에서 지원되어야 한다.

마을교사는 학교의 도구적 필요에 의해 양성되는 방과후강사가 아니라 마을교육이라는 전문성을 갖는 교육 주체이다. 그러므로 마을교사의 역량 강화는 단발성의 특강이 아니라 마을교육활동가로 성장하는 과정에서 주체 내면의 성장과 발달을 지원하는 방향으로 이루어져야 한다. 서울특별시 자유시민대학 본부와 지역 학습장에 마을교육대학 혹은 마을교사학교를 분기별로 개설하여 체계적인 교육과 연수의 기회가 제공되어야 한다.

둘째, 마을교사 지원체제에 대한 시스템적인 접근이 필요하다.

현재 혁신교육지구사업은 총괄적인 시스템의 부재 속에서 마을교육활동가들의 열정과 노동력으로 굴러가고 있다. 마을방과후활동과 학교-마을 연계 교육활동을 수행하는 마을교사들 역시 마찬가지다. 그래서 혹자는 혁신교육지구사업이 마을교사들을 착취하고 있다고 비판하기도 한다. 시스템적인 뒷받침이 없이 사람들의 수고로움으로 유지되고 버티는 정책은 지속되기 어렵다. 마을교사들의 발굴과 매칭, 교육활동과 네트워크 등 지원체제 전반에 대해 체계적이고 공적인 지원 시스템이 구축되어야 할 것이다.

셋째, 지역 단위의 마을교사 지원조직이 필요하다.

마을교사는 지역 주민으로 혁신교육지구사업을 통해 마을교육공동체를 일구는 실행 주체이다. 다른 마을교사들과 연구모임을 꾸리고 협력하여 새로운 마을교육 콘텐츠를 만들어 내는 일은 마을교육공동체의 지향과 일치한다. 그런데 대다수의 마을교사들은 낱낱이 분산되어 여전히 개별적이고 독자적으로 교육활동을 수행하고 있다. 학교라는 시장에서 개인 콘텐츠들로 경쟁하는 형국이다. 지역 단위에서 민·관·학 거버넌스를 토대로 구축된 지원조직이 허브이자 컨트롤 타워로서 마을교사들을 교육적으로 지원하고 마을교육활동가로 견인해 내야 한다.

넷째, 마을교사 지원조직은 민·관·학 거버넌스로 작동되어야 한다.

기능적인 마을교사 지원조직을 만들기는 비교적 쉽다. 자치구청 교육지원과 혁신교육팀에 인력을 보강하여 지원센터를 설치하거나 교육지원청에 지원센터를 개설할 수도 있다. 그러나 마을교사 지원조직은 그 구성과 작동 원리가 철저히 민·관·학 거버넌스에 기초해야 한다. 거버넌스는 유동적이다. 그러므로 지원조직은 민과 관과 학과의 소통이 우선되어야 하며, 이러한 소통이 업무에 치여서는 안 되는 것이다. 이를 위해 지원조직 내에 마을교육활동가 등 인력이 충분히 확보되어야 한다.

다섯째, 마을을 활용한 교육에서 마을과 함께하는 교육으로 패러다임 전환이 필요하다.

그동안 마을결합형학교나 학교-마을 연계 교육활동은 학교의 필요에 의해 마을교사를 활용하는 교육이 주를 이루었다. 학교가 이미 짜놓은 교육과정 안에서 마을교사는 마을자료로 배치되어 활용될 뿐이다. 마을교사는 본인이 하는 활동이 어떤 맥락에 놓여 있는지 알 수 없다. 그런데 마을교사는 마을의 자원을 물어다 주는 정보 제공자가 아니다. 마을교사는 학교와 마을을 잇는 문화전달자이다. 그렇다고 한다면 교사와 마을교사는 학교-마을교육과정을 공동으로 설계할 수 있어야 할 것이며, 지자체와 교육청은 이를 위한 정책적 지원을 마련해야 한다.

참고 문헌

- 서울형혁신교육지구 68인의 민·관·학(2016). 『서울형혁신교육지구가 뭐예요?』. 서울시교육청.
- 강민정 외 2인(2018). 『혁신교육지구란 무엇인가?』. 맘에드림.
- 서용선 외 10인(2016). 『마을교육공동체란 무엇인가?』. 살림터.
- 조용환(2018). 「질적 연구의 원리와 기법」. 『2018 하계연구방법론 워크숍 자료집』. 서울대교육연구소.
- 최종렬 외 3인(2018). 『질적 연구방법론』. 휴머니스트.
- John W, Creswell. 한유리 옮김(2017). 『질적 연구의 30가지 노하우』. 박영스토리.
- Robert D. Putnam(2000). 정승현 옮김(2009). 『나 홀로 볼링』. 페이퍼로드.
- 김용련(2018). 「일본의 커뮤니티 스쿨: 지역 교육력을 바탕으로 한 마을공동체 살리기」. 『마을교육공동체 운동의 세계적 동향과 과제』(마을교육공동체 춘계학술대회 자료집).
- 김태정(2018). 「한국 마을교육공동체 운동의 현황과 과제」. 『마을교육공동체 운동의 세계적 동향과 과제』(마을교육공동체 춘계학술대회 자료집).
- 양병찬(2008). 「농촌 학교와 지역의 협력을 통한 지역교육공동체 형성」. 『평생교육학연구』 14(3).
- 이윤미 외(2015). 『2015 서울형혁신교육지구사업의 평가 및 발전 방안 연구』. 서울교육연구정보원.
- 이혜숙·이영주(2017). 『서울형혁신교육지구사업 운영 실태와 개선 과제』. 서울연구원.
- 주정흔 외 4인(2017). 『학교와 자치구가 협력하는 마을방과후학교 운영 방안 연구』. 서울교육연구정보원 교육정책연구소.
- 서울특별시·서울특별시교육청(2017). 〈2017년도 서울형혁신교육지구 운영 계획〉.
- 서울특별시·서울특별시교육청(2018). 〈2018년도 서울형혁신교육지구 운영 계획〉.
- 서울특별시·서울특별시교육청(2018). 〈2017~2018 서울형혁신교육지구 중간평가 보고서〉.
- 22개 서울형혁신교육지구별 〈2018 서울형혁신교육지구사업 실행 계획서〉.
- 22개 서울형혁신교육지구별 〈2017~2018 서울형혁신교육지구사업 평가 보고서〉.

제4장

학교협동조합으로 커 가는 아이들

홍태숙

1. 초등 돌봄 교실 운영 방안에 관한 새로운 모색

우리나라가 급속하게 저출산 고령화 사회로 접어들면서 최근 몇 년 사이에 돌봄에 대한 관심이 높아졌다. 돌봄을 필요로 하는 수요에 비해 초등학교에서 운영하고 있는 돌봄 교실은 턱없이 부족한 실정이라 돌봄 문제는 하루빨리 해결해야 한다. 여기에서는 다양한 돌봄 사례를 살펴보고 학교협동조합으로 돌봄 교실을 운영하는 방안에 대해 모색해 보고자 한다.

현재 초등학교의 돌봄 교실은 교실당 수용 인원이 25명 전후로 아이들이 자유롭게 뛰어놀 수 있는 구조는 아니다. 진정한 의미의 놀이가 가능한 돌봄이라기보다는 아이들을 지켜 주는 수준의 돌봄이라고 봐야 한다. 25명의 어린이 중에는 방과후학교를 들으러 가거나 학원으로 가는 아이들도 있어 돌봄 시간 내내 25명이 모두 앉아 있지는 않지만, 돌봄 교실의 특성상 자유롭게 뛰어놀 수 없는 구조라는 것은 누구나 아는 사실이다.

학교협동조합으로 돌봄 문제를 해결할 방안을 모색하기 위해서는 기존에 실시되고 있는 다양한 형태의 돌봄 사례에 대한 조사와 분석이 필요하다. 여기에서는 다양한 사례를 통해 학교협동조합이 어떤 방식으로 초등 돌봄 교실을 운영하면 좋을지 그 해법을 찾아보고자 한다. 또 초등학교에서 실질적인 돌봄 역할을 수행하고 있는 방과후학교와 돌봄 교실 및 학교 밖 돌봄 교실을 비교해 봄으로써 초등학교의 돌봄이 앞으로 어떤 방향으로 나아가야 할지 그 방안에 대해서도 얘기해 보고자 한다. 현재 초등학교의 돌봄 교실은 수요에 비해 공급이 부족하지만 학교의 여건상 돌봄 교실을 더 늘리기가 쉽지 않다. 외부에서는 학생 수 감소로 대부분의 초등학교에 유휴 교실이 많을 것이라고 예상하지만, 실제로는 교실 부족으로 이제까지 마련하지 못했던 과학실, 음악실, 미술실과 같은 특별실과 기존에 없었던 교사 휴게실 같은 것을 마련하다 보니 유휴 교실이 많지 않은 상황이다. 이런 상황을 고려해 여기에서는 다양한 방식으로 돌봄 문제를 해결하고 있는 여러 사례를 살펴보고, 학교협동조합이 초등 돌봄을 어떤 방식으로 운영하면 좋을지 구체적인 모델을 제시해 보고자 한다.

본론으로 들어가기 전에 학교협동조합의 개념에 대해서 간략하게 살펴보자. 학교협동조합을 이해하기 위해서는 협동조합의 개념부터 알아야 하는데, 국제협동조합연맹International Cooperative Association, ICA에서는 "공동으로 소유하고 민주적으로 운영되는 사업체를 통하여 공통의 경제적·사회적·문화적 필요와 욕구를 충족시키고자 하는 사람들이 자발적으로 결성한 자율적인 조직"이라고 정의하고 있다. 좀 더 쉽게 풀어 설명하자면 "공동의 필요와 목적을 가진 사람들이 함께 사업을 해 나가는 조직으로 일반 회사와는 달리 공동으로 소유하고 민주적인 방식으로 운영해 나가는 사업체"라고 할 수 있다. 학교협동조합은 "학생, 교직원, 학부모가 중심이 되어 교육, 복지 등과 관련된 필요와 요구를 사업으로 실현하기 위해 학교를 기반으로 만든 교육경제공동체"이다. 협동조합은 사업으로 이윤을 얻으면 조합원에게 배당할 수 있지만, 학교협동조합은 이윤이 발생해도 개인에게 배당하지 않고 공익적인 목적으로 사용해야 한다는 점에서 둘은 큰 차이가 있다. 학교협동조합과 같은 이런 조직을 사회적협동조합[1]이라고 한다.

2. 다양한 돌봄 사례

1) 방과후학교협동조합

방과후학교는 돌봄 교실과 목적과 취지가 다른데도 여기에서 돌봄의 사례로 언급하는 이유는 초등 방과후학교가 충분히 돌봄 교실의 보완 역할을 하고 있기 때문이다.

우선 서울금북초등학교에서 교사, 학부모가 중심이 되어 만든 금북사회적협동조합에서는 학부모 조합원이 중심이 되어 5월 단기 방학을 맞이하여 저소득층, 맞벌이 자녀들의 돌봄 프로그램을 성공적으로 진행했는데, 그 사례를 소개해 보겠다.

이것은 5월 초의 연휴 기간 동안 부모님의 부재로 갈 곳이 없는 아이들을 대상으로 진행한 돌봄 프로그램이다. 아침 9시부터 학교의 다목적 공간과 운동장, 도서관을 이용하여 체험 형태의 수업과 놀이를 진행했다. 학부모들이 강사로 참여하여 강사 1인당 10명 이내의 학생을 돌보는 방식으로 진행한 수익자 부담 프로그램이다. 첫해에는 50명 정도의 학생이 참여했으나 참가한 학생과 학부모의 만족도가 높아 그다음 해에는 80명이 참여하여 성황리에 진행되었다.

---

1. 「협동조합기본법」 제2조 3호. 사회적협동조합이란 협동조합 중 지역 주민들의 권익·복리 증진과 관련된 사업을 수행하거나 취약 계층에게 사회 서비스 또는 일자리를 제공하는 등 영리를 목적으로 하지 아니하는 협동조합을 말한다.

[표 1] 금북사회적협동조합 다모아 프로그램

시간	주제	세부 내용	장소
9:00~10:20	하브루타 다모아!	질문과 대화로 즐겁게 상상력을 개발하는 체험	학교
10:30~12:00	토탈공예 다모아!	다양한 공예활동으로 아이들의 오감과 상상력을 함양하는 체험	학교
12:00~13:00		점심식사(도시락)	
13:00~15:00	도서관 다모아!	나른한 오후, 힐링과 독서로 충전하는 시간	학교

학생 1인당 하루 2만 5,000원의 참가비를 받고 학부모 강사들에게는 1인당 5만 원의 강사료를 지급했다. 원래 프로그램의 예정 시간은 오전 9시부터 오후 1시까지였지만, 학원 시간은 대부분 2~3시 이후라서 계획된 시간과 관계없이 아이들을 돌봐 주었다. 약속된 시간을 넘겨서 아침 9시부터 오후 3시까지 이런 돌봄을 해 줄 수 있는 것은 학부모들이 조합원으로 참여한 학교협동조합이기 때문에 가능하다.

다음으로 서울천왕초등학교에서 돌봄형 방과후학교를 운영하고 있는 '함께배움사회적협동조합(이하 함께배움)'이 있다. 서울천왕초등학교는 약 1,400명 규모의 학교로 5개의 돌봄 교실을 운영하고 있다. 돌봄 교실이 타 학교보다 많이 운영되고 있는데도 불구하고 대기자가 많은 편이다. 함께배움이 운영하는 '온마을 방과후학교'에는 돌봄 교실 대기자가 우선적으로 들어가는데, 현재 1개 교실에서 20명의 초등학생을 대상으로 운영하고 있다.

함께배움의 핵심 프로그램은 생태·텃밭 교육과 발도르프 수공예 수업이다. 삶과 관련이 있는 수업을 통해 스스로 의식주 문제를 해결할 수 있는 사람으로 성장하는 것을 목표로 하고 있다. 그 외에도 이야기 놀이 수학, 놀이쌤 전래놀이, 인성감성 쑥쑥 책놀이 등을 운영하고 있다. 온마을 방과후학교는 5일 묶음 프로그램으로 1~2블록으로 진행하고 있다. 요일별로 수업 시간표가 짜여 있고 수업 이외의 빈 시간에는 온마을 선생님과 함께 다양한 활동과 자유놀이를 하며 시간을 보낸다. 평일 방과 후부터 오후 5시까지 운영하는데, 온마을 방과후학교는 우리가 흔히 생각하는 초등학교의 방과후학교보다는 돌봄 교실에 가까운 형태라고 할 수 있다. 각 수업별 수강료와 온마을 돌봄 수강료가 별도로 책정되어 있어 과목별로 선택이 가능하고, 중간에 학교 방과후 프로그램을 선택하여 자유롭게 들을 수도 있다.

온마을 방과후학교 프로그램의 세부 내용은 다음과 같다.

[표 2] 온마을 방과후학교 세부 프로그램

시간	월	화	수	목	금
1블록 (13:10 ~14:40)	발도로프 수공예 (수강료 15,000원)	생태·텃밭 교육 (수강료 15,000원) (13:50~15:20)	이야기 놀이수학 (수강료 15,000원)	인성감성 쑥쑥 책놀이 (수강료 15,000원) (14:30~16:00)	놀이쌤 전래놀이 (수강료 15,000원)
2블록 (14:40 ~17:00)	온마을 선생님과 함께	온마을 선생님과 함께	온마을 선생님과 함께	온마을 선생님과 함께	온마을 선생님과 함께

*온마을 선생님과 함께(다양한 활동, 자유놀이, 휴식 및 귀가)
*주 1회(목) 친환경 간식 제공
*수강료 3만 원(교육에 소요되는 재료비, 교구비 무료, 매주 목요일 간식 무료)

온마을 방과후학교는 돌봄 교실이 아니라 방과후학교로 진행되기 때문에 「지방계약법」상 총 사업비가 2,000만 원을 초과할 경우에는 공개경쟁입찰에 참여해야 하므로 2,000만 원 미만의 범위에서 소규모로 진행하고 있다. 이름은 방과후학교이지만 내용상으로는 돌봄 교실임에도 2,000만 원을 넘으면 공개경쟁입찰로 진행해야 한다. 만약 온마을 방과후학교가 학교 직영 돌봄 교실처럼 인정되어 공개경쟁입찰을 거치지 않아도 된다면 함께배움에서는 1~2개의 온마을 방과후학교를 더 시도해 볼 수 있을 것이다.

이 외에도 함께배움에서는 수요일 오후나 주말을 이용해 탐방 형태의 소규모 체험학습을 진행 중이다. 체험학습은 100% 수익자 부담 프로그램으로, 아이들의 신청을 받아 근처 야구장에 야구를 보러 가거나 1박 2일 코스로 전국으로 탐방을 떠나기도 한다. 함께배움에서는 이런 프로그램을 진행하면서 아이들이 성장해 가는 모습을 보는 것이 큰 즐거움이고, 그런 보람 때문에 협동조합 운영이 쉽지 않음에도 계속 새로운 시도를 하고 있다고 한다. 함께배움의 가장 큰 과제는 앞으로 자립할 수 있는 구조를 만들어 내는 것이다. 강사 수수료를 20% 이상 부과하는 업체도 많은데, 함께배움은 5%의 수수료만을 받아 운영하다 보니 많은 어려움을 겪고 있다. 지금은 학교에서 공간을 지원해 주고 구청 예산을 지원받아 양질의 프로그램을 제공할 수 있지만, 이런 지원 없이 바로 자립하는 것은 불가능하다. 그럼에도 함께배움 관계자에 따르면 기존의 방과후학교 프로그램에서는 볼 수 없었던 아이들의 밝은 표정 때문에 온마을 방과후학교는 앞으로도 지속해야 한다는 입장이다.

서울천왕초등학교 사례는 돌봄 교실의 형태임에도 방과후학교로 운영되기 때문에 여러 면에서 제약이 많다. 서울천왕초등학교처럼 돌봄 교실의 보완 역할을 하면서 공적 개입으로 투명성이 담보된다면 돌봄 교실 위탁 운영으로 인정해 주고 그만큼의 지원을 해 주어야 한다.

2) 지방자치단체 주도형 방과후학교

(1) 도봉구청 방과후활동지원센터

지방자치단체에서 시범적으로 방과후학교를 운영하는 사례로 도봉구청의 방과후활동지원센터가 있다. 도봉구청에서는 방과후학교 대신 방과후활동이라는 단어를 사용한다(이하 도봉구청 사례에서는 '방과후활동'을 쓰기로 함). 방과후활동이라는 단어에서도 짐작할 수 있듯이 아이들을 중심으로 사고하고 아이들이 좋아하는 프로그램 위주로 구성하려고 노력하고 있다. 그런 점에서 도봉구청의 방과후활동지원센터는 단순히 방과후학교 업무를 대신하기 위한 행정적인 역할보다는 돌봄의 목적을 가지고 공교육 정상화를 위해 지자체에서 새롭게 시도하는 사례라는 점에서 눈여겨볼 만하다. 방과후활동지원센터에는 센터장 1명과 코디 4명이 근무하고 있는데 이들의 인건비와 센터 운영비 등을 구청의 혁신교육지구 예산으로 지원하고 있다.

방과후활동지원센터에서는 강사 선발을 비롯해 강좌를 개설하고 프로그램을 관리하는 업무까지 체계적으로 관리하고 있다. 도봉구청 방과후활동지원센터가 시작되고 첫해에는 도봉구 내의 5개 학교가 참여했는데, 지금은 10개의 초등학교가 센터의 방과후활동에 참여하고 있고 만족도도 높은 편이다. 특이한 점은 도봉구 내의 초등학생들이 센터를 통해 방과후활동에 참여할 때 10개 학교 모두 교차 지원이 가능하여 소속 학교뿐만 아니라 이웃 학교, 지자체가 관리하는 인조잔디 구장, 수영장, 테니스장 등을 사용할 수 있다는 것이다.

도봉구청 방과후활동지원센터에서는 방과후활동 개설 시기가 되면 10개 학교의 프로그램을 모두 탑재하여 제작한 방과후활동 프로그램 안내 책자를 각 학교에 배포한다. 각 학교 학생들은 10개 학교의 프로그램을 보고 본인이 원하는 강좌를 신청할 수 있으며, 학생들이 신청서를 소속 학교에 제출하면 각 학교에서는 그 신청서를 수거하여 센터로 다시 제출하는 방식이다. 센터에서는 8개 학교의 신청서를 모두 받아 4명의 매니저들이 신청서를 학교별로 분류하여 다시 학교로 정리해서 보내

준다. 현재는 학교 바깥의 지역사회 기관을 이용하는 프로그램에 참여할 경우, 초등 저학년은 부모가 직접 데리고 다녀야 하기 때문에 맞벌이 부모의 자녀는 외부 수강이 어려운 실정이다.

이것은 앞으로 개선해야 할 부분인데, 다행히 셔틀버스 운영을 고려하고 있다고 한다. 도봉구청 방과후활동지원센터에서는 방과후활동 수강료 징수 업무까지 맡아 방과후활동 업무를 온전히 센터로 이관하는 것을 목표로 시도했다. 하지만 구청에서 방과후활동 수강료를 징수하면 국세청과 전산 시스템으로 연결되어 있지 않아 교육비 소득공제가 안 된다. 그런 이유로 현재는 수강료 징수 업무를 학교 행정실에서 처리하고 있다. 이 부분도 개선된다면 도봉구청 사례는 방과후활동 업무가 온전히 구청으로 이관되어 교사들의 업무 경감에 실질적인 도움을 주어 공교육 정상화에도 기여한다고 할 수 있다. 또한 지금의 운영 방식처럼 학부모의 선호도에 맞춘 교과형 방과후학교보다는 아이들이 뛰어놀 수 있는 프로그램 위주로 진행하기 때문에 아이들 중심의 돌봄 역할을 하는 것이다.

도봉구청은 강사들에게 별도의 수수료를 부과하지 않아 위탁업체 소속일 때보다 강사료가 오히려 증가했고 구청 소속이라 강사로서 신분의 안정감을 느끼고 있다. 강사들의 만족감은 방과후활동에도 그대로 연결될 테니 그 혜택은 결국 아이들에게 돌아가는 것이다. 다만 혁신교육지구사업의 예산 지원으로 가능한 시도라는 점에서 예산 지원이 끊어질 경우 자립할 수 있는 구조가 아닌 것은 앞으로 개선해 나가야 할 점이다.

도봉구청 사례처럼 서울시 각 구에서 권역별로 지역의 돌봄 문제를 지자체가 맡아 주면 학교의 업무 경감 효과가 눈에 띄게 나타날 것이고, 학부모들은 아이들의 돌봄 문제를 공공영역에서 책임져 주니까 민간 영역에 비해 훨씬 안심할 수 있게 된다. 그러나 구청이 구 전체 초등학교의 방과후활동을 온전히 책임지기 위해서는 몇 개의 거점 학교가 필요하다. 이때 학교협동조합을 비롯해 운영의 투명성과 공공성이 담보된 조직이 거점 역할을 맡을 수 있을 것이다. 덧붙여 지자체에서는 초등 저학년에 맞춘 돌봄 교실을 주민센터 등을 활용해 구청이 직접 운영해 볼 것을 제안한다. 차후에 셔틀버스가 운영된다고 해도 저학년이 혼자 여기저기 몇 개의 프로그램을 거치면서 시간을 때우는 것은 아이를 맡긴 부모의 입장에서도 걱정스러운 일이고, 아무리 재미있는 프로그램이라 하더라도 아이에게도 무척 피곤한 일이다. 만약 학교 근처에 지자체에서 운영하는 돌봄 교실이 있다면 아이들이 시간을 때우기 위해 굳이 여러 학교의 방과후수업을 찾아다니며 들을 필요가 없게 된다는 것이 필자의 생각이다.

(2) 금천구청 포근센터

금천구청에서는 초등학교 안에서 돌봄을 직접 담당하는 나래품방과후학교 '포근센터'를 운영하고 있다. 포근센터는 서울시교육청의 주요 정책인 마을결합형 방과후학교의 한 형태로, 현재는 M초등학교, K초등학교, D초등학교에 설치되어 있다. 포근센터에 들어갈 수 있는 대상은 방과후학교를 하나라도 신청한 학생인데, 포근센터는 엄밀하게 말하면 방과후학교 연계형 돌봄 교실이다. 금천구청에서는 포근센터 환경 조성에 필요한 예산과 센터별로 센터장 1명, 상담사 1명을 파견하고 인건비를 지원하고 있다. 포근센터에서는 방과후 강좌 개설을 위한 수요조사와 강사 모집 및 선발, 프로그램 개설 관리 등의 업무를 담당하고 있다. 포근센터가 설치된 초등학교에서는 방과후학교와 관련된 업무를 포근센터에서 담당함으로써, 교사들은 수업과 학생 지도에 집중할 수 있게 되었다. 금천구청에서는 포근센터의 중앙 관리 역할로 나래품방과후글로컬센터를 만들어 3개의 초등학교에 설치된 포근센터의 허브 역할을 하게 하고 있다. 이곳은 3개의 포근센터를 관리할 뿐만 아니라 방과 후에는 초, 중학생들의 쉼터 역할을 하고 있다.

포근센터가 방과후학교 연계형 돌봄 교실의 역할을 함으로써 방과후학교 사이의 틈새 돌봄이 가능해져 학부모들은 아이를 믿고 맡길 수 있게 되었고, 교사들은 방과후학교 업무에서 벗어나 본연의 업무에 집중할 수 있게 되었다. 그런데 금천구의 나래품방과후학교 포근센터는 인력을 파견하고 물리적인 환경을 조성하여 학교가 필요로 하는 방식대로 방과후학교 업무를 해결해 주고 있지만, 돌봄 전담사의 무기계약 문제 등 예산 확보의 면에서 장기적으로 지속할 수 있는 모델이라고는 보기 어렵다. 현재 운영 중인 초등학교의 만족도는 높겠지만, 포근센터가 금천구 내 3개 초등학교의 돌봄 문제만 해결하려고 이 사업을 시작한 것은 아닐 것이다. 그런 점에서 좀 더 장기적이고 안정적인 모델을 만들기 위해 새로운 방안이 마련되어야 할 것으로 보인다. 구체적으로는 중앙 허브 역할을 하고 있는 나래품방과후글로컬센터를 탈바꿈하여 금천구 내의 초등학교 돌봄 문제를 해결할 수 있는 실질적인 센터로 만들어야 할 것이다.

처음에 포근센터를 만든 목적은 구청이 인력을 파견하고 교실 환경을 조성하여 일선 초등학교가 버거워하는 방과후학교 업무를 직접 해결하겠다는 것이었다. 하지만 초등학교의 방과후학교는 앞에서 말했던 것처럼 돌봄의 목적이 가장 크기 때문에 구 전체 초등학교의 돌봄 문제를 해결하기 위한 방안을 마련해야 한다. 교사들의 방과후학교 업무를 덜어 주겠다는 목적으로 단위학교에 인력을 파견하여 업무를 직접 담당하는 것으로 해결하려고 했다는 점은 다소 아쉬운 접근 방법이다. 돌봄 문제는 금천구 내 초등학교 전체가 당면한 문제로 시범적으로 마련된 3개 초등학교의 포근센터가 타 학교에도 전파될 수 있는 모델을 만들어 낼 수 있도록 장기적인 안목으로 접근해야 한다.

현재 진행되는 방식은 단위학교의 문제만을 해결하는 방식에 그치고 있다. 초등학교의 돌봄이 학교 본연의 업무라면 전체 학생을 대상으로 의무적으로 시행하는 것이 마땅하지만, 학교의 업무가 아닌 이상 초등학교의 방과후 돌봄은 학교에서 장소를 제공하더라도 실질적인 운영은 지자체나 지역사회에서 담당해야 한다. 금천구의 포근센터가 이 경험을 살려 구 전체의 돌봄 문제를 해결할 수 있는 모델을 만들어 내기를 기대해 본다.

3) 중·소도시형 돌봄 사례

대도시에 비해 교육환경이 열악한 지방의 돌봄 사례로 전북 진안의 '교육협동조합 마을학교'를 소개하고자 한다. 본 '교육협동조합 마을학교'는 일과 후의 돌봄 및 방과후학교는 학부모와 지역 주민이 함께 책임져야 한다는 취지로 만들어졌다. 여기서는 초등학생의 돌봄과 방과후학교뿐만 아니라 청소년들의 진로와 관련한 여러 교육활동도 실시하고 있다. 지역사회 아동과 청소년들의 든든한 후원자이자 울타리가 되고자 노력하는 지역밀착형 협동조합이라고 할 수 있다. '마을학교'에서는 지역을 토대로 한 의미 있는 프로그램으로 텃밭수업, 전래놀이, 마을 교과서 만들기 등을 운영하고 있다. 다만 소규모의 마을교육공동체 협동조합이므로 학교에서 필요한 프로그램이나 교육을 요청할 경우, 원하는 프로그램을 바로바로 만들어 낼 수 있는 구조는 아니다. 이 부분은 강사 자원이 풍부하지 않은 중·소도시 지역의 한계일 수도 있지만, 지역에서 살아갈 아이들이 지역을 안다는 것은 반드시 필요한 일이므로 원하는 프로그램이 뚝딱 만들어지지 않더라도 아이들의 미래를 생각해서 여유 있게 기다려 줄 필요가 있다. 여기도 공개경쟁입찰 문제로 2,000만 원 이하의 프로그램만 진행할 수 있다는 한계가 있다. 다만 '마을학교'는 강사를 구하기 힘든 지방이라는 특수성 때문에 지역 주민이 강사로 활동하는 마을 돌봄형 방과후학교가 오히려 잘 운영되고 있다. 지역마다 상황이 다르기 때문에 이 모델을 서울과 같은 대도시에 적용하기는 쉽지 않을 것이다.

'교육협동조합 마을학교'에서는 돌봄 교실 프로그램도 운영하고 있는데, 지역의 6개 학교에서 초등학생을 대상으로 방과 후에 학교 안 돌봄 교실을 위탁받아 운영해 왔다. 학교 안 돌봄 교실이 끝나면 지역의 도서관에서 저녁 8시까지 학교 밖 돌봄 교실도 운영했다. 하지만 돌봄 전담사가 교육청 소속의 무기계약직으로 전환됨에 따라 마을학교는 더 이상 학교 안 돌봄 교실을 운영할 수 없게 되었다. 이로 인해 지역 도서관에서 진행하는 학교 밖 돌봄 교실도 사실상 사업을 종료하게 되었다. 돌봄 전담사의 신분 안정화라는 점에서는 긍정적인 면이 있지만, 몇 년 동안 잘 운영되어 오던 '마을학교' 돌봄 교실이 종료된 것은 아쉬운 일이다.

끝으로 '마을학교' 돌봄 교실에서 진행했던 프로그램을 살펴보자.

[표 3] 교육협동조합 마을학교 프로그램

오후 돌봄			저녁 돌봄		
1	전래놀이	월(6, 7교시)	1	글쓰기	목(1교시)
2	주산	목(6, 7교시)	2	전래놀이	금(1, 2교시)
3	오카리나	수(6~8교시)	3	바둑	화(2, 3교시)

[표 3]에서 보는 바와 같이 전래놀이, 주산, 오카리나, 글쓰기, 바둑 등의 프로그램을 운영하는데, 이 중에서도 특히 학생과 학부모의 만족도가 높은 프로그램은 지역 신문사 편집국장의 재능기부로 운영하는 글

쓰기이다. 글쓰기 수업에 참여해 아이들이 쓴 글을 신문사에서 실어 주고 지역 언론 발전기금으로 원고료까지 지급하기 때문에 아이들이 강제로 글을 쓰는 것이 아니라 자기가 쓰고 싶은 글을 쓴다. 한 편당 만 원 정도의 원고료를 지급하는데 20편의 글을 쓴 학생도 있다. 주변에 놀 곳도 마땅치 않고 학원도 없기 때문에 돌봄 교실이 인기가 있었을 수도 있겠지만, '마을학교'에서 진행한 돌봄 교실에 대한 만족도가 높았던 것은 '마을학교'의 돌봄 교실에 대한 철학이 기본 바탕이 되었기 때문이다.

4) 지역아동센터

(1) 민간형 지역아동센터

초등학교 저학년 돌봄의 가장 큰 문제는 아이들을 맡길 곳이 부족하다는 것이다. 하지만 정작 각 동마다 있는 지역아동센터 중에는 아동이 부족해 모집에 어려움을 겪고 있는 곳도 있다. 지역아동센터는 전국적으로 곳곳에 분포되어 있는 저소득층 아이들을 위한 돌봄 센터이다. 여기에서는 '나무와 숲'이라는 지역아동센터를 돌봄의 한 사례로 소개하고자 한다. '나무와 숲'은 대표가 사비를 출연하고 지역사회로부터 후원금을 모아 2007년도에 설립하여 현재까지 운영하고 있는 지역아동센터이다. '나무와 숲'은 1년에 한 번씩 부모님을 모시고 지역아동센터가 어떻게 운영되고 있는지 공유하고, 후원금의 사용 내역을 꾸준히 공개하는 등 운영 방식에 협동조합의 원리를 적용했다. 하지만 임대료 폭등과 같은 어려움에 부닥칠 때마다 개인 대표의 힘만으로는 운영의 어려움을 극복하기 힘들어 최근에 사단법인 시설로 바뀌었다. 이것은 개인 대표가 재산권을 포기하고 사단법인으로 시설 운영권을 이관했다는 것을 의미한다.

지역아동센터는 국가의 예산이 많이 투입되는 돌봄 센터로 공공적인 성격을 지니고 있음에도 개인 시설일 경우 사업구조는 개인 사업의 형태로 운영된다. 초등학교의 돌봄 교실은 교실당 수용 인원이 25명인데, 지역아동센터는 교사 1인당 관리 아동의 수가 돌봄 교실보다 적다. 이미 제도적으로 정착한 지역아동센터와 아직 완전히 뿌리를 내리지 못한 학교 돌봄 교실의 교사 1인당 아동 수를 비교해 보면 돌봄 교실이 얼마나 열악한 상황인지 알 수 있다. 돌봄 교실에 오는 아이들은 대부분 초등학교 1~2학년이라 스스로 스케줄을 관리하고 시간에 맞춰 스스로 학원 버스에 탑승할 수 있는 나이가 아니다. 요일에 따라 다른 학원 일정, 예정에 없던 병원 진료 등 복잡한 일정 변경 등으로 돌봄 전담사의 아동 관리가 힘들 수밖에 없다. 이것은 비단 소수 초등학교의 문제만은 아닐 것이다. 초등학교 돌봄 교실은 신청자가 많아 늘 대기수요가 넘치는데, 지역아동센터는 아동이 부족해 모집에 어려움을 겪는 모순된 상황이 일어나고 있다. 초등 저학년의 돌봄 문제를 해결하기 위해서는 소득에 따라 구분하지 말고 누구든지 돌봄 교실이든 지역아동센터든 원하는 곳에 가서 돌봄을 받을 수 있도록 문을 완전히 개방해야 한다.

(2) 공립형 지역아동센터

성남시에서는 몇 년 전부터 시립 지역아동센터를 설립해 운영하고 있다. 민간 지역아동센터와 달리 일반 맞벌이 가정의 아동들도 돌봄이 필요하다고 인정되면 들어갈 수 있다. 시립 지역아동센터 외에도 성남시에서는 전국 최초로 초등학교 안에 공립형 지역아동센터를 설치해 운영하고 있다. 학교에서 교실을 제공하고 성남시에서 필요한 물품을 제공하여 만든 공립형 지역아동센터로 5년 계약으로 사단법인이 맡아 위탁 운영하고 있다. 시설장 1명과 생활복지사 3명이 40명의 아동을 돌보고 있다. 최근에는 수원시에서도 초등학교에 공립형 지역아동센터를 만들어 운영하고 있다. 학교에서 교실을 무상으로 제공하고 수원시에서 필요한 교구와 물품을 제공하여 만든 지역아동센터로 사단법인이 맡아 위탁 운영하고 있다.

공립형 지역아동센터이기 때문에 학부모들의 신뢰성이 큰 것도 장점이지만, 무엇보다 초등학교 안에 마련된 시설이라서 접근성과 안전성 면에서 다른 어떤 지역아동센터보다 뛰어난 조건을 가지고 있다. 저소득층 아동뿐만 아니라 모든 아동들이 대상이 된다면 초등학교 안에 공립형 지역아동센터를 확대하는 것도 좋은 대안이 될 수 있다.

5) 공동육아 돌봄 사례

'자발이네'는 동갑내기 아이를 키우는 엄마 5명이 놀이터에 모여 육아의 고민을 나누다가 의기투합하여 서울시의 공동육아 활성화 지원사업에 참여하게 된 공동육아 모임이다. 초기에는 이주여성들의 정착을 돕기 위한 '밥 먹으러 와' 모임, 아빠와의 나들이 '우리 소풍 갈래' 모임, 평일 아이 돌봄을 실시했다. '밥 먹으러 와'는 이미 정착해 있는 다문화 엄마들의 도움과 한국인 아빠들의 경계로 실패했지만, 아빠와의 나들이 모임은 5명으로 시작해서 12명으로까지 늘어날 정도로 성황리에 마무리되었다. 평일 아이 돌봄은 월요일부터 금요일까지 운영하는 것이 너무 벅차 월, 수, 금으로 바꾸면서 당번과 규칙을 마련하는 계기가 되었다. 처음에는 아이들이 놀 장소가 없어 고민이었는데 '자발이네'의 사정을 들은 지역사회의 교육단체에서 장소를 제공해 주어 공간을 확보할 수 있었다. 그러나 날씨가 더워져 문을 열고 놀게 되면서 시끄럽다고 이웃에서 민원을 제기하는 바람에 결국 공원으로 쫓겨났다. 그 이후로 공원에 자리를 잡게 되면서 자연스럽게 근처의 숲을 마당 삼아 놀기 시작했다. 시행착오를 거치면서 놀이 중심의 신나는 육아에 초점을 맞추기 시작했다. 지원 사업이 끝난 후부터는 정회원 12명이 자발적으로 회비를 걷어 사업을 진행하고 있다.

자발이네 아이들은 많이 컸지만, 자발이네의 경험과 가치를 공유하고 싶어 공동육아 협동조합 창립 계획을 세우고 있다. 자발이네는 아이들은 자연에서 놀아야 한다고 생각하기 때문에 학습보다 바깥 놀이를 중요하게 생각한다. 바깥에서 놀다 보면 멍들고 꿰매고 다치는 것은 흔히 있는 일인데, 소비자로만 참여하면 안전 문제가 발생했을 때 갈등이 생길 수 있어 이용자가 조합원이 되어야 한다고 생각한다. 자연에서 뛰어놀면서 자연스럽게 환경의 중요성을 알게 되어 모든 회원들이 일회용품을 덜 쓰려고 노력하게 된 것은 덤으로 얻은 소중한 가치이다. 서로 동화되면서 비슷한 가치관과 라이프 스타일을 갖게 된 자발이네가 협동조합을 꿈꾸는 것은 어쩌면 당연한 절차인지도 모르겠다.

6) 중앙정부 주도형 돌봄

행정안전부와 보건복지부는 아동에 대한 '온종일 돌봄체계'를 성공적으로 구현하기 위한 '다함께돌봄' 시범사업을 전국 10개 시·군·구에서 실시하였다.

온종일 돌봄체계는 초등 돌봄 교실을 운영하는 '학교 돌봄'과 다함께돌봄을 운영하는 '마을 돌봄'으로 크게 나뉜다. 12세 미만을 대상으로 전국 10개소에서 시범사업으로 실시한 후에, 지금은 초등학생만을 대상으로 전국 22개소에서 본 사업으로 운영하고 있다.

서울시에서는 복지부의 다함께돌봄 사업을 '우리동네키움센터'라는 이름으로 운영하고 있다. '우리동네키움센터'는 초등 돌봄 사각지대 문제와 지역의 다양한 돌봄 수요에 대응할 수 있도록 지역 중심의 맞춤형 돌봄체계 구축이 필요하다는 판단하에 추진하게 된 사업으로, 총 4곳[2]이 시범사업 운영기관으로 선정되었다. 그중에서도 노원구는 복지부 예산으로, 나머지 세 곳은 교육부의 예산으로 운영하고 있다. 돌봄 공간은 안전하고 접근성이 좋은 지역의 유휴 공간이나 커뮤니티 센터, 작은 도서관 등을 이용하고 있으며, 센터장 1명의 인건비와 2명의 시간제 종사자 인건비를 지원하고 있다. 간식비 정도만 지원하고 있으며 운영비는 지원되지 않기 때문에 한 달을 기준으로 10만 원 범위 내에서 자비 부담을 하고 있다.

서울시 '우리동네키움센터'는 방과후 돌봄이 필요한 초등학생을 대상으로 문화·예술·스포츠 등 프로그램 운영, 등하교 지도, 돌봄 상담 및 서비스 연계, 간식(또는 식사) 등 지역 여건에 맞는 돌봄 서비스를 제공한다. 지역아동센터가 저소득 가정 아이들을 주된 이용 대상으로 제한하는 것과 달리 부모의 소득과 상관없이 돌봄이 필요한 초등학생이면 누구나 이용 가능하다는 것이 특징이다.

7) 놀이 중심형 돌봄

(1) 와글와글 놀이터

아파트의 놀이터에서 매일 저녁에 제기를 차던 어른 옆으로 초등학생들이 모여들면서 조용하던 놀이터가 왁자지껄 시끄러워졌다는 의미에서 와글와글 놀이터로 이름이 지어졌다. 와글와글 놀이터는 아이들에게 안전하고 건강한 놀이를 제공하려는 목적으로 시작한 마을 공동형 아이

---

2. 노원구 월계문화복지센터, 도봉구 방아골종합사회복지관, 마포구 친한친구방과후, 성북구 성북구마을사회적경제센터.

돌봄 시스템이다.

와글와글 놀이터와 비슷한 사례는 지역 곳곳에서 찾아볼 수 있다. 도봉구에서도 세 곳의 초등학교에서 저학년을 대상으로 오후 1~5시 사이에 와글와글 놀이터를 진행했다. 학부모나 마을활동가가 운동장에서 놀이를 관리하면서 봉사시간을 부여받거나 약간의 실비를 지급받는데, 봉사자 수는 그때그때 다르다. 와글와글 놀이터가 운영되는 시간에는 누구든지 필요한 시간에 와서 자유롭게 놀면 된다.

와글와글 놀이터와 비슷한 사례로 금천구 M초등학교에서는 학부모 사업의 하나로 매주 수요일 '운동장 놀이'라는 것을 진행한다. 오후 1시부터 3시까지 초등학생들은 누구나 운동장에서 자유롭게 뛰어놀 수 있는데, 놀이터를 지키는 엄마들이 간식도 챙겨 준다. 운동장에서 뛰어노는 아이들을 보며 왜 아무것도 안 하고 놀기만 하느냐고 공격하는 학부모로부터 항의를 받을 때는 힘이 빠지기도 하지만, 그럼에도 불구하고 스스로 놀 줄 알게 되고 공격적인 아이의 공격성이 떨어지는 것을 보며 '운동장 놀이'를 진행하는 학부모들은 보람을 느낀다고 한다. 학기 초에는 놀 줄을 몰라 가만히 있던 아이들이 줄넘기를 잡아 달라는 것부터 시작해서 한 달쯤 지나면 운동장 땅을 파거나 술래잡기를 하는 등 뭐라도 하면서 놀기 시작한다고 한다. 아이들은 스스로 놀면서 자란다는 것을 확인할 수 있는 대목이다.

(2) 놀이밥 공감학교

강원도교육청에서는 「어린이 놀이헌장」을 제정하고 「강원도 어린이 놀 권리 보장 조례안」을 공포하는 등 어린이 놀이 문화 활성화를 위해 많은 노력을 기울여 왔다. 그 결과 강원도교육청에서는 도내 초등학교를 대상으로 '놀이밥 공감학교'를 운영하고 있다. 놀이밥 공감학교는 어린이 놀이시간 보장의 필요성에 공감하는 학교에서 1~3학년을 대상으로 100분의 놀이시간을 확보하여 어린이들이 마음껏 뛰어놀 수 있도록 운영하는 것이다. 시간은 학교 및 지역의 특성에 따라 탄력적으로 운영하는데, 앞으로는 전체 초등학교를 대상으로 시행할 계획이다. 놀이밥 공감학교는 아이들이 마음껏 뛰어놀 수 있는 다양한 놀이 공간을 학교 곳곳에 배치하고, 놀잇감을 학교 어디에나 놓아두어 아이들이 자연스럽게 놀 수 있도록 하자는 것이다. 아침 놀이시간과 중간 놀이시간, 점심 놀이시간, 방과후 놀이시간을 만들어 아이들이 충분히 놀 수 있도록 하겠다는 것이다. 저학년을 대상으로 진행하는 '놀이밥 공감학교' 운영을 통해 100분의 놀이시간이 확보되면 아이들의 귀가 시간이 자연스럽게 늦춰져서 아이들의 돌봄 문제도 해결된다는 장점이 있다.[3]

(3) 기적의 놀이터

순천에 가면 '엉뚱발뚱'이라는 이름의 놀이터가 있다. 일반적인 어린이 놀이터에 흔히 있는 시소나 미끄럼틀, 그네 등의 놀이기구가 없는데도 주말이면 수백 명의 아이들이 찾는 특별한 놀이터이다. 이 놀이터를 디자인한 편해문 씨는 동네 아이들이 직접 놀이터를 설계하도록 했고, 아이들이 1년 넘게 내놓은 아이디어를 거의 대부분 반영했기 때문에 특별한 어린이들의 놀이터가 될 수 있었다고 한다. 지금은 기적의 놀이터가 4호까지 만들어져 곳곳에서 아이들에게 즐거움과 행복을 선사하고 있다. 이런 기적의 놀이터를 학교나 마을 곳곳에 만들어 놓는다면 방과후 돌봄을 위한 장소로도 충분히 활용할 수 있을 것이다.

---

3. 강원도교육청 홈페이지 http://www.gwe.go.kr/search/search.jsp

(4) 숨 쉬는 놀이터

시흥시 ABC행복학습타운에는 제1호 공공형 실내놀이터가 개장했다. 어린이들의 의견을 반영하여 미끄럼틀, 그물 징검다리, 모래 놀이터 등을 갖춘 놀이터로 미세먼지와 상관없이 신나게 놀 수 있으며 누구나 무료로 이용할 수 있다. 어린이, 시민, 지자체가 3년 동안 충분히 논의하며 만든 놀이터로 날씨와 미세먼지, 자외선, 산성비와 같은 환경적인 요인과 상관없이 이용할 수 있는 곳이다. 어린이들은 충분히 뛰어놀어야 잘 자란다는 것이 여러 곳에서 확인되고 있음에도 미세먼지 때문에 뛰어놀 기회가 줄어들고 있으며 도시에서 상업적으로 운영되는 실내놀이터는 비싼 이용료 때문에 누구나 쉽게 이용할 수 있는 형편이 아니다. 이런 문제점을 개선하기 위해서 시흥시에서는 공공형 실내놀이터를 만들게 되었다. 1호 실내놀이터에 이어 시흥시에서는 2호, 3호 놀이터를 계획하고 있다.

아쉬운 점은 미취학 아동을 위한 놀이터로 부모나 인솔자가 함께 가야 한다는 한계가 있다. 이런 실내놀이터는 초등학생의 돌봄 프로그램에도 도입할 필요가 있음에도 예산과 공간 부족으로 아직까지는 현실화되고 있지 않다. 초등 저학년의 돌봄에도 실내놀이터는 꼭 필요하므로 초등학교나 지역사회에 이런 실내놀이터가 많이 생겨야 한다.

8) 해외 방과후학교 사례

(1) 덴마크

덴마크 방과후 교육은 학생을 최우선으로 하기 때문에 학교 안에 돌봄과 관련된 시설을 만들어 놓고 업무는 지자체에서 책임지는 형태로 운영한다. 입학할 때 학교 선택과 동시에 방과후 프로그램도 지자체 홈페이지에 본인이 직접 등록하는 시스템이다. 교사가 행정적으로 할 일은 없고 운영에 대한 책임은 교장과 지자체가 함께 지는 구조이다. 덴마크 정부가 학교교육과 방과후 교육에서 추구하는 최고의 가치는 민주시민 교육이다. 다른 사람과 어울릴 수 있는 능력을 최대한 끌어올리기 위해 놀이를 중시한다. 아침 6시부터 수업 시작 전까지, 방과 후부터 오후 6시 정도까지 돌봄이 이루어지는데, 정부와 지자체의 예산도 들어가지만 방과후 교육비는 대부분 수익자가 부담하는 방식이다.

덴마크는 부모의 소득에 따라 교육비가 다르다. 덴마크 교육에서 학부모의 존재는 매우 중요해서 교육에 깊숙이 관여되어 있으며, 온 주체가 모여 끊임없이 토론하며 모든 것을 결정한다. 0~9학년 중 0~3학년은 안전 문제로 학교 내 시설을 이용하고, 4~9학년까지는 지역 시설을 자유롭게 이용하는 구조이다. 특히 초등학교 저학년의 돌봄은 장소는 학교가 제공하고 운영은 지자체에서 관할하지만, 책임은 학교와 지자체가 함께 진다. 이 부분은 우리에게 시사하는 바가 크다.

(2) 독일

독일의 돌봄 서비스는 학교 중심의 '전일제학교'와 학교 안과 바깥에 시설을 두고 6~12세 아동의 보육과 교육을 담당하는 '호르트'로 나뉜다. 전일제학교는 방과후 프로그램을 따로 도입하지 않고 학교 수업시간을 연장하는 형태로 보통 오후 4~5시까지 운영한다. 2011년 기준 독일 전체 초·중학교의 51%가 전일제학교 서비스를 제공하고 있다.

호르트는 아동의 보육과 교육을 담당하는 별도 돌봄 시설이다. 6~12세 아동의 23%가 호르트에 다니고 있으며 이용료는 주마다 다른데 소득별 차등 부담이 원칙이다. 전일제학교는 연방 주마다 다른 방식으로 추진되고 있다.

일반적으로 전일제학교는 초등학교와 중등학교 1단계(5~10학년, 10~16세)에서 오전 수업이 끝난 후 1주일에 최소 3일 이상 전일에 걸친 교육과정을 제공하고, 매일 오후 4~5시까지 최소 7시간의 수업을 제공하는 교육과정을 의미한다. 교육과정을 제공하는 수준에 따라 완전 전일제학교, 부분 전일제학교, 개방형 전일제학교 등으로 구분된다. 완전 전일제학교는 최소 3일 이상 학교의 전체 학생이 참여하여 온종일 동안 수업을 실시하는 형식이다. 부분 전일제학교는 특정 학년 혹은 학급 등 학생의 일부가 주 3일간 진행하는 프로그램에 참여한다. 개방형 전일제학교는 학생이 학교의 전일제 프로그램에 자율적으로 참여하는 형식이다. 전일제학교에서는 유형과 상관없이 공통적으로 점심을 제공하고, 전체 교육과정을 학교가 직접 주관하거나 학교와 협의하여 전문 기관이 운영한다.[4]

독일은 여성의 사회 진출이 늘어나면서 1995년 출산율이 1.25명으로 떨어졌다. 하지만 전일제 학교가 자리 잡으면서 2016년 1.59명까지 반등했다.[5] 이 자료에서도 나타나듯이 어느 나라에서나 여성의 사회 진출에 돌봄 문제는 엄청나게 큰 걸림돌로 작용하고 있음을 알 수 있다.

(3) 이탈리아

이탈리아 초등학교의 일정은 오전 8시 반부터 오후 4시 반까지 운영되는데, 학부모들은 학년 초에 아이를 오후 1시 반까지 맡길 것인지 4시 반까지 맡길 것인지 결정해서 학교에 통보해야 한다. 맞벌이가 아닌 경우는 대부분 오후 1시 반이면 아이를 귀가시키지만, 맞벌이의 경우에는 오후 4시 반까지 학교에서 아이를 책임진다. 4시 반까지는 별도의 수업

---

4. 학교 내 돌봄체제로서 독일의 온종일학교(강구섭, 한국교육개발원, 2013. 9. 10).
5. 출처: 세계은행.

료를 더 내지 않고 아이를 맡길 수 있다. 맞벌이가 아니더라도 부모에게 급한 일이 생기거나 다른 특별한 이유가 있을 때는 미리 연락하면 오후 4시 반까지 아이를 맡길 수 있다. 다만 초등학생들은 하교할 때 의무적으로 부모가 아이를 데리고 가야 하며, 부모가 데리고 가지 못할 상황에는 아이를 맡기게 될 사람에게 반드시 위임장을 써 줘야 하교가 가능하다. 현관에는 학부모가 하교 기록부에 서명할 수 있도록 서류가 구비되어 있다.

초등학교는 5년제로 두 명의 담임교사가 한 학급을 5년 내내 지도한다. 두 명의 담임교사 중 한 명은 문과 과목을 담당하고, 다른 한 명은 이과 과목을 담당한다. 학부모와 두 명의 담임교사는 한 달에 한 번씩 정기적으로 상담시간을 가지며, 모든 학급에 학부모 대표가 한 명씩 있어 학교와 학부모의 가교 역할을 하고 있다. 이탈리아 초등학교는 오후 4시 반까지는 국가에서 책임지고 아이를 돌보는 시스템이며, 오후 4시 반 이후에는 사립 교육기관인 '포스트 스콜라'라는 곳에서 아이들을 돌본다. 그 외 특별활동으로 농구, 배구 수업 등을 저녁 7시까지 운영하는데 비용은 매우 저렴한 편이다.

3. 돌봄 교실 운영 방법에 대한 사회적 합의의 필요성

초등학생의 돌봄에 대한 관심은 많지만 어떤 형태의 돌봄을 해야 하는지에 대해 우리 사회 구성원들의 합의가 이루어지지 않았다. 특히 가장 영향력이 큰 초등학생 학부모의 돌봄에 대한 생각이나 기대가 어느 정도인지 궁금하다.

초등학교 근처의 카페에서 목격한 풍경을 잠깐 얘기해 보겠다. 초등학교 수업이 끝난 오후 2시 반쯤 여러 명의 엄마들이 모여 대화를 하고 있는데 한 남자아이가 카페로 들어왔다. 초등학교 2~3학년 정도 되어 보이는 아이가 카페로 들어서자 아이 엄마가 음료수를 사 주며 옆 테이블에서 영어 단어를 외우도록 했다. 아이는 혼자서 단어 외우는 것이 심심해 수시로 엄마를 불러 댔고, 엄마는 한 번씩 아이가 있는 테이블로 가서 아이에게 영어 단어를 외우라고 지시하고 다시 친구들이 있는 테이블로 가서 수다를 떨었다.

초등학생을 키우는 엄마들에게는 이 풍경이 그리 낯설지 않을 것이다. 대화 중에 친구들은 돌봄 교실에 있는데 이 아이는 학원 때문에 돌봄 교실에 가지 않았다는 얘기가 들려왔다. 오전 내내 교실에 앉아 수업을 들었던 아이가 영어학원에 가기 전에 카페에까지 와서 엄마 옆에서 단어를 외우는 장면을 목격하면서 돌봄에 대한 우리 사회의 합의가 필요하다는 생각이 들었다. 우리 사회가 경제적으로 풍요로워지면서 입시 경쟁 체제에서 벗어나 북유럽의 교육처럼 바뀌어야 한다고 부르짖고 있지만, 정작 초등학생조차 마음껏 뛰어놀지 못하고 책 속에 파묻혀 살게 한다.

돌봄에 대한 생각의 차이로 인해 돌봄 문제가 쉽게 해결되지 않는 측면도 있다. 돌봄 문제를 학교에서 책임지는 것에 대해 반대하는 입장도 있는가 하면, 학교에서 모든 아이들이 안전하게 지낼 수 있도록 학교가 책임지고 아이들을 돌봐야 한다고 생각하는 입장도 있다. 양자의 입장이 충돌하는 상황에서 학교 돌봄 문제가 해결되기는 쉽지 않다.

돌봄 교실의 교육 내용에 대해서는 학부모들 사이에서도 입장 차이가 있다. 어떤 부모는 무조건 뛰어놀게 해 달라고 요구하는가 하면, 어떤 부모는 교과 수업이나 숙제를 봐 달라고 요구하기도 한다. 이 부분에서 돌봄에 대한 사회적 합의가 필요하다. 사회적인 합의를 거쳐 초등학교 저학년의 방과 후 시간은 완전한 여가 시간으로 보고 공부가 아닌 놀이 중심의 여가 활동으로 운영하도록 국가의 교육철학이 바뀌어야 한다. 안전하게 맡아 주기만 하는 돌봄이 아니라 재미있고 즐거운 방과후활동으로 아이들이 행복한 시간을 보낼 수 있도록 국가가 적극적으로 나서서 돌봄 문제를 제도적으로 정비해야 한다. 교과 수업은 정규 수업만으로도 충분하다. 방과 후에는 놀이 위주의 프로그램으로 즐거운 돌봄이 이루어질 수 있도록 국가가 책임지고 만들어 가야 한다.

아이들이 좋아하는 프로그램을 만들려면 강사에 맞춘 프로그램을 개설할 것이 아니라 아이들이 원하는 프로그램으로 편성해야 한다. 그러기 위해서는 프로그램 개발에 아이들이 직접 참여할 수 있는 학교협동조합이 매우 좋은 조직이라고 생각한다. 학교협동조합에 참여한 학생 조합원이 돌봄 교실의 프로그램이나 놀이 제안에 직접 참여할 수 있기 때문이다. 이 부분과 관련해서 앞에서 제시한 순천의 '기적의 놀이터' 사례를 참고하면 좋을 것 같다. 아이디어를 내고 기획을 총괄한 놀이터 디자이너 편해문 씨의 말을 들어 보면 돌봄 교실의 활동에도 아이들의 목소리를 반영해야 할 필요성을 알 수 있다.

"핵심은 아이들이 직접 만드는 놀이터였다. 동네 유치원생과 초등학생들이 직접 놀이터를 설계하도록 했다. 놀이터의 주인은 놀이기구가 아니라 아이들이란 명제부터 바로 세워야 한다. 지금의 놀이터는 어른들이 기획하고 만들었다. 실제 놀이터를 이용하는 아이들 의견은 전혀 묻지 않은 채 이런 놀이기구를 좋아할 거라고 지레짐작하며 만들었다. 하지만 붙박이식 놀이기구 위주의 놀이터는 아이들의 외면만 받을 뿐이다."[6]

돌봄형 방과후학교나 돌봄 교실에 활동 위주의 놀이 프로그램을 도입해야 한다고 말하면 다들 한결같이 하는 소리가 위험할 뿐만 아니라 만약 다쳤을 경우 책임 소재 때문에 모두가 꺼려 한다는 것이다. 이것 또한 편해문 씨의 말을 참고해 보자.

> "먼저 오해하지 말아야 할 게 있다. 아이들을 위험천만하게 놔둬야 한다는 뜻이 결코 아니다. 위험에는 두 가지가 있다. 하나는 해저드hazard고 또 하나는 리스크risk다. 놀이터에 깨진 병조각이 있거나 난간이 녹슬어서 아이들이 도저히 예상할 수 없는 해저드는 당연히 미리 해소돼 있어야 한다. 하지만 아이들이 충분히 인지하고 통제할 수 있는 리스크에는 열린 마음을 가질 필요가 있다. 놀다가 긁히고 까이면서 조금씩 자주 다쳐야 크게 다치지 않는다."[7]

아이들은 뛰어놀면서 자란다. 안전을 이유로 교실에만 가만히 앉아 있도록 하는 현재의 돌봄 방식은 개선되어야 한다. 초등 돌봄 교실에 대한 맞벌이 부부의 말을 들어 보자.

> "아이가 돌봄 교실이 지루해서 가기 싫다며 차라리 집에 혼자 있게 해 달라고 해서 오후 4시까지만 있다가 학원에 보내고 있어요."_한 모 씨(36·여)

> "아침 돌봄을 신청했는데 아이가 돌봄 교실에 우두커니 앉

6. 「순천 '기적의 놀이터'엔 아이들이 다쳐 멍들 권리가 있다」(《중앙일보》 2018. 5. 5).
7. 《중앙일보》(2018. 5. 5), 위의 글.

아 있기 싫다며 바로 교실로 갔어요." _양 모 씨(41·여)[8]

여기에서 알 수 있듯이 아이들을 그냥 안전하게 보호해 주는 수준의 돌봄은 아이들에게 결코 행복한 경험이 될 수 없다. 아이들이 뛰어놀아야 건강하게 자란다는 것은 이미 여러 곳에서 증명되고 있다. 그중한 사례를 소개해 보겠다. 요즘 청소년 사이에서는 자기 몸을 자해해서 SNS에 올리는 경우가 많다고 한다. 왜 이런 현상이 생기는지 경북대 정신건강의학과 정운선 교수의 말을 들어 보면 우리가 초등학교의 돌봄교실과 돌봄형 방과후학교를 어떻게 운영해야 하는지 힌트를 얻을 수있을 것 같다.

> "초등학생들도 집단으로 자해한다. 아이들은 누울 자리를 보고 다리를 뻗는데 아이들에게는 누울 자리가 없는 것 같다. 잘 뛰어놀기도 하고 노래도 부르고 춤도 추고 책도 보고 친구들과 어울려서 노는 시간이 많아지면 과연 아이들이 자해를 할까? 이것을 예방하기 위해서는 더 어린 시절에 누울 자리를 마련해 줘야 한다. 초등학교 때 놀아 본 적이 없는 아이들은 중·고등학교 때 놀 줄을 모른다. 노는 것도 몸에 배어야 한다."[9]

이제 더 이상 초등학생들에게 정규 수업 이후의 방과후까지 교과 수업을 시키는 일은 하지 않았으면 하는 바람이다. 그러기 위해서는 돌봄교실과 돌봄형 방과후학교는 놀이 위주로 진행해야 한다. 그나마 돌봄

---

8. 〈동아일보〉, 「문제는 돌봄의 질… "우두커니 앉아 있으니 학원 가겠대요"」(2018. 4. 5).
9. 〈CBS 김현정의 뉴스쇼〉 인터뷰(2018. 7. 20), 「SNS로 번지는 자해 인증, 어쩌다 초등학생까지…」.

교실은 놀이 위주의 프로그램 중심으로 운영하고 있지만, 초등학교의 방과후학교는 여전히 교과형도 많이 진행하고 있다. 놀이 위주의 방과후 프로그램을 운영하면 이런 교육 방식에 동의하지 않는 엄마들은 의아하게 생각할 수 있다. 초등학생을 키우는 부모들의 생각이 결국은 초등학교 돌봄형 방과후학교 프로그램의 내용을 결정하게 된다. 초등학생이 직접 방과후학교 프로그램을 선택하는 경우도 있겠지만, 대부분은 부모의 생각이 우선하기 때문에 부모들의 생각이 바뀌는 것이 중요하다.

아이들은 뛰어놀아야 행복하고 친구들과 놀면서 성장한다는 교육철학에 바탕을 둔 이런 유연한 교육 프로그램에 대한 학부모들의 동의와 사회 구성원들의 합의가 이루어지지 않는다면 국가가 정책적으로 결정하는 것도 방법이다. 예를 들어 초등학교 저학년의 경우에는 교과 위주의 방과후학교에 참여할 경우에는 사설 학원과 다를 바가 없기 때문에 자비 부담을 원칙으로 해야 한다. 다만, 놀이 위주의 프로그램을 신청하는 학생에 한해서는 돌봄형 방과후학교에 우선적으로 참여할 수 있도록 우선순위를 부여하고 수업료를 지원해 줄 것을 제안한다. 특히 돌봄 교실은 사실상 무상으로 운영하고 있으니 국가 정책으로 놀이 위주의 운영을 확고하게 유지해 나가야 할 것이다. 국가가 정책적으로 이렇게 시행한다면 돌봄이 정말로 필요한 1~2학년 저학년 아이들만이라도 최소한 놀이 위주의 방과후학교나 돌봄 교실에 참여하게 될 것이라 생각한다.

4. 초등 돌봄 교실의 모델 제시

위에서 살펴본 여러 가지 상황을 고려해 학교협동조합으로 돌봄 교실이나 돌봄형 방과후학교를 운영할 수 있는 방안을 제안해 보고자 한다.

1) 교육청(학교)과 학교협동조합 결합형 모델

서울시교육청에서는 질 높은 강사를 고용하여 방과후학교의 질을 높이고 교사들의 업무를 경감하여 공교육 정상화를 이루어 내겠다는 목표하에 방과후학교협동조합 시범학교를 운영했다. 시범학교 운영으로 방과후학교협동조합의 기본적인 틀은 갖추었다. 하지만 학교협동조합이 주도적으로 계획을 세우고 예산을 편성하는 등 운영에 직접 관여한 것은 아니기 때문에 시범사업이 끝난 후 더 이상의 예산 지원 없이 온전히 자립해서 돌봄형 방과후학교를 맡아 운영하기란 쉽지 않다.

여기에서 제안하고자 하는 형태는 학교협동조합을 통해 갖춘 학부모의 역량과 학교의 공간 지원, 지역사회에서 활동해 온 지역 활동가 등이 결합해 운영하는 학교협동조합 방식의 돌봄 교실이나 돌봄형 방과후학교이다. 학교협동조합에는 아이를 돌보는 강사뿐만 아니라 아이를 맡기는 학부모, 교사, 당사자인 어린이까지도 조합원으로 가입할 수 있다. 돌봄의 형태부터 운영의 구체적인 내용까지 조합원 모두가 함께 결정할 수 있다. 어린이 조합원과 학부모 조합원의 의견을 반영하고 강사 조합원의 고충을 들으면서 문제를 하나하나 해결해 간다면 어떤 조직보다 어린이가 행복한 돌봄을 구현해 낼 수 있을 것이다.

이때 돌봄 강사는 관련 학과를 전공한 청년을 고용하면 좋을 것 같다. 앞에서 언급한 강원도의 '놀이밥 공감학교'나 순천의 '기적의 놀이터'와 같은 활동을 바깥 놀이로 간간이 넣고 아이들의 바깥 놀이 활동 보조 교사로 대학생 자원봉사자를 활용하는 것도 좋은 방법이 될 수 있다. 초등 돌봄은 아이를 안전하게만 맡아 주는 돌봄이 아니라 아이가 행복한 돌봄이 되어야 한다. 그런 면에서 청년 돌봄 강사 채용은 좋은 대안이 될 수 있고, 학교협동조합은 어린이 조합원의 의견을 반영할 수 있는 조직이라는 점에서 강점이 있다.

초등 돌봄은 돌봄 교실뿐만 아니라 방과후학교도 그 역할을 하고 있어 방과후학교에 대한 논의도 필요하다. 돌봄을 목적으로 하더라도 방과후학교로 운영하면 현재의 「지방계약법」[10] 테두리 안에서 운영할 수밖에 없다. 학교 돌봄 교실을 학교협동조합이 위탁받아 운영하는 것도 공개경쟁입찰에 참여해야 하는 것은 마찬가지 상황이다. 「지방계약법」에 따르면 추정 가격 2,000만 원 이하의 범위에서만 수의계약이 가능하다.[11] 추정 가격이 2,000만 원을 초과할 경우 학교협동조합으로 놀이 위주의 돌봄형 방과후학교를 개설하더라도 공개경쟁입찰에 참여해서 외부의 방과후학교 위탁업체와 경쟁해서 낙찰받아야 운영이 가능하지만 쉽지 않다. 따라서 학교협동조합으로 운영할 경우 수의계약이 가능하도록 별도의 제도가 마련되지 않는 한, 학교협동조합형 돌봄 교실은 지역사회의 공간을 빌려 외부에서 운영하는 모델로 가야 한다. 설령 학교 내에서 돌봄을 목적으로 한 방과후학교를 운영하더라도 법이 개정되지 않는 한 추정 가격 2,000만 원 이하의 소수 프로그램만 운영해야 한다. 학교협동조합이 초등학교의 돌봄 교실을 위탁 운영할 경우, 공공성과 투명성이 담보된다면 수의계약이 가능하도록 제도 정비가 되어야 할 것이다.

학교협동조합으로 돌봄 교실을 운영할 때는 기존의 사례 중 돌봄형 방과후학교와 놀이를 혼합한 형태로 운영할 것을 제안한다. 주중 프로그램은 앞에서 나온 서울천왕초등학교 함께배움의 온마을방과후나 서울금북초등학교의 다모아 프로그램을 참고해서 5일 패키지로 만들고, 중간에 강원도의 '놀이밥 공감학교'나 순천의 '기적의 놀이터', 시흥의

---

10. 지방자치단체를 당사자로 하는 계약에 관한 법률 시행령.
11. 제25조(수의계약에 의할 수 있는 경우)
　　① 지방자치단체의 장 또는 계약 담당자는 다음 각 호의 어느 하나에 해당하는 경우에는 법 제9조 제1항 단서에 따른 수의계약에 의할 수 있다.
　　5. 다음 각 목의 어느 하나에 해당하는 계약
　　　나. 추정 가격이 2,000만 원 이하인 물품의 제조·구매계약 또는 용역계약

'숨쉬는 놀이터'처럼 아이들을 운동장이나 실내놀이터에서 뛰어놀 수 있도록 진행하면 좋을 것 같다.

앞에서 살펴보았던 '다모아 프로그램'이나 '온마을방과후'는 학교협동조합으로 운영했기 때문에 가능한 프로그램이다. '다모아 프로그램'은 강사비가 지급되는 오후 1시까지만 운영해도 되지만, 강사비와 상관없이 아이들의 학원이 시작되는 오후 3시까지 아이들을 돌보았다. 온마을방과후는 5일 패키지를 통째로 신청하는 아이만 받으면 운영하기도 편하고 수익도 더 많이 날 텐데 아이들이 원하는 대로 신청할 수 있도록 프로그램을 완전히 열어 두었다. 이런 융통성이 발휘되는 것은 학부모 조합원이 운영하는 학교협동조합이었기 때문이다.

2) 지방자치단체와 학교협동조합 결합형 모델

이 모델은 도봉구청의 방과후활동지원센터처럼 지방자치단체(이하 지자체)가 지역사회의 돌봄을 해결하는 방안이다. 앞에서 언급했다시피 지자체가 방과후학교를 위탁받을 경우에는 수의계약이 가능한데, 다른 모델과 비교했을 때 이 부분은 매우 큰 장점이다. 현재 도봉구청의 방과후활동지원센터에서 도봉구 관내 10개 초등학교(내년부터는 관내 12개 초등학교)의 방과후학교 업무를 담당하게 되면서 업무의 부담감에서 벗어난 교사들의 만족도, 수업에 대한 학생과 학부모의 만족도, 강사들의 강사비와 신분 안정감에 대한 만족도가 모두 높은 것으로 나타났다. 특히 소속 학교뿐만 아니라 타 학교, 지역사회 시설까지 활용할 수 있게 된 것은 지금까지 볼 수 없었던 돌봄형 방과후학교의 모습이다. 그것뿐만 아니라 지자체에서 일괄적으로 프로그램을 편성할 수 있기 때문에 초등 저학년의 방과후활동은 돌봄 목적의 놀이 위주 활동으로만 구성할 수 있다. 국가가 초등학생들의 즐거운 방과후를 책임지고 운영해 나간다는 점에서 매우 큰 장점을 가진다.

이런 시도를 계기로 초등학생들의 방과후 돌봄은 지자체와 중앙정부가 완전히 책임지는 방식으로 나가야 한다. 직접 운영하는 것이 어렵다면 지자체와 중앙정부는 장소와 인건비 예산만 지원해 주어도 학교협동조합이나 공공성이 담보된 법인 등이 충분히 운영해 갈 수 있을 것으로 기대한다. 도봉구청의 성과를 바탕으로 지자체에서 지역사회 아이들의 방과후 돌봄 문제를 해결하는 데 적극적으로 나서기를 기대해 본다. 도봉구청의 사례가 서울 전 지역에 전파된다면 현재 우리가 고민하고 있는 상당 부분의 돌봄 문제가 해결될 것으로 기대한다. 다만, 센터가 관내의 모든 초등학교의 돌봄형 방과후학교를 담당하는 것은 현실적으로 불가능하다. 구 전체 초등학교가 지자체 주도형 모델로 진행될 때 권역별 중간지원조직 역할을 학교협동조합이 담당하면 그런 우려를 하지 않아도 될 것이다. 혁신교육지구사업으로 몇 년간 운영해 본 방과후활동지원센터의 경험을 바탕으로 다른 구에서도 이런 모델을 시도해 볼 수 있을 것이다.

앞에서 초등 방과후학교의 총 사업비가 2,000만 원을 초과할 경우에는 공개경쟁입찰 방식으로 위탁업체를 선정해야 한다고 했는데, 지자체가 학교와 직접 수의계약한 후에 학교협동조합을 비롯해 어느 정도 공공성과 투명성이 담보된 법인이 운영하면 된다.

3) 지역아동센터와 학교협동조합 결합형 모델

기존의 지역아동센터를 학교협동조합과 결합하여 돌봄의 장소로 활용하는 것도 한 가지 방법이다. 지역아동센터는 저소득층 아동을 대상으로 하는 돌봄 센터로 출발하였으나, 저소득층 아동만으로 운영하는 것은 바람직하지 않다는 의견을 받아들여 지금은 저소득층 가정의 자녀 80%, 일반 가정의 자녀 20%로 변경되었다. 하지만 변경된 후에도 지역아동센터는 저소득층 자녀들만 들어갈 수 있다는 오해와 내 자녀를 저소득층 아이와 함께 키우고 싶지 않다는 부모들의 이기적인 마음으로 일반 가정의 자녀들은 거의 보내지 않고 있는 실정이다.

지역아동센터는 저소득층 아동이 주된 대상이지만, 아이들은 부모의 소득과 상관없이 서로 어울리면서 지내야 하므로 모든 아이들이 이용하는 곳으로 바뀌어야 한다. 지역아동센터의 문을 개방하여 학교 돌봄 교실에 들어가지 못한 아이들을 받아들여야 한다. 이때 저소득층 아이들의 교육비는 지금처럼 지원해 주고, 맞벌이 가정의 아이들은 형편에 맞게 수익자 부담으로 운영하면 된다. 장기적으로는 초등 저학년들은 소득에 관계없이 보편 복지 차원에서 모든 아이들을 무료로 돌봐 주는 시스템으로 개선해 가야 한다.

지역아동센터 중에는 개인이 운영하는 곳도 많은데, 개인에게 온전히 맡기기보다는 공적인 개입이 가능한 형태로 운영하면서 학부모의 모니터링을 병행하면 좋을 것 같다. 다만 개인이 운영하는 지역아동센터는 희망하는 곳에 한해서 공공 돌봄 시설로 전환하되, 이런 곳에 더 많은 지원을 해야 한다. 공공 돌봄 시설로 전환하더라도 공적 영역에서 직접 운영하는 것은 녹록지 않은 상황이므로 이 역할을 학교협동조합이 맡을 수도 있다. 지역아동센터의 오랜 노하우를 잘 활용하고 지역아동센터의 부족한 부분을 학교협동조합이 메꾸면서 돌봄 장소로 운영한다면 초등 돌봄 문제를 해결할 수 있는 좋은 방안이 될 것이다. 많은 지역아동센터가 개인 시설로 운영되고 있기 때문에 반발이 있을 수 있지만, 희망하는 곳에 한해서 우선적으로 공공 돌봄 시설로 전환하면 된다.

지역아동센터는 비교적 학교와 가까운 곳에 위치하기 때문에 담당 교사가 직접 아이들을 인솔해서 센터로 데리고 오는 경우도 있어 지역아동센터를 모든 초등 저학년의 돌봄 교실로 인정해 줄 경우, 학부모가 걱정하는 안전 문제도 해결할 수 있다. 앞에서 사례로 든 '나무와 숲'에서는 한 달에 한 번씩 학부모 간담회를 열고 간담회에서 나온 건의를 받아들여 프로그램으로 운영하기도 한다. 학교협동조합 방식으로 운영할 때 학부모 조합원의 역할을 이 부분에서 활용할 수 있으며, 프로그램 제안에 학생 조합원의 의견을 받아들일 수도 있다.

보건복지부로부터 예산을 지원받는 지역아동센터가 학교협동조합과 결합하여 운영하게 되면 예산에 대한 고려가 있어야 할 것이다. 보건복지부에서는 저소득층 자녀에게는 기존대로 예산을 지원해 주고 일반 가정의 자녀는 수익자 부담으로 운영하되 장기적으로는 국가가 나서서 지역아동센터의 위상과 역할을 재정비해야 할 것이다. 지역아동센터를 모든 아동들의 돌봄을 위한 공간으로 바꾸고 초등 저학년에 한해서는 돌봄과 관련한 모든 것을 국가가 지원해 주어야 할 것이다.

예산 지원과 함께 지역아동센터의 운영에 관해서는 공적인 영역이 함께할 수 있는 구조를 만들어야 한다. 지역아동센터에 따라서는 넓고 쾌적한 공간에서 돌봄을 받는 아이들도 있지만, 예산이 부족해 공간이 협소하고 센터 내의 시설이 열악할 뿐만 아니라 임대료 문제로 후미진 곳에 위치해 안전상의 어려움을 겪고 있는 경우도 있다. 이 연구를 위해 여러 곳의 지역아동센터를 돌아볼 기회가 있었는데, 공공기관에서 운영하는 지역아동센터가 개인 시설에 비해 깨끗하고 쾌적한 편으로 여러 면에서 여건이 좋았다. 지역에 따라 또는 운영 주체에 따라 저소득층 아이들의 돌봄의 질이 다르다는 것은 공정하지 못하다. 지역아동센터에 예산을 더 투자하여 모든 아이들을 돌봄 대상으로 하고 전국 지역아동센터의 시설과 교육 프로그램의 질을 상향 평준화하되, 공적인 영역에서 운영에 관한 감독 역할을 수행해야 할 것이다. 전국의 수많은 지역아동센터를 정부가 직접 관리하는 것은 쉽지 않은 일이므로, 검증된 공적인 영역의 조직과 결합해 운영의 투명성을 확보하는 방향으로 나가야 한다.

4) 공동육아 협동조합 모델

마지막으로 공동육아 협동조합 모델이다. 공동육아로 어린이집을 운영해 본 경험이 있는 협동조합은 그 아이들이 초등학교에 입학한 후 초등학생들의 방과 후 시간도 공동육아로 함께 해결하는 경우가 많다. 그런데 공동육아를 하려면 시설 대여료, 운영비, 교사 급여까지 출자금으로 충당해야 하므로 조합원 개개인이 그 부담을 떠안을 수밖에 없는 구조이다.

공동육아는 1994년 신촌 우리어린이집을 기점으로 시작되어 벌써 27년째로 접어들었지만, 출자금에 대한 부담과 실제 운영의 어려움으로 대중화에는 성공하지 못했다. 하지만 오랜 경험으로 공동육아에 대한 충분한 노하우가 있으며 그 경험을 다른 아이들을 키우는 데 충분히 활용할 수 있다고 생각한다. 그런 면에서 지자체가 시설 지원을 해 준다면 공동육아 협동조합이 초등 저학년들의 돌봄 교실을 운영하는 것은 매우 적절한 대안이 될 수 있다. 공동육아 협동조합에는 학부모와 학생이 조합원으로 가입할 수 있으므로 학교협동조합 형태로도 발전할 수 있는 모델이라는 점에서 이 연구에서도 하나의 모델로 제시한다.

위에서 제시한 네 가지 모델만 있거나 이 방법들만 가장 좋은 방안이라고는 생각하지 않는다. 하지만 우리 사회가 당면한 초등 저학년의 돌봄 문제를 해결하려면 돌봄 교실 이외의 다른 방안을 찾아야 하기 때문에 대안으로 제시해 보았다. 초등 저학년의 돌봄을 완전한 놀이형 방과후학교로 운영하면서 여기에 참여하는 학생에 한해 국가가 무상교육으로 지원해 줄 것을 제안한다. 국가의 이런 정책에 동의한다면 부모들도 아이들이 마음껏 뛰어놀 수 있는 놀이형 방과후학교에 보낼 것이다. 그렇게 된다면 우리나라 초등학생들의 행복 지수가 지금보다 훨씬 높아질 것이라고 감히 확신한다. 아이들의 행복 지수가 높아진다면 부모들의 행복 지수, 우리 사회의 행복 지수도 높아질 것이다.

네 가지 모델을 운영하면서 놀이시간에 강원도의 '놀이밥 공감학교'와 순천의 '기적의 놀이터', 시흥의 '숨 쉬는 놀이터'와 같은 것을 진행하면 좋을 것이다. 아이들이 바깥에서 뛰어놀 때 안전을 위해 누군가는 아이들의 놀이를 지켜봐야 한다. '놀이밥 공감학교'에서는 초등학교 고학년 학생들이 안전 지킴이 봉사를 하도록 권장하고 있는데, 고학년이라고 해서 저학년이 위기에 처했을 때 순발력 있게 대처할 수 있는 것은 아니다. 또 비가 오거나 미세먼지가 심할 때 아이들을 바깥에서 뛰어놀게 하면 학부모의 항의가 엄청날 것이므로 그럴 때를 대비해서 실내놀이터를 확보해야 한다.

시흥시에서 만들고 있는 공공형 실내놀이터가 하나의 모델이 될 수도 있다. 학교협동조합이 있다면 이런 안전 지킴이 역할을 학부모 조합원들이 충분히 해낼 수 있을 것이고, 학교나 지역의 유휴 공간에 실내놀이터를 확보해 두면 날씨가 좋지 않을 때 유용하게 활용할 수 있을 것이다. 이런 방식의 놀이터는 방과후학교 사이의 빈 시간이나 수업을 마치고 학원에 가기까지의 틈새 돌봄을 할 수 있는 매우 효과적인 방법이 될 수 있다. 기적의 놀이터가 아이들의 의견을 반영하여 아이들의 천국이 되었듯이 학교협동조합에서도 학생 조합원의 의견을 프로그램이나 교육계획에 반영하는 것이 여러 면에서 장점으로 작용할 것이다.

5. 학교협동조합형 돌봄 교실 활성화를 위한 행정적·재정적 지원 방안

앞에서 학교협동조합과 결합하여 돌봄 교실을 운영하는 방안을 제시했다. 여기에서는 활성화를 위해 어떤 지원이 이루어져야 하는지에 대해 알아보자.

첫째, 인력과 공간 지원이 필요하다. 학교협동조합으로 운영하는 초등 돌봄 교실의 공간으로 학교 시설을 확보할 수 있으면 좋겠지만 현실적으로 쉽지 않다. 그렇다면 별도의 공간을 빌려 돌봄 교실을 운영해야 하는데, 그때 인력과 공간 지원이 절실히 필요하다. 공적인 영역에서 책임져야 하는 돌봄을 해결한다는 점에서 학교협동조합형 돌봄 교실은 공적인 역할을 수행하는 것으로 간주해야 한다. 돌봄 교실이나 방과후학교와 관련한 교육서비스협동조합은 수익이 날 수 없는 구조라서 활성화를 위해서는 인건비 지원과 공간이 필요하다는 요구가 끊임없이 제기되고 있다. 사례 조사에 참여한 협동조합의 공통된 요구 사항이다.

지역사회에서 돌봄 공간으로 이용할 수 있는 곳을 찾는 방법도 있다. 요즘 새로 건축하는 아파트에는 예외 없이 커뮤니티 공간이나 마을 도서관을 설치한다. 그 외에도 아파트 관리사무소의 유휴 공간을 활용하는 방법도 있다. 또 지역사회에는 주민센터나 문화센터, 각종 복지센터가 있는데 그 안에 유휴 공간이 있다면 활용할 수 있을 것으로 생각한다. 그런 공간을 활용해 돌봄형 방과후학교를 운영한다면 우리나라 초등학교의 돌봄 문제를 많이 해결할 수 있을 것으로 기대한다. 다만 공공기관이 아닌 곳은 쉽게 장소를 내주지 않을 가능성이 많으므로 별도의 인센티브를 제공하면 좋겠다.

「아동복지법」 제52조[12]에 따르면 아동복지시설의 종류 중 아동전용시설로 어린이공원, 어린이놀이터, 아동회관, 체육·연극·영화·과학실험전시 시설, 아동휴게숙박 시설, 야영장 등 아동에게 건전한 놀이·오락, 그 밖의 각종 편의를 제공하여 심신의 건강 유지와 복지 증진에 필요한 서비스를 제공하는 것을 목적으로 하는 시설도 포함되는 것으로 나와 있다. 그렇다면 「아동복지법」에 따라 초등학교 돌봄을 위한 공간도 아동복지시설로 인정할 수 있다는 것으로 해석 가능하다. 그리고 아동복지시설의 경우에는 「아동복지법」 제62조[13]에 따라 국유·공유 재산을 무상으로 대부받거나 사용·수익할 수 있다. 「아동복지법」 제63조[14]에 따르면 조세, 공과금을 면제받을 수도 있다. 그것뿐만 아니라 아동복지시설로 인정받는다면 국유·공유 재산을 무상으로 대부받을 수 있는 법적인 근거가 있으므로 지자체에 도움을 요청해 볼 수도 있다.

이런 근거를 가지고 지자체와 협상한다면 학교협동조합으로 돌봄 교실을 운영할 경우 지자체로부터의 공간 지원도 가능하다고 생각한다. 지역에 있는 도서관, 주민자치센터, 아파트의 커뮤니티 공간 등 돌봄 교실로 사용할 수 있는 공간을 지원받을 수 있다면 교육부나 보건복지부에

---

12. 제52조(아동복지시설의 종류) [시행 2013. 1. 23.] [법률 제11520호, 2012. 10. 22., 일부개정]
　　7. 아동전용시설: 어린이공원, 어린이놀이터, 아동회관, 체육·연극·영화·과학실험전시 시설, 아동휴게숙박 시설, 야영장 등 아동에게 건전한 놀이·오락, 그 밖의 각종 편의를 제공하여 심신의 건강 유지와 복지 증진에 필요한 서비스를 제공하는 것을 목적으로 하는 시설
13. 제62조(국유·공유 재산의 대부 등) ① 국가 또는 지방자치단체는 아동복지시설의 설치·운영을 위하여 필요하다고 인정하는 경우 「국유재산법」 및 「공유재산 및 물품 관리법」에도 불구하고 국유·공유 재산을 무상으로 대부하거나 사용·수익하게 할 수 있다. ② 제1항에 따른 국유·공유 재산의 대부·사용·수익의 내용 및 조건에 관하여는 해당 재산을 사용·수익하고자 하는 자와 해당 재산의 중앙관서의 장 또는 지방자치단체의 장 간의 계약에 의한다.
14. 제63조(면세) 아동복지시설에서 그 보호아동을 위하여 사용하는 건물 및 토지, 시설 설치 및 운영에 소요되는 비용에 대하여는 「조세특례제한법」, 그 밖의 관계 법령에서 정하는 바에 따라 조세, 그 밖의 공과금을 면제할 수 있다.

서 인건비 지원만 해 줘도 학교협동조합으로 돌봄 교실을 시도해 볼 만하다.

둘째, 돌봄형 방과후학교나 초등 돌봄 교실을 위탁받을 때 사업비 2,000만 원을 초과하면 「지방계약법」에 따라 공개경쟁입찰에 참여해야 하는데, 공익적인 성격의 방과후학교협동조합이 사적 이익을 추구하는 대형 업체와 경쟁하는 것이 바람직한지 고민해 볼 필요가 있다. 해당 초등학교의 교사, 학부모, 강사들로 구성된 학교협동조합임에도 설립 목적이나 취지와는 상관없이 무조건 최저가를 맞춰야 초등 돌봄 교실과 방과후학교를 위탁받을 수 있다. 초등학교의 방과후학교는 초기에는 학교가 직접 프로그램을 짜고 강사를 선발하고 학생을 모집했다. 방과 후의 교육활동임에도 학교가 직접 모든 것을 맡아 진행하다 보니 교사들은 본연의 업무보다는 부가적인 업무에 더 많은 시간과 노력을 기울여야 하는 기이한 현상이 나타났다. 이를 해결하기 위해 도입한 것이 위탁 운영 방식이다. 위탁 운영으로 바뀌면서 학교 교사들의 업무는 다소 줄어들었지만 그 외의 다른 문제점이 생겨났다. 최저가로 낙찰을 받는 공개경쟁입찰 방식이다 보니 최저가를 적어 내고 낙찰받은 후에는 수익구조를 맞추기 위해 강사로부터 높은 수수료를 받을 수밖에 없다. 위탁업체 입장에서는 수수료로 수익구조를 맞추다 보니 강사 재교육 등에 소홀해져 우수한 강사들은 떠날 수밖에 없는 구조적인 문제가 있다.

위탁 운영하고자 하는 초등 돌봄 교실이나 돌봄형 방과후학교에 현재처럼 「지방계약법」을 적용하지 않고 교육적인 관점, 돌봄의 관점에서 접근하여 다른 별도의 제도를 마련할 것을 제안한다. 돌봄의 기능이 큰 초등학교의 방과후학교가 더 나은 돌봄을 하기 위해서는 최저가로 낙찰받는 공개경쟁입찰 방식이 결코 바람직하다고 할 수 없다. 따라서 「지방계약법」의 적용을 받을 수밖에 없는 현재의 시스템을 바꾸어 최소한 초등학교 방과후학교에 한해서는 별도의 제도를 만들어 학교협동조합과 수의계약이 가능하도록 하자는 것이다. 다만, 학교협동조합이라고 해서 무조건 수의계약이 가능하도록 할 것이 아니라 학교협동조합의 자격요건으로 교사, 학부모, 학생 조합원의 비율이 70% 이상 참가해야 한다든가 하는 기본적인 계약 조건에 대해서는 신중하게 고민해야 할 것이다. 또 한 가지 방안으로는 현재의 공개경쟁입찰 방식에 적용되는 최저가 낙찰 제도를 바꾸자는 것이다. 가격을 기준으로 가장 낮은 업체를 선정하게 되면 그 여파는 그대로 강사에게 미치고 그 피해는 학생들에게 가게 된다. 기준 가격을 제시한 후에 그 범위 내에 드는 업체 중에서 수업 평가나 만족도 등 정성평가를 통해 선정하자는 것이다. 덧붙여 초등학교 방과후학교 본연의 역할인 돌봄이라는 목적을 달성하기 위해 놀이 위주의 프로그램을 운영하는 업체에 가산점을 주는 방식도 있을 것이다.

셋째, 학교협동조합으로 돌봄 교실이나 방과후학교를 운영할 때 학교에서 직접 수강료를 징수하는 경우가 아닐 때는 연말정산 혜택을 받을 수 없다. 이 문제를 해결하기 위해서는 수강료 징수 관련 연말정산 혜택이 가능하도록 시스템을 정비해야 한다. 도봉구청의 경우도 방과후활동 수강료 징수 업무를 구청에서 온전히 맡을 계획이었지만 연말정산 시스템이 마련되지 않아 수강료 징수 업무는 아직도 학교에서 담당하고 있다. 현 시스템에서는 학교 행정실에서 수강료 징수 업무를 그대로 담당하고 있기 때문에 구청 방과후활동지원센터를 설립할 당시의 목적인 완전한 업무로부터의 해방은 이루어지지 않고 있다. 학교에서 이루어지는 교육활동이라면 수강료를 학교에서 징수하든 학교협동조합에서 징수하든 연말정산 혜택을 받을 수 있도록 하루빨리 시스템을 마련해야 한다.

넷째, 초등 돌봄 교실에 집중 투자하는 예산을 학교 밖의 돌봄 교실이나 위탁형 돌봄 교실에도 분산하여 골고루 투자해 줄 것을 제안한다. 그렇지 않아도 초등 돌봄 교실에 들어가지 못한 아이들의 학부모는 수익자 부담으로 돌봄을 해결해야 하는 상황에서 형평성의 문제가 있다고 느끼는데, 무상으로 운영되는 돌봄 교실에만 여전히 집중 투자하는 예산 배분 방식에는 문제가 있다. 이런 예산을 골고루 분산하여 모든 초등 저학년의 돌봄 문제를 해결하는 데 사용해야 한다.

다섯째, 한정된 초등 돌봄 교실에 들어가고자 하는 맞벌이 수요가 많은 상황에서 공정하고 투명한 절차를 거쳐 절실하게 필요한 사람이 우선적으로 이용할 수 있도록 엄격한 기준을 마련해야 한다. 전국의 모든 초등 저학년(1~2학년)의 돌봄을 무상으로 운영하기까지 다소 시간이 걸릴 수 있다는 점에는 동의한다. 그런데 그렇게 되기까지는 한정된 초등 돌봄 교실에 들어가는 아이를 선정할 때 누구나 동의할 수 있는 공정한 기준으로 선발해야 할 것이다. 맞벌이 수요가 우선순위라고는 하지만, 학교에 따라서는 재직증명서만 제출하면 되는 경우도 있다. 재직증명서는 지인에게 부탁하여 쉽게 구비할 수 있기도 하고 단기 재직만으로도 갖출 수 있는 서류라서 추첨에서 떨어진 맞벌이 수요 중에는 이 점에 대해 불만을 제기하는 경우가 많다. 돌봄 교실에서 요구하는 서류는 2월 말이나 3월 초 한 번만 제출하면 돌봄 교실에 들어간 후 바로 회사를 그만두거나 휴직을 해도 1년 내내 맞벌이로 인정받을 수 있다. 이 문제를 해결하기 위해서는 맞벌이를 증명할 수 있는 서류를 좀 더 구체적으로 받고, 학년 초뿐만 아니라 2학기가 시작될 때에도 서류를 한 번 더 받도록 개선하여 절실히 필요한 사람에게 우선적으로 기회가 돌아가도록 엄격하게 운영할 것을 제안한다.

여섯째, 방과후학교는 돌봄과 떼려야 뗄 수가 없는 상황인데도 현재

방과후학교와 돌봄은 담당 부서가 별개로 운영되고 있다. 이것과 관련된 부서인 교육부, 보건복지부, 행정안전부, 여성가족부, 고용노동부의 돌봄과 관련된 업무(돌봄형 방과후학교 포함)나 예산은 일원화해서 낭비되는 예산을 아끼고 효율적으로 관리할 수 있도록 해야 한다. 업무를 일원화해서 중복되는 예산만 아껴도 돌봄 대상자 수를 늘릴 수 있을 뿐만 아니라 무상 돌봄을 실현할 수 있을 것이다.

교육부에서 제공하는 방과후학교 바우처 제도를 비롯해 보건복지부에서 지원하는 지역아동센터와 드림스타트 예산, 여성가족부에서 지원하는 청소년방과후아카데미, 행정안전부와 고용노동부의 예산, 각종 지자체에서 지원하는 예산을 일원화한다면 우리나라 초등학교 저학년(1~2학년)의 돌봄 문제는 충분히 무상으로 해결이 가능할 것이라 생각한다.

이 외에도 다양한 제안이 있을 수 있다. 국가가 장기적인 안목으로 예산을 투자하여 초등 저학년의 돌봄을 책임져 준다면 자연스럽게 저출산 문제도 해결될 수 있을 것으로 기대한다.

6. 진정한 의미의 놀이 중심 돌봄을 기대하며

초등학교에 돌봄 교실이 생기기 전까지 초등 저학년의 돌봄은 사각지대에 놓여 있었다. 초등학교에 입학하기 전까지는 어린이집, 유치원 등의 기관에서 오후 5~6시까지 돌봐 주기 때문에 맞벌이 부부라도 아이를 맡길 곳이 있었지만, 정작 초등학교에 입학하면 방과 후에 아이를 맡길 데가 없다. 어린이집에 다닐 때보다 초등학교에 입학할 때 일을 그만두는 여성들이 더 많은 것이 현실이다. 출산율 저하의 모든 원인이 이것 때문만은 아니겠지만 상당 부분 아이 돌봄 문제가 원인일 것으로 추측

된다.

이런 상황에서 초등학생들의 돌봄 문제를 해결하기 위해 국가가 나서서 돌봄 대상 학생 수를 늘리겠다는 것은 매우 반가운 일이다. 그런데 정부가 나서 온종일 돌봄체계를 구축하기 위해 학교 돌봄과 마을 돌봄을 운영하고 있지만, 돌봄을 필요로 하는 수요에 비해 현저히 부족한 상황이다.

여기에서는 이 문제를 해결하기 위한 방법으로 학교협동조합이 초등학교의 돌봄 교실을 위탁받아 운영하는 형태나 다양한 조직과 결합한 형태로 돌봄 교실이나 돌봄형 방과후학교를 운영할 것을 제안하였다.

현재 초등학생의 돌봄 문제는 학교 내의 유휴 교실을 활용해 해결하고 있지만, 학교에 따라서는 여유 교실이 많지 않은 경우도 있고 여유 교실이 있다고 하더라도 돌봄 전담사 고용에 필요한 예산 부족으로 돌봄 교실을 쉽게 늘릴 수 없는 상황이다. 학교뿐만 아니라 학교 밖에서도 초등 돌봄 문제를 해결하기 위해 다양한 방식으로 돌봄 교실을 시도하고 있지만 여전히 부족한 실정이다. 수요자인 학부모가 직접 조합원으로 참여하여 학교협동조합 방식으로 돌봄 교실을 운영한다면 여러 면에서 장점이 있다.

놀이 중심의 프로그램 개발에 학생 조합원의 의견을 반영하고 학부모 조합원이 직접 강사로 참여하거나 모니터링에 참여하여 초등학생 맞춤형 돌봄 교실을 운영할 수 있을 것으로 기대한다.

앞에서 나온 금북사회적협동조합의 '다모아 프로그램'에서 볼 수 있었던 것처럼 엄마 조합원이 돌봄 강사 역할을 함으로써 정해진 시간에 맞춰 끝내는 것이 아니라 아이들의 스케줄에 맞춰 프로그램을 진행하는 융통성이 발휘된다는 것은 매우 큰 장점이다.

역시 앞에서 나온 함께배움의 '온마을 방과후학교'처럼 수익 구조에 맞춰 신청을 받기보다는 아이들의 선택을 우선시하여 아이들이 자유롭게 온마을 방과후교실을 들락날락할 수 있도록 운영하는 것은 학교협동조합이기 때문에 가능하다고 생각한다.

또한 돌봄 강사도 학교협동조합에 조합원으로 참여할 수 있어 돌봄 강사의 의견을 충분히 반영할 수 있는 구조이다. 이 부분은 강사의 고충을 헤아리고 학부모와의 갈등이 생기기 전에 사전에 조율할 수 있다는 의미로 다른 조직과 비교해 큰 장점으로 작용한다.

학교협동조합으로 운영하는 돌봄 교실이나 돌봄형 방과후학교에는 돌봄 대상 아동과 직접적인 관계가 있는 당사자가 조합원으로 참여할 수 있다. 따라서 수익 창출만을 목적으로 하지 않고 아이들에게 맞춘 진정한 의미의 놀이 중심 돌봄을 실천할 수 있다. 놀이 중심의 돌봄으로 아이들의 웃음이 끊이지 않는 건강한 사회가 되기를 희망해 본다.

제5장

마을교육의 마중물 학교 거버넌스

이용운

교사의 탐구 영역은 교과서와 학생이다. 즉 교과서를 가지고 학생을 가르친다. 여기서 교과서는 표준화된 개념과 원리로 구성되었기 때문에 매우 객관적이다. 따라서 앎과 삶을 연결시키려는 의도에서 교과서에 맥락을 담으려면 학생들의 삶의 공간인 마을을 찾아 그들의 성장과정에서 형성된 마을 속 학생의 특성을 찾아야 한다. 그리고 이를 다시 교육과정 속에 담아야 한다. 이를 가리켜 '교육과정 및 수업의 재구성'이라고 한다. 이러한 절차 때문에 가르치는 일을 담당하는 교직이 어렵고 수업 재구성을 위한 교사의 고도의 전문성이 요구된다. 이미 학계에서는 마을과 함께하는 교육 관련 교육공동체의 구심체 역할을 하는 거버넌스라는 이름을 사용하고 있다.양병찬, 2018

현재 서울의 각 자치구는 2015년부터 서울형혁신교육지구 지역 민·관·학 거버넌스, 즉 지역 거버넌스를 통해 다양한 마을교육기관, 마을 강사, 마을교육 콘텐츠를 개발하여 학교에 제공하고 있다. 지역 거버넌스의 활동과 노력은 궁극적으로 학교 또는 교육으로 향한다. 그런데 학교는 이런 지역 거버넌스에서 제공하고 있는 마을의 인적·물적 자원들을 학교 수업에 반영하지 못하고 있다. 왜냐하면 교사들은 아직 마을을 잘 모르거나 마을에 별 관심을 느끼고 있지 않기 때문이다. 그 이유는 근본적으로 이를 매개하는 학교 내 조직의 부재 때문이라고 보인다. 그래서 지역 거버넌스와 연결망 역할을 할 수 있는 학교 내 조직이 필요한 것이다. 말하자면 학교에서 조직된 지역 거버넌스와 유사한 거버넌스 협의체, 즉 학교 거버넌스는 교사들의 적극적인 학교교육 참여 풍토 조성과 함께 교육공동체로서 좋은 수업을 지원하고, 학생들의 학습지속성을 담보하는 자기효능감을 높여 줄 수 있을 것으로 본다.

이 장의 주제는 학교 거버넌스다. 혁신교육지구의 각종 교육 사업 결과가 학교와 교사들의 활용으로 이어지지 못하고 있는 문제가 혁신교육지구에 대한 인식 부재에서 비롯된다는 가정과 이를 해결하기 위한 방안으로 학교 내 거버넌스 조직의 필요성을 염두에 두고 있다. 서울의 경우 학교에 따라 혁신교육지구와 보조를 맞추기 위해 학교 거버넌스를 학교단위에서 자체적으로 조직, 운영하는 학교들이 있다. 이러한 학교들은 어떤 이유로 학교 거버넌스 조직을 만들었으며, 이런 조직이 학교교육과 수업에 어떤 역할과 변화를 가져왔는지를 알아보고자 한다. 특히 학교 거버넌스를 구성, 운영하는 학교와 그렇지 않은 일반 학교의 교사와 학생의 혁신교육에 대한 인식 차이를 알아보는 것도 본 주제에 대한 심층적 논의의 한 부분이다. 또한 학교 거버넌스 관련 해당 학교 참여자및 혁신교육지구 교사 전문가를 통해 학교 거버넌스의 역할과 효과 및 운영의 어려움을 밝히고, 아울러 학교 거버넌스 조직이 활성화될 수 있는 방안을 탐색하고자 한다.

1. 혁신교육지구와 거버넌스

혁신교육지구 정책의 궁극적인 목표는 공교육의 정상화와 교실수업의 질 제고이다. 여기서 서울형이 추가된 서울형혁신교육지구는 공교육의 질 제고와 함께 도시형이라는 의미와 지역 간 교육격차 해소의 의미를 추가로 담고 있다. 즉 학교교육의 과정-진행-결과를 하나로 묶는 교육과 수업에서의 '공정'과 수업 결과와 판단을 암기 위주의 지식 주입과 평가가 아닌 삶의 가치와 정체성 형성을 위한 성장 정도로 판단하고 이를 사정assessment하는 평가의 '공정'으로의 변화 추구라 할 수 있다.성열관 외, 2018 입시 위주의 암기교육과 경쟁적인 교육으로 지친 학생들을 답답한 굴레에서 해방시켜 자신을 돌아보고 자신의 정체를 되찾을 수 있도록 만들어 주는, 말하자면 숨통을 열어 주는 교육, 앎과 삶을 연결시키는 교육이다. 마치 학생 삶의 맥락이 담긴 마을에서 불어오는 바람에 가슴을 내밀고 숨을 쉴 수 있는 기회와 경험을 제공해 주는 교육이다.송순재, 2018 즉 혁신교육지구를 통한 교육은 마을과 함께하는 학교교육과정의 운영으로 학생이 스스로 학습의 주체가 되어 삶의 목록과 얼개를 꾸미는 일을 행하는 교육인 것이다.

혁신교육지구 정책연구와 관련하여 사업의 비전과 목표를 언급한 세 편의 연구[1]를 토대로 혁신교육지구 정책 목표를 제1기와 제2기로 구분하면 [표 1]과 같다.

[표 1]의 혁신교육지구의 비전과 전략 목표를 비교할 때, 제1기는 '마을교육과 함께 공교육혁신의 추진'이었다. 제2기는 '아동청소년이 행복하게 공부하는 마을교육공동체 조성'으로, 다소 모호한 개념, 추상적인 비전에서 학교교육의 주체인 학습자를 전면에 내세우는 구체적인 비전으로 변화되었다. 이에 따른 전략 목표도 제1기는 '마을과 함께하는 교육과정과 이를 위한 거버넌스 구축 운영'이었으나, 제2기는 '마을과 함께

---

1. 서울형혁신교육지구 관련 정책연구로서 보고된 세 편의 보고서: ① 김세희 외(2017), 〈서울형혁신교육지구 주요 운영방침 연구〉; ② 이혜숙 외(2017), 〈서울형혁신교육지구사업 운영 실태와 개선 과제〉; ③ 성열관 외(2017), 〈서울형혁신교육지구 중장기 발전 방안 연구〉이다.

[표 1] 혁신교육지구 정책 제1기와 제2기의 비교

제1기(2015-2016)	제2기(2017-2018)
비전: 마을교육생태계 조성을 통한 공교육혁신 전략 목표: - 마을과 함께하는 학교교육과정 운영 - 민·관·학 거버넌스 구축 운영 - 지역교육공동체를 통한 진로 및 직업교육	비전: 참여와 협력으로 아동청소년이 행복하게 성장하는 학교-마을교육공동체 전략 목표: - 마을과 함께하는 학교문화 조성 - 배움과 돌봄의 마을교육공동체 형성 - 유기적인 민·관·학 교육 협력체제 구축 - 마을교육생태계를 만들어 가는 교육 - 청소년 자치 및 마을 동아리 활성화

하는 학교문화 조성과 배움과 돌봄을 연결하는 교육생태계 조성', 그리고 '청소년 자치활동' 강조에 무게를 둠으로써 실질적인 학교교육의 혁신과 변화를 추구하는 것이다. 학교문화로서 마을교육공동체를 학교교육과정에 반영하려면 이를 뒷받침하는 탄탄한 교육 거버넌스[2](지역 거버넌스와 학교 거버넌스)를 구축, 운영해야 한다. 즉 혁신교육지구사업의 목표는 학교 입장으로는 마을과 함께하는 교육과정과 수업 운영이고, 이

---

2. 거버넌스(governance)는 협치 또는 협의체로 번역된다. 본 연구에서 사용하고 있는 교육 거버넌스는 심성보(2015)의 학교와 지역사회 네트워크에 초점이 맞춰진 교육운동(혁신학교운동)에서 소개한 마을교육공동체의 의미를 담고 있으며, 신현석(2006)의 공동체 세 가지 차원 중, 학교 내외 지역사회공동체와의 연계뿐 아니라 각 주체(교사, 학생, 학부모, 지역사회, 정부기관 등)가 각자의 역할 속에서 공동체 간 연대를 도모하는 교육공동체와 맥락적 의미가 일치한다. 구체적으로 교육공동체라는 개념에서 출발한 교육협의체를 교육 거버넌스라는 용어로 바꾸어 소개한 사람은 안기성(1997), 주삼환(2007), 서정화(2007)이며, 김용련(2014), 성열관(2017)의 정책연구에서는 이를 구체적으로 밝힌 바 있다. 두 연구에서는 교육 거버넌스의 개념을 국가 중심 하향식 교육 운영을 넘어 조정(coordination), 연결(networking), 협력(collaboration)을 기반으로 학교, 기관, 마을 등 다양한 교육 관련 당사자들이 책임감을 가지고 투명하게 의사결정을 수행하는 조직이라고 설명하였다. 본 연구는 교육 거버넌스를 지역단위의 민·관·학 거버넌스와 학교단위의 민·관·학 거버넌스로 분리하여 논의를 진행할 것이다. 지역단위 민·관·학 거버넌스는 지역 거버넌스라고 부르기도 하며, 비교적 큰 범위의 교육협의체로서 시, 자치구, 시교육청, 지역교육지원청, 마을교육기관, 마을대표, 교사대표, 학생대표 등의 교육협의체를 말한다. 반면에 학교단위 민·관·학 거버넌스는 학교 거버넌스라고도 하며, 학교와 직접 관련된 주민센터, 마을도서관, 마을복지관, 마을 주민, 학교교사, 학생 등이 중심이 되어 운영되는 지역 민·관·학 거버넌스가 축소된 형태를 말한다.

에 대한 추진력은 교육 거버넌스, 즉 인프라 구축에서 얻는 것이다.

김용련[2015]은 "혁신교육지구사업이 교육공동체, 특히 교육자치 공동체를 지향한다"라고 하면서, 참여와 소통을 위한 교육 거버넌스 구축이 매우 중요한 사업이라고 하였다. 교육은 가르치는 일이지만 사람과 사람이 만나는 것이고, 사람들이 함께하는 사람에 관한 일이다. 따라서 사람들이 교육이라는 일을 하기 위해서는 협의체 조직이 필요하다. 이러한 사람들 만남의 결속체가 바로 거버넌스인 것이다. 즉 거버넌스는 서로 다른 생각과 의도를 가진 집단이 플랫폼에 모여 집단의 방향을 얻기 위해 협의하고 이를 교육과 수업에 녹여 내는 것이다. 그래서 거버넌스 조직은 실질적인 교육 변화의 갈망을 지원하는 구심체로서 학교와 교사만이 아닌 교육에 관련된 모든 사람이 함께 참여와 협력으로 아이들을 성장시키는 교육을 지향한다. 이와 같은 거버넌스에 대해서 학자마다 다양한 뜻을 내세우고 있는데, 이를 대략 정리하면 [표 2]와 같다.

[표 2] 거버넌스의 다양한 개념들

학자	개념
Rosenau(1995)	가족으로부터 국제조직까지 모든 인간 활동 수준에서의 규칙체계
Commission on Global Governance(1995)	개인들과 사적·공적 조직들이 그들의 공동사를 관리하기 위해 구성하는 여러 가지 방식들의 조합
Rhodes(1997)	상호의존성, 자원교환, 게임규칙 그리고 국가로부터 자율성의 특징을 가지고 자기조직적인 조직 간 네트워크
Keohane & Nye(2000)	조직의 집단적 활동을 이끌고 제약하는 공식 혹은 비공식적 과정과 제도들
Kooiman(2002)	공식적 권위 없어도 다양한 행위자들이 자율적으로 호혜적인 상호의존성에 기반을 두어 협력하도록 하는 제도 및 조정 상태

최창의 외, 2016, 28쪽에서 재인용

교육 분야에서도 이러한 개념에 관심을 갖게 된 것은 종래의 국가교육이 권력 중심의 배타적이고 독점적인 통치governing나 정부government

를 선호했다면, 최근에 들어서면서 시민사회에서 권력 분산과 배분 및 협치를 지향하는 새로운 교육 패러다임을 요구하기 때문이다. 이는 정부나 권력기관이 대중 또는 시민사회 등과의 파트너십을 구축하고 네트워크를 형성해 나가면서 국가나 정부조직이 교육정책을 운영하는 것을 의미한다. 따라서 학교와 교사도 이와 같은 취지를 반영하여 학교교육과정을 구성하고 수업을 운영해야 할 필요가 있다. 즉 학교교육에서 '마을과 함께하는 교육'과 학교단위 민·관·학 네트워크를 구성하는 '교육 거버넌스' 구축이 학교 변화에서 매우 중요한 과정이라고 할 수 있다. 최창의[2016]는 이러한 교육 거버넌스 운영을 가리켜 다음처럼 밝히고 있다.

> "혁신교육지구사업에서 두드러진 변화는 거버넌스를 통한 협치와 협육의 분위기라 할 수 있다. 교육청과 지자체는 물론 지역에 뿌리를 두고 있는 학교와 마을이 주체로 등장하고, 교원 중심에서 학부모와 지역 주민, 학생들로 교육 주체의 폭이 실질적으로 넓어지고 있다는 점이 그 특징이다."

학교 입장에서 혁신교육지구는 거버넌스를 통해 마을의 맥락을 수업에 부여함으로써 살아 있는 학교교육, 즉 ① 마을의 맥락이 반영된 다양한 교육과정, ② 정체감의 주체로서 학생들의 삶과 연계된 교육, ③ 학생들의 삶의 기반이 되는 마을이 학교교육으로 반영되는 교육 등으로 이어지는 마을과 함께하는 교육을 하는 것이다. 말하자면 혁신교육지구 안에는 '마을과 함께하는 교육' 협력체로서 교육 거버넌스와 같은 조직과 운영이 담보되어 있다고 보아야 한다. 여기서 교육 거버넌스는 지역 단위에서 구축된 지역 거버넌스와 학교단위에서 구축된 학교 거버넌스를 의미하는데, 이 두 조직은 마을과 함께하는 교육을 위해, 그리고 학교교육과정을 구성 및 운영하기 위해 학교교육의 입장에서 매우 중요하다고 할 수 있다. 실제로 거버넌스governance의 개념은 공동의 목표를 달성하기 위해, 모든 이해 당사자들이 책임감을 가지고 조정과 협력을 하면서 의사결정을 수행할 수 있게 하는 제반 연결 장치이다. 말하자면 정부나 권력기관이 대중 또는 지역사회 등과의 파트너십을 구축하고 네트워크를 형성해 나가면서 국가나 정부조직을 운영하는 것처럼 학교교육도 거버넌스의 조직과 운영으로 사회 변화의 맥락과 같이 학교교육과 수업의 재구성을 함께해 나가는 것이라 할 수 있다.

2. 교육 거버넌스

교육 거버넌스는 학교와 지역사회 네트워크에 초점이 맞춰진 교육운동으로 소개된 마을교육공동체의 의미를 담고 있으며,심성보, 2015 신현석 2010, 2014의 공동체의 세 가지 차원 중, 학교 내외의 지역사회공동체와 관련이 있다. 즉 지역사회공동체로서 마을교육공동체는 공동체의 각 주체(교사, 학생, 학부모, 지역사회, 정부기관 등)가 각자의 역할 속에서 연대를 도모하는 교육공동체와도 맥락적으로 일치한다. 구체적으로 볼 때, 교육공동체라는 개념에서 출발한 교육협의체는 이를 교육 거버넌스라고 보거나안기성, 1997; 주삼환, 2007 학교가 마을과 함께 교육을 통해 학생들을 성장시킨다는 측면에서 지역 민·관·학 거버넌스 또는 지역 거버넌스의 마을교육공동체로 정리하기도 한다.김용련, 2014; 성열관, 2017 교육 거버넌스와 지역 거버넌스의 공통점은 국가 중심 하향식 교육 운영을 넘어 학교, 기관, 마을 등 다양한 교육 관련 당사자들이 책임감을 가지고 투명하게 의사결정을 수행하는 조직이라는 점이다. 여기서 교육 거버넌스는 지역 단위의 민·관·학 거버넌스와 학교단위의 민·관·학 거버넌스로 분리할 수 있다.최창의, 2016; 채희태, 2018

지역단위 민·관·학 거버넌스는 지역 거버넌스로서 비교적 큰 범위의 교육협의체이며, 시, 자치구, 시교육청, 지역교육지원청, 마을교육기관, 마을대표, 교사대표, 학생대표 등이 협력하는 협의체이다. 이들 조직은 마을교육기관, 마을교육강사, 마을교육 콘텐츠를 개발하여 학교교육을 지원하고, 마을에 속한 아동과 청소년을 성장시키는 주체적인 역할을 수행하는 조직이다. 반면에 학교단위 민·관·학 거버넌스는 학교 거버넌스로서 학교와 직접 관련된 공간적으로 학교 근거리에 있는 주민센터, 마을도서관, 마을복지관, 마을 주민, 학교교사, 학생 등이 중심이 되어 운영되는 지역 민·관·학 거버넌스가 축소된 형태의 조직을 말한다. 이들 조직은 학교와 교사가 마을에 있는 학생들의 삶의 맥락을 담아 교육과정과 수업을 재구성, 운영할 수 있도록 협력하고 지원하는 조직이라고 그 역할을 구분할 수 있다.

1) 혁신교육지구와 교육 거버넌스 현황

학교문화로서 마을교육공동체를 학교교육과정에 반영하려면 이를 뒷받침하는 탄탄한 교육 거버넌스를 구축, 운영해야 한다. 따라서 교육을 해야 하는 사람이라면 교육과 관련된 사람들, 즉 마을 사람들과 협의체를 조직하고 만나야 한다. 이러한 사람들의 만남의 결속체가 바로 교육 거버넌스인 것이다. 즉 학교교육에서 '마을과 함께하는 교육'과 학교단위 민·관·학 네트워크를 구성하는 '교육 거버넌스' 구축이 학교 변화에서 매우 중요한 과정이다.

지역 민·관·학 거버넌스 협의회 역할이나 구성, 운영 방식은 서울시의 경우 자치구에 따라 다르다. 통계를 보면 운영협의회는 연 1~2회, 실무협의회는 연 8~10회, 분과는 약 12~40회 정도 개최한다. 협의회 위원은 점차 공개 모집을 통해 선발하며 임기는 1~2년이다. 분과 내에서 민주적인 절차를 통해 선출된 분과장은 상위 협의회인 실무협의회 위원으로 참여하여 회의 결과를 공유하고 협업하도록 하고 있다.이혜숙 외, 2017, 87~88쪽에서 재인용

지역 민·관·학 거버넌스 가운데 관은 서울시교육청과 서울시, 자치구가 그 역할을 하고 있다. 서울시교육청은 혁신교육지구사업을 총괄 운영하며 중장기 계획 수립, 종합평가 계획 수립, 최종 평가 및 지정 등 주요 역할을 수행한다. 또 서울시는 혁신교육지구의 운영과 관련하여 서울시교육청과 협의하며 워크숍 개최, 관련 네트워크 조직화, 홍보를 주로 담당하고 있다. 서울시와 서울시교육청의 주요 역할은 혁신교육지구사업 지원으로 한정되어 있다.[3] 주무 부처는 서울시 평생교육정책관과 서울시교육청 참여협력담당관이다. 그 내용을 간단하게 정리하면 [표 3]과 같다.

특히 혁신교육지구사업의 관으로서 또 하나의 지원조직은 각 자치구와 각 지역별 교육지원청이다. 각 자치구에서는 지역의 특성에 맞게 다양한 사업을 구성 운영하고 있으며, 교육지원청도 자치구와 협력하여 학교단위 사업을 구성, 운영한다. 2018년까지 필수사업 중 하나였던 민·관·학 거버넌스는 자치구에서 혁신교육지구를 운영하는 구심체 역할을 하였고, 여기에는 관으로서 구청과 교육지원청 인사들이 참여하고 있다. 중앙에는 서울시와 서울시교육청이 관장하는 거버넌스로서 중

---

3. 이혜숙 외(2017) 연구 FGI 내용을 보면, 이 부분에 대해 FGI 전문가 면담에서는 서울시도 서울시교육청처럼 재정적인 지원뿐만 아니라 사업 시행 이후 결과에 대해 좀 더 관심을 가지고 참여해야 한다는 것을 보고한 바 있다.

[표 3] 지역 민·관·학 거버넌스 중앙 추진체계의 역할

구분		서울시	서울시교육청
담당 부서		• 평생교육정책관 교육환경지원팀 • 자치구청 교육지원과	• 서울시교육청 참여협력담당관 지역 사회협력팀 • 교육지원청(10개) 교육협력복지과
업무 분담	협 업	• 혁신교육지구 운영 자치구 선정, 운영 평가 등 • 혁신교육지구 운영 지원체계 구축 • 혁신교육지구 구성·운영 • 혁신교육지구 운영 관계자 워크숍, 정책포럼 등 공동 운영	

	단
	독
		• 혁신교육지구 운영 예산 지원
		• 혁신교육지구 운영 방향에 대한 교
		  육청과의 지속적 협의
		• 우수 사례 발굴 및 홍보(홍보물, 영
		  상, 사례집 제작 등)
			• 혁신교육지구 운영 예산 지원
			• 혁신교육지구 운영 총괄 및 중장기
			  계획 수립
			• 혁신교육지구 운영 평가, 지구별 사
			  업계획 수립 지원 등 지구 사업 방향
			  제시

서울시·서울시교육청(2017), 〈2017년 서울형혁신교육지구 운영 계획〉, 16쪽 재구성

앙 운영위원회가 있으며 서울시, 교육청, 시의회, 자치구 운영위원회 대표 등으로 구성된다. 또한 서울시 평생교육정책관, 교육청 기획조정실장, 자치구 대표위원 3인이 공동위원장을 수행하고 있다. 자세한 내용은 [표 4]와 같다.

중앙 운영위원회에는 실무 지원을 위해 실무위원회를 두고 있다. 그리고 지역에는 지역 민·관·학 거버넌스로서 실제로 이행을 위한 실무추진위원회 또는 실무추진단이 있다. 자치구에 있는 거버넌스 조직은 각 지자체에서 실제적인 혁신교육지구의 모든 활동을 담당하고 있다. 지역 민·관·학 거버넌스의 운영위원회와 실무협의회는 혁신교육지구의 중앙 지구로서 주요 사항을 결정하고 의결 및 집행에 대해서는 자율권을 가지는 지구도 있다. 반면에 대부분 자치구에 있는 실무추진단은 자문에 그치는 기구가 아닌 실제로 혁신교육지구사업을 직접 담당하여 운영하

---

4. 25개 자치구 민간위원으로 구성된 비공식 추진체계로 '서울형혁신교육지구 민간협의회' 발족(2016. 12. 27).

[표 4] 지역 민·관·학 거버넌스 구성과 역할(2016년 기준)

구분	운영위원회	실무협의회
구성	• 총 26명 • 서울시(2)·교육청(2)·시의원(2)·혁신교육지구 대표(20) ※ 구청장, 전문가 미포함	• 총 66명 • 서울시(3)·교육청(3)·자치구(20)·교육지원청(20)·혁신교육지구 민간 참여자(20)[4]
운영 횟수	• 정기회의(연 4회) • 임시회의(필요시)	• 매월 1회(자치구별 순환 개최)
역할	• 혁신교육지구 운영 지원체계 구축 및 발전 방향 협의 • 서울시와 시교육청 협력사업 추진·조정 및 운영 재원 확보 • 사업 모니터링 및 사업 점검	• 자치구별 혁신교육지구 운영에 대한 상호 모니터링 및 사업 공유 • 세부 사업 점검, 평가 실무 지원 • 실무적으로 필요한 세부 방침 협의

서울시·서울시교육청(2016), 〈2016년 서울형혁신교육지구 운영 계획〉, 16~17쪽 재구성

고 있으며, 지역에 따라 각각 권한 정도는 약간씩 다르다. 일부 지구는 민의 권한을 강화하기 위해 민간 대표를 두어 공동위원장 3인 체제로 운영하고 있다.이혜숙 외, 2017 분과협의회 구성은 주체별, 사업별, 주제별 또는 복합적으로 구성되어 있으며, 지구마다 상이한 형태를 가지고 있다. 또 연도별로도 다르게 개편되기도 하였다. 자치구마다 지역기관, 학부모 등 주요 참여 주체 역시 다르다. [표 5]는 자치구의 지역 거버넌스 구성과 역할에 대해 대략 정리한 것이다.

특히 실무협의회에서 대부분 혁신교육지구사업에 대한 계획과 운영 및 결과에 대해 심도 있게 협의하고 있다. 물론 자치구에 따라 이 세 개의 조직과 역할을 명확히 구분하여 운영하기도 하지만 대다수 자치구에서는 실무협의회(또는 실무추진단)에서 주로 협의가 이루어지고 있는 것이 현실이다. 또 서울의 혁신교육지구사업의 경우 교육생태계나 학교와 마을이 함께하는 교육과정을 위한 교육청과 시청 간 거버넌스와 함께 연계 구축을 위한 노력도 의미가 있다고 본다.

이후 혁신교육지구사업 추진을 위해 민·관·학 3자 간의 협력적 교육

[표 5] 지역 자치구 민·관·학 거버넌스 구성과 역할(2016년)

구분	운영협의회	실무협의회	분과협의회
주요 역할	• 자치구 혁신교육지구사업 정책 방향 및 중장기 계획 수립	• 혁신교육지구사업 실행 계획 수립 및 운영 총괄 • 실무 기획 및 조정 • 사업 컨설팅 및 평가 • 모니터링 및 평가 환류	• 단위 사업 실무 추진 및 현안 과제 논의 • 현장 소통 및 의견 수렴
구성원	• 대상: 구청장, 교육장, 구의원, 학교장, 지역 유관 기관 대표, 학부모 등 • 참여 인원: 약 15명	• 대상: 구청·교육지원청 담당, 분과장, 교원, 학부모 등 • 참여 인원: 약 30명	• 대상: 교사, 학부모, 기관 담당자, 마을활동가, 청소년 등 • 참여 인원: 약 100명
개최 시기	상·하반기~분기별	분기별~월 1회	월 1회~월 2회(수시)

서울시·서울시교육청(2017c), 〈2017년 서울형혁신교육지구 운영 계획〉,
19쪽; 이혜숙 외(2017), 46쪽에서 재인용

거버넌스 체제 구축이 요구되었다. 각 자치구에서는 지역 거버넌스라는 이름으로 공식적인 조직 구축에 나섰다. 이런 결과 각 자치구는 교육 거버넌스 구축이 이루어졌고, 이 조직은 각 지역의 혁신교육지구 운영에 구심적 역할을 하고 있다. 또한 거버넌스는 지역사회의 특징과 맥락을 학교교육에 담기 위해 인적·물적 자원 제공, 지역사회와 학교교육 연계 추진, 마을교육기관 운영 등의 역할을 추진하였다.최창의, 2016; 성열관, 2017; 채희태, 2018

자치구에 따라 운영위원회, 실무협의회, 분과협의회 이 세 개의 조직과 역할을 명확히 구분하여 운영하기도 하지만, 대다수 자치구에서는 실무협의회(또는 실무추진단)에서 주로 협의가 이루어지고 있는 것이 현실이다. 지역 민·관·학 거버넌스의 하위 조직인 실무협의회 또는 실무추진단에서는 대부분 혁신교육지구사업 계획과 운영 및 결과에 대해 심도 있게 협의하고 있다. [표 6]은 서울형혁신교육지구 내 지역 민·관·학 거버넌스 교육 거버넌스의 운영 현황이다.

[표 6] 서울시 지역 거버넌스의 운영 현황

구분	2016 거버넌스 총 참여자 수 3,627명(참여 자치구 20개/25개)			2018 거버넌스 총 참여자 수 6,433명(참여 자치구 22개/25개)		
	민 (주민, 학부모)	관 (교육청, 구청)	학 (교사, 학생)	민 (주민, 학부모)	관 (교육청, 구청)	학 (교사, 학생)
구성 비율	72.5%	11.2%	16.3%	61.6%	13.1%	25.3%
전체 개수	214개(평균 10.7개)			286개(평균 13.0개)		
회의 횟수	1,291회(평균 64.55회)			1,968회(평균 89.45회)		

서울시교육청, 2016: 2018 혁신교육지구 평가 자료 참고

[표 6]을 보면, 2016년에 비해 2018년 참여 자치구 수가 2개(서초, 용산) 늘었고, 참여 인원은 자치구의 증가(20개 → 22개)에 비해 비약적으로(3,627명 → 6,433명) 늘어났다. 또한 서울시 전체 자치구가 혁신교육지구사업을 위해 구성한 협의회가 자치구당 평균 3개 이상 늘었고, 회의 수도 자치구당 연간 평균 24.9회(64.55회 → 89.45회)로 증가하였다. 그만큼 다양한 회의기구와 잦은 회의를 가졌음을 의미한다. 특히 주목할 만한 변화는 혁신교육지구 운영 2년 차에 해당하는 2016년에는 민·관·학 가운데 주로 민의 비율이 높았으나 점차 관과 학의 비율이 증가하고 있고, 특히 학(교사와 학생)의 비율(16.3% → 25.3%)이 두드러지게 증가했다는 점이다.

[표 6]에서 보는 바와 같이 교육 주체들의 직접 참여가 늘어나면서 나타난 비율의 변화는 매우 바람직하다. 그러나 혁신교육지구사업이 지역만이 아닌 마을과 함께하는 교육과정과 마을이 연결된 수업으로 이어지도록 하는 것이 무엇보다 중요하다. 즉 방과 후에 이루어지는 마을교육, 마을방과후학교뿐만 아니라 학교의 수업 변화와 생활교육의 변화를 이끌어 내고, 학교교육과정에 마을의 자원이 자연스럽게 연계되도록

하는 것이 필요한 것이다. 즉 더 적극적으로 학교와 교사가 마을에 다가가기 위한 학교 연결망이 필요하며, 이것이 바로 교육 거버넌스 내 학교 거버넌스다.

2) 지역 거버넌스의 연결망 체제로서 학교 거버넌스

앞에서도 언급했지만 교육 거버넌스는 기존의 수직적인 관료제로부터 탈피해 다양한 교육 이해 당사자들과의 연계를 통한 네트워크 구축과 활용을 도모하는 업무 방식에 대한 관점의 반영이다.^{채희태, 2018} 서울형혁신교육지구도 마을과 함께하는 교육, 거버넌스 운영, 학생자치를 핵심으로 추진하는 교육정책 사업이다.

성열관 외²⁰¹⁷는 거버넌스의 협치 체제가 상시적으로 안정적으로 이루어지기 위해서는 이러한 체제를 뒷받침하는 지역과 학교가 연결된 행정지원 시스템이 필요하다는 점을 연구에서 밝혔다. 이혜숙 외²⁰¹⁷도 혁신교육지구에서 마을과 함께 교육이 이루어지기 위해서는 연결망이 매우 중요하며, 이를 위해 교육 거버넌스를 지역 민·관·학 거버넌스(지역 거버넌스)와 학교 민·관·학 거버넌스(학교 거버넌스) 형태로 병행하여 운영하는 것이 필요하다고 밝힌 바 있다. 즉 연결망 구조의 효율화를 위해 교육 거버넌스를 두 가지로 이원화하는 방안을 소개한 것이다. 학교와 교실 입장에서 교사와 학생이 마을과 함께하는 교육을 추진하기 위해서는 마을교육기관과 마을교육 콘텐츠, 마을강사들의 자원과 연결되어야 하고, 이를 학교교육과정 속에 담기 위한 세부 조직으로서 학교 안 거버넌스(다양한 학교 교직원 중심으로 조직된 협의체)와 학교 밖 거버넌스(학교 교직원과 외부 인사가 함께하는 협의체)가 필요하다.

좀 더 구체적으로 설명하면 학교 안 거버넌스는 교사와 학생이 중심이 되어 마을과 함께 교육을 하는 데 협력하는 미시적 거버넌스이다. 반면 학교 밖 거버넌스는 교사와 마을 주민, 그리고 기관의 지원센터가 연결되는 거시적 거버넌스이다. 물론 두 개의 조직이 통합된 학교 거버넌스로 조직이 운영될 수도 있다. 성열관 외[2017] 연구를 보면, 마을교육기관이나 마을강사 및 활동 전문가들은 좋은 프로그램이 만들어져서 학교 교육에 지원하고 참여하기를 원하고 있지만, 실제로 학교의 벽이 높아 잘 활용되고 있지 못함을 지적하였다. 즉 학교에서는 학교교육과정 및 수업을 위한 마을교육기관과의 연결망이 잘 갖추어지지 않고 있다. 특히 자치구 단위에서 운영하고 있는 지역 거버넌스는 매우 체계적으로 조직화되어 운영되고 있는데,[채희태, 2018] 반면 학교단위의 조직인 학교 거버넌스의 구축과 운영 현황은 매우 미흡한 편이다.

혁신교육지구의 최종 종착지는 학교이다. 학교에서 교육의 변화가 일어나야 교육의 혁신이 이루어진다. 즉 지역 거버넌스의 노력이 학교에 전해지는 과정이 매우 중요하고, 따라서 학교단위에서 마을자원을 연결시킬 학교 또는 교사 주체의 연결망, 즉 학교 거버넌스 중심으로 마을과 네트워크를 강화할 필요가 있다.

3) 학교 거버넌스 조직의 구성과 방향

현재 대부분 자치구에서 운영하는 지역 거버넌스는 매우 체계적으로 잘 조직되어 운영되고 있다.[채희태, 2018] 이는 여러 지역의 거버넌스에 참여하고 있는 교사들 대상으로 실시한 FGI 전문가 집단 토론에서도 확인된 부분이다. 즉 지역단위 민·관·학 거버넌스는 혁신교육지구사업을 구상하고 운영하는 데 협치하는 조직으로서 비교적 잘 운영되고 있다는 점에 당시 토론에 참여했던 전문가들은 대체로 공감하였다.[이혜숙 외, 2017: 성열관 외, 2018]

그러나 지역단위 거버넌스에 비춰 볼 때, 학교단위 거버넌스 운영에

[표 7] 혁신교육지구 평가보고서에 나타난 학교 네트워크(연결망) 관련 내용

순서	지역구	총평 부분 정리(pp. 9~39)
1	A 자치구	• 지구별 민·관·학의 다양한 요구를 모아 반영할 수 있는 학교단위의 상시 소통 창구 필요 • 서울형혁신교육지구에 대한 학교단위 홍보가 부족함. 이념적인 부분은 중앙단위에서 책임지고, 지구에서는 단위 사업에 대한 홍보에 집중하는 홍보체계 구축
2	B 자치구	• 학생의 방과후 마을활동을 지원하는 학교단위 시스템 마련이 요구됨 • 학교단위 홍보가 필요함
3	C 자치구	• 학교와의 SNS 활용에 한계가 있고, 오해와 불통이 문제로 드러남으로써 학교단위 실제적인 연결망 조직이 필요함
4	D 자치구	• 교육지원청 인력 보강 및 학교 지원을 위한 홍보 필요함 • 각 학교의 혁신교육지구 담당 교사 부재로 학교별 프로그램 진행을 위한 협의 주체를 찾기 어려우므로 학교 혁신교육지구사업 담당 교사 지정이 요구됨
5	E 자치구	• 혁신교육지구사업의 실질적 지원을 위한 중간단위 중간조직 및 학교단위 조직이 필요
6	F 자치구	• 혁신교육지구가 자치구뿐 아니라 학교기관의 협력을 체계화할 필요가 있음. 학교단위 협력 또는 협조가 미약함. 이에 대한 교육청의 지원 대책을 강구할 필요가 있음
7	G 자치구	• 혁신교육에 대한 학교와 교사 대상 교육을 서울시교육청 및 교육지원청 단위에서 추진해야 할 필요가 있음 • 혁신 담당 부서와 혁신 관련 업무를 맡을 교사를 학교단위에서 배정할 필요가 있음
8	H 자치구	• 학교에 혁신교육 사업 및 마을교육 담당 교사 지정이 요구됨
9	I 자치구	• 학교에 혁신교육 행정인력 배치 요망 • 학교에 담당자와 지역을 연결하는 체제 구축이 필요함
10	J 자치구	• 학교장 혁신교육 마인드 제공 • 실질적인 협치를 위한 학교에 혁신교육지구사업 전담 인력 배치
11	K 자치구	• 교사의 업무 과중이 방치되는 경향이 있음. 마을-학교 협력체계가 강화될 수 있도록 각 학교에 혁신교육 담당 교사 배치 필요

〈서울형혁신교육지구 중간평가보고서〉(서울특별시·서울특별시교육청, 2018),
287~293쪽 총편 내용을 정리함.

대해서는 아직 갖추어져 있지 않은 학교가 대부분이며 있다 하더라도 전체 교사들의 관심과 참여는 미약하다. 그래서 지역 거버넌스에서 추진하고 있는 각종 사업들이 일부 학교에만 지원되는 안타까운 측면이

있다고 FGI 교사 전문가들은 지적한다. 자치구의 목소리를 담은 〈2017-2018 중간평가보고서〉에서도 학교와의 연결망, 즉 학교와의 네트워크를 문제로 제기하고 있는 실정이다. 앞 장의 [표 7]은 혁신교육지구 운영에서 학교 연결망 필요성에 대해 각 자치구가 평가보고서에 제안했던 내용을 정리한 것이다.

이런 결과는 경기도 혁신교육지구를 연구한 서용선 외2015에서도 같은 지적이 있었고, 본 연구와 관련된 FGI 전문가 인터뷰에서의 지적도 이와 유사하다. 이를 위해 지역단위 거버넌스처럼 축소된 학교단위 거버넌스의 다양한 추진이 요구된다.

4) '학교 거버넌스' 운영 학교 소개

(1) 서울시 관악구의 A중학교

A중학교는 2015년부터 2년 동안 마을결합형 모델 학교로 선정되어 학교단위에서 마을과 함께하는 다양한 프로그램을 맡아 운영한 학교이다. 학교 규모는 학년별 8개 반으로 총 24개 반으로 구성되어 있으며 전교생은 850여 명 정도이다. 서울 관악구에 위치한 학교로 경제적으로 극빈층이 비교적 많은 학교이다. 교사들이 기피하는 학교라는 소문이 있으며, 실제로 교사들이 초빙이나 요청 등 지원해서 오는 경우는 매우 드물다고 한다.

담당 선생님께 마을결합형 모델 학교로 선정된 배경을 들어 보니, 신청할 당시에는 그 개념에 대해 정확하게 잘 몰랐다고 한다. 다만 열악한 학교이기 때문에 예산을 받아 학생들에게 교육적 혜택을 주려는 차원에서 자원에 응했다고 한다. 그런데 막상 마을결합형 모델 학교에 선정되자 난감했다는 것이다. 교육청의 첫 담당자 회의에서 마을결합형학교를 운영하려면 '학교 거버넌스'가 있어야 한다는 얘기를 듣고 그제야 어느 정도 방향을 이해했다고 한다.

그러고 나서 5월 회의 이후 전체 계획을 세우고 2학기가 시작되기 전에 '학교 거버넌스'를 만드는 데 온 힘을 쏟았다고 한다. 그런 이유로 마을을 뒤지다 보니 한 사람씩 눈에 띄더라는 것이다. 우선 관(구청 또는 교육청 등)이 제일 쉬웠다고 한다. 주로 학교 주변 동주민센터를 찾아 다녔는데 의외로 쉽게 동장의 섭외가 이루어졌다고 하였다. 또 마을 사람들과 학교 선생님들의 소개로 복지관센터, 도서관, 마을공부방 등의 담당자들에게 부탁했더니 선뜻 응해 주어 다행히 잘 구성하게 되었다고 한다. 회의는 격월로 1회 정도 진행했고, 1년에 6~7회 정도 했다고 한다. 물론, 학교 행사나 마을 행사가 있는 경우에는 정해진 시기에 상관없이 회의를 열어 자문을 받았다고 한다. 2년 차가 되면서는 교과 내 마을결합 교육과정 운영과 창의적 체험활동으로 마을사랑주간을 한 달 정도 운영하게 될 만큼, 1년 차에 비해 훨씬 내실이 있었다고 한다.

그런데 그 후 담당 교사가 떠나고 학교장이 바뀌어 관심이 소홀해지자, 학교의 '마을과 함께하는 교육'은 시들해지고, '학교 거버넌스'의 역할은 만들기 전 상태로 되돌아간 것 같다고 하였다.

(2) 서울시 동작구의 B중학교

B중학교는 마을과 함께하는 교육에 관심 있는 교사들이 많으며, 마을활동가로서 활동에 참여하는 교사들도 타 학교에 비해 많은 편이다. B중학교는 서울시 동작구에 소재한 학교로 규모는 한 학년이 5~7개 반씩 18개 학급, 전체 학생 수는 650여 명이고, 학생들의 가정환경 수준은 대략 중간 정도이다.

이 학교는 교사들 간 수업에 대한 협의가 매우 많은 편이다. 어떤 아이디어가 생각나면 선생님들이 수업나눔 교실에서 지체 없이 회의를 열었다고 한다. 이렇게 자주 모여서 수업에 대한 회의를 하고 있는 한편, 수업 변화를 위한 교원동아리가 내실 있게 운영되고 있다. 여기서 의견이 모아지면 그때그때 블록타임으로 수업을 운영하는 식으로 신속하게 결정하고 실천에 옮기는, 보기 드문 학교이다.

B중학교에서는 학교 주변 마을의 지리적 특징, 문화적 자원, 마을 주위에 서식하는 식물 등을 주제로 여러 교과가 함께 모여 수업을 운영했고 한 학기에 한두 번은 학생들의 학습 결과를 발표하는 시간도 가졌다. 물론 학생들이 관심 있는 부분을 마을결합형 수업으로 운영하였기 때문에 학생들의 참여 흥미가 높았고, 과제에 대한 수행도 과목별로 달리 제시했기 때문에 수행평가 중복은 없었다고 한다. 각 학교가 마을과 함께 교육과정을 운영하기 위해 필요한 경우 '학교 거버넌스'를 소집해서 협의를 하여 도움을 받았다. 학교 거버넌스가 주기적으로 운영되는 것은 아니지만 필요에 따라 결성되고, 그때마다 그 거버넌스 위원들도 다를 수 있다고 하였다. 특히 민·관·학에서 주로 민·학(마을 주민과 학교) 또는 학·학(본교 교사와 이웃 학교 교사)으로 거버넌스를 구축하여 운영했다고 한다.

한편, 인상적인 것은 방문할 때마다 늘 다른 학생들의 교육활동 흔적들이 담벼락에 걸개그림이나 발표 자료 형식으로 전시되어 있다는 것이었다.

(3) 서울시 구로구의 C중학교

C중학교는 혁신학교로서 수업동아리 모임이 활성화되어 있으며, 교사들이 학교 변화 및 수업 개선에 적극적이다. 또는 학교협동조합을 학부모와 지역 주민들이 중심이 되어 운영하면서 학교 수업에 큰 관심을 갖

고 참여하고 있다. 이에 따라 자연스럽게 학교협동조합을 운영하는 학부모들과 교사들의 교류가 잦은 편이다. 학교는 학년별로 6개 반, 전체 학생 수는 560여 명 정도다.

학교에는 '학교 거버넌스'라는 조직이 공식적으로 존재하며, 한 학기에 1~2회 정도 정기 모임을 하고 있다. 학교에서 수업이나 행사를 할 때는 주로 모임을 통해 어떤 활동을 할 것인지를 정한다고 한다. 그러나 구체적으로 학교 수업을 지원하거나 맡아서 하는 정도는 아니며, 단지 수업을 보조하는 형식을 띠는 정도이다.

학교에서는 마을과 함께하는 교육에 관심을 갖고 있으며, 수업시간에 마을자원을 활용하기 위해 여러 교과 교사들이 참여한다고 하였다. 이때 학생들은 주로 가서 보고, 설명을 듣고, 그에 대한 생각을 그림으로 그리거나 글로 표현해 발표하는 방식으로 수업평가를 받는다고 한다. 이를 열정적으로 이끄는 마을 전문가 선생님 여러 분이 학교 거버넌스와 지역 거버넌스에 참여하며 학교와 마을을 연결시켜 주는 역할을 하고 있었다.

특기할 만한 점은, C중학교는 학급당 다문화 학생 수가 많은 편이다. 학교를 방문했을 때 한 선생님이 귀띔해 주었는데, C중학교의 다문화 학생은 공식적으로 학급당 3~4명 정도지만, 실제로는 부모가 외국인인 학생이 많으며 이들까지 포함하면 한 반에 10명 이상 될 만큼 다문화 학생들이 많다고 한다.

3. 학교 거버넌스 운영 학교의 교사와 학생

교육 거버넌스는 지역 거버넌스와 학교 거버넌스 두 가지 형태로 분류가 가능하다. 지역 거버넌스는 지역의 교육공동체로서 지역교육 또는 마을교육에 중점을 두고 운영되는 조직이다. 반면에 학교 거버넌스는 학교교육 또는 학교교육과정의 내실 있는 운영을 위한 학교단위의 교육공동체 조직이라고 할 수 있다. 물론 학교단위에는 예컨대 학교운영위원회, 학교교육과정위원회, 교과협의회. 학업성적관리위원회, 인사자문위원회 등 많은 교육 관련 조직들이 있다. 이러한 다양한 조직과는 별개로 학교 거버넌스는 학교교육 또는 수업 운영에서 마을과 함께하는 교육을 위해 구성된 조직이다.

서울시의 경우 2019년부터는 모든 자치구가 혁신교육지구사업을 운영하고 있다. 혁신교육지구사업은 말 그대로 교육을 혁신하자는 것이고, 이를 위해 거버넌스 조직을 중심으로 다양한 혁신교육지구사업을 운영하고 있다. 마을교육공동체를 실현하기 위해 운영되는 혁신교육지구사업의 핵심은 마을교육, 마을과 함께하는 교육이 있다. 마을교육은 마을에 학생들을 위해 마을에 교육기관을 마련하고 마을강사들이 다양한 교육 프로그램을 개발하여 운영한다. 한편 마을과 함께하는 교육은 학교에서 마을과 함께하는 교육과정을 계획하고 이를 실천하기 위해 마을을 담은 다양한 수업과 체험활동을 운영하는 것이다. 이를 위해 지원하는 조직이 바로 지역 거버넌스 또는 학교 거버넌스다. 실제로 학교에 이러한 거버넌스를 구성하여 운영한 학교가 있다. 소개한 서울의 학교 세 곳을 대상으로 실시한 설문조사 결과를 간단하게 나타내면 다음과 같다.

[표 8] 학교 거버넌스 구성 학교의 교사 인식 수준

혁신교육지구 공감 수준	사례 수	매우 공감한다	대체로 공감한다	대체로 공감하지 않는다	전혀 공감하지 않는다	잘 모르겠다
학교 거버넌스 구성 학교	59명	12명	27명	15명	2명	3명
	100%	20.3%	45.8%	25.4%	3.4%	5.0%
학교 거버넌스 비구성 학교	65명	7명	14명	22명	11명	11명
	100%	10.7%	21.5%	33.8%	16.9%	16.9%

[표 8]에서 보면 학교 거버넌스 구성 학교는 혁신교육정책 인식 수준이 76.1%로 높은 반면, 비구성 학교는 32.2%로 낮게 나타났다. 이는 교육 거버넌스가 혁신교육에 대한 교사들의 관심과 참여를 이끌어 낼 수 있다고 그 역할의 중요성을 제기했던 서용선[2015] 및 채희태[2018] 연구 결과와 일치한다. 집단 간의 차이가 통계적으로 의미가 있는지를 확인하는 것이 본 연구의 관심이다. 또한 학교 거버넌스 운영은 궁극적으로 학생들의 수업을 내실화하기 위한 것이며, 좋은 교육을 하기 위한 것이다.

혁신교육지구의 수혜자는 학생이다. 본 연구에서는 학교 거버넌스 구성 학교와 비구성 학교 간 학생들의 인식 차이를 비교하였다. 전반적으로 학생들의 혁신교육지구 인식 수준은 [표 9]와 같다.

[표 9] 학교 거버넌스 구성 학교와 비구성 학교의 학생 인식 수준

혁신교육지구 공감 수준	사례 수	매우 공감한다	대체로 공감한다	대체로 공감하지 않는다	전혀 공감하지 않는다	잘 모르겠다
학교 거버넌스 구성 학교	152명	38명	65명	21명	8명	20명
	100%	25%	55.9%	13.8%	5.2%	13.2%
학교 거버넌스 비구성 학교	214명	24명	43명	91명	25명	35명
	100%	12.2%	20%	42.5%	11.7%	16.4%

[표 9]를 보면, 학교 거버넌스 구성 학교와 비구성 학교 간 학생들의 인식의 차이가 있는 것으로 나타났다. 학교 거버넌스 구성 학교의 경우, 전체 중 80.9%가 긍정적으로 인식하였다. 반면에 학교 거버넌스 비구성 학교의 경우는 32.2%만 긍정적으로 인식함으로써 두 배 정도 긍정적 인식의 차이가 났다. 그러나 '잘 모르겠다'고 응답한 학생의 비율은 교사들의 비율과 달리 13.2%와 16.4% 정도로 크게 차이 나지 않았다. 본 연구에서 관심은 이처럼 학교 거버넌스 운영 학교가 그렇지 않은 학교에 비해 혁신교육에 대한 공감 인식이 학생들조차 비교적 높은데도 왜 일

반적인 학교에서 학교 거버넌스와 같은 조직이 운영되지 않는가 하는 부분이다. 이를 위해 당시 학교 거버넌스 운영 학교 담당 교사 및 전문 가와의 면담을 진행하였으며 그 결과는 다음과 같다.

4. 혁신교육지구 교사 전문가 집단 면담

본 연구에서 심층 분석을 위해 혁신교육지구 교사 전문가 집단 면담 Focus Group Interview : FGI을 하였다. 이들의 구성은 [표 10]과 같다.

[표 10] FGI 전문가 집단 구성

구분	이름	소속	활동 내용	사업 참여 경력(년, 월)
서울의 한 자치구에 속한 혁신교육지구 FGI 전문가 집단 구성				
A	민○○	○○초등학교	초등학교 혁신교육지구 실무추진단	6.8
B	박○○	관○중학교	중학교 혁신학교 혁신교육부장	4.6
C	박○○	난○중학교	중학교 마을결합형학교 운영	3.8
D	윤○○	상○중학교	중학교 혁신교육지구 실무추진단	6.8
E	이○○	영○○중학교	중학교 혁신교육지구 실무추진단	4.0
F	유○○	남○중학교	중학교 혁신학교 혁신교육부장	4.6
G	김○○	관○○	마을교육 전문가	5.0

1) 학교 거버넌스 구성과 운영

마을과 함께하는 교육과 교육과정 및 수업의 재구성을 위한 학교 거 버넌스 구성과 운영에 대한 교사 전문가 집단 면담 부분이다.

(1) 학교 거버넌스 조직 구성의 필요성

먼저 지역 민·관·학 거버넌스가 현재 22개 자치구를 중심으로 운영 되고 있고, 여기서 제공하는 다양한 마을교육자원에 대한 학교교사들의 인식과 학교 거버넌스 필요성에 대해 FGI 교사 전문가들이 느끼는 학교 분위기를 소개하면 다음과 같다.

"거버넌스가 필요한 건 사실입니다. 그런데 그런 걸 의식적으로 만들고 만들었다고 보고를 요구하고 주기적으로 날짜를 정해 회의를 열고 그걸 기록하고 보고하는 게 부담이 됩니다. 사실 수업이 우선이지, 거버넌스를 만드는 게 중요하지는 않거든요. 수업을 잘하려는 차원에서 거버넌스를 하는 거지요. 또 마을 관련 교육 사업에 교육청이나 구청의 보고를 요구하는 게 바로 학교를 못 믿는 거잖아요. 올바르게 가르치려는 의도가 머리에 있고 그걸 풀어내는 게 수업인데, 이를 적고 정리하고 회의하고 설명하고 이해시키고 하는 것들이 그렇게 중요하지 않은 것으로 생각되거든요. 또 프로그램을 운영하고 결과 보고를 하고 우수사례를 내도록 하는 것도 저는 별로 보기 좋지 않아요. 그냥 그게 필요해서 하는 겁니다. 정해진 틀로서의 거버넌스가 아니라, 뜻만 맞으면 방법은 다양한 방식의 거버넌스가 좋을 거라고 생각합니다." - B교사, 중학교 혁신학교 학교교육부장

"앎과 삶을 결합시킬 수 있어야 되고, 그래서 아이들을 키우려면 마을이 필수적이라는 공감대가 교사들 사이에 있어야 된다는 거죠. 그다음에 교육과정이거든요. 교육과정을 통하지 않은 다양한 사업들은 다 이벤트로 흘러가요. 지나가 버려요. (중략) 뭐 사업을 많이 나열하는 게 중요한 게 아니고 교육과정을 만드는데 협력하는 구조, 즉 학교 거버넌스를 작동하게 만들어 줘야 한다고 생각해요. 그거를 사회적 합의로 좀 더 구체화해

나가는 그런 과정을 밟아 나갔으면 좋겠는데, 전적으로 학교가 공교육혁신을 위해서 필요한 교육과정을 운영하는 데 필요한 다양한 생태계라든지, 협력 관계라든지, 이런 것들을 조성하고 만드는 과정을 지원할 수 있으면 그게 가장 중요한 거버넌스가 되지 않을까 싶어요." _D교사, 중학교 혁신교육지구 실무추진단

학교 거버넌스 구성과 운영의 과제에 대해 FGI 교사 전문가들 간에는 생각의 차이가 있었다. B교사 전문가는 교육을 진행하면서 그때그때 필요하면 조직해서 운영하는 방식의 학교 거버넌스, 그리고 교육을 정상적으로 운영하는 데는 우선적으로 학교 거버넌스가 조직되는 것이 필요하다고 보는 관점이다. 즉 B교사는 형식적인 거버넌스에 대한 부담보다는 수업의 변화와 개선에 더 중점을 두는 입장인 반면, D교사는 거버넌스를 통해 교육과정 변화의 동력을 만들고 이를 중심으로 교육과정 정상화가 이루어지면 결국 수업의 개선은 저절로 따라오게 된다는 입장이다. 두 교사 모두 마을과 함께하는 교육, 다양한 교육과정 운영, 수업의 개선을 중요하게 여기는 건 사실이나 접근 방법에서 약간 차이가 있었다. 그럼에도 앞으로 학교가 마을과 함께 이루어지는 교육을 하려면 거버넌스의 역할과 기능이 매우 중요하다는 점은 분명히 인식하고 있다.

(2) 학교 거버넌스 운영

다음은 학교 거버넌스 운영에 대한 내용이다. 현재 학교단위와 마을단위의 사업 연결을 어떻게 하고 있는지, 학교 거버넌스와 같은 협의체가 학교에 구성됨으로써 학교에서 발생하는 문제나 어려움은 무엇인지, 이를 어떻게 극복하거나 해결하고 있는지에 대해 FGI 전문가들의 의견

을 정리하였다.

"내용은 전반적으로 공감하지만 학교 거버넌스를 구성하는 데는 인식이 좀 안 되어 있어서 어려워요. 특히 그게 정책이다 보니까 하향식으로 내려오는 것 같고, 꼭 구성해야 하는 것처럼 하면 교사들은 도망갑니다. (중략) 학교는 업무에 예민해요. 그래서 총론에는 동의하는데 그다음 각론에서는 어떻게 누가 할 것인지에 대해… (중략) 무엇보다 중요한 것은 학교 거버넌스가 구성되기 전에 충분히 학교교사들 간에 신뢰를 얻는 것이 필요하다고 생각합니다. 그래서 처음에는 어쩔 수 없는 혁신의 마인드가 있는, 좀 활동적인 그런 선생님들 중심으로 가는 것도 나쁘지 않다고 생각합니다."

_A교사, 초등학교 혁신교육지구 실무추진단

"앞의 선생님 말씀에 일부 공감하는데요. 실제로 학교 거버넌스는 쉽지 않습니다. 제가 아는 학교는 학교 거버넌스와 같은 조직이 공식적으로는 없지만 필요할 때 우리 같은 마을활동가들과 함께 의논하거든요. 우선 학교에서는 대부분 부모들이 그렇듯이 마을과 함께 교육과정을 짜고 수업을 협동식이나 토론식으로 해야 한다고 하면 별로 달가워하지 않아요. 번거롭거든요. 그래서 학교에서는 마을의 '마' 자도 꺼내기 어려워요. 수업 얘기를 하는 대신, 앞에서도 얘기한 대로 학교 거버넌스와 비슷한 활동에 가급적 많은 선생님들을 모셔요. 회의를 할 때마다 마을교육이 왜 필요하고, 마을교육과정이 왜 필요하며, 아이들의 교육과정에서 삶과 연결된 교육이 왜 중요한지 그런 부분에 대해 교사들의 공감대를 얻으려고 노력합니다. 그리고 마을활동가들이 학교 거버넌스에 참여하면 그분들이 학교 홍보에도 한몫합니다.”_G 관○○, 마을교육 전문가

FGI 전문가의 의견을 정리하면, 마을과 함께하는 교육이 되기 위해서는 부담을 주는 공식적인 학교 거버넌스 조직의 출범 이후보다는 학교 거버넌스와 유사한 활동, 즉 마을활동가와 자주 접촉하는 과정이 필요하다고 하였다. 또 학교 거버넌스가 조직된 경우에는 가급적 해당 교사들과의 잦은 만남과 협의회를 통해 공감대를 넓히는 것도 한 방법이라고 할 수 있다. FGI 마을교육 전문가도 학교교사들과의 잦은 접촉으로 마을과 함께하는 교육의 필요성을 공감한 이후에야 비로소 함께 의논이 가능하다고 보았다. 특히 무리하게 학교 거버넌스를 조직하거나 운영했을 때, 또 무리하게 추진했을 때, 학교교사들의 반발이 생길 수 있다는 것도 지적해야 할 부분이다.

2) 학교 거버넌스 이행과 실천
다음은 학교 거버넌스의 구성 학교와 비구성 학교의 차이와 운영하는 과정에서 발생하는 어려움에 대해 FGI 전문가들의 의견을 들었다.

(1) 학교 거버넌스 구성과 운영
혁신교육지구를 학교현장에 반영하려면 이를 이행하기 위한 학교 거버넌스 구성과 운영이 이루어져야 하는데, FGI 전문가들에게 이러한 공식적인 조직 구성에 대한 학교의 분위기를 들었다.

“학교에서 거버넌스를 운영하는 데는 학교 자체적으로 특정

교사의 자발적인 관심과 조직도 중요하지만, 실제로 그렇게 되기가 어려워요. 그래서 이를 뒷받침해 주는 안정적인 교육청의 지원체계가 필요하다고 생각합니다. 학교의 지원은 주로 교육청이 하게 되는데, 장학사분들의 목표가… (중략) 들어오면 업무 맡을 때는 물론 열심히 하지만, 결국은 떠나잖아요. 뭐 1년 있다가 다른 데로 옮기고 심지어는 6개월 만에 떠나기도 하거든요. 이럴 경우 학교 거버넌스의 지원은 다시 불안해질 수밖에 없어요. 그렇기 때문에 학교가 교육청을 바라보고 일을 추진하기는 어려워요. 특히 사업은 주로 새 학기가 시작되는 3월부터 바로 들어가는데(혁신교육 관련 마을과 함께하는 교육을 의미함) 교육청에 새로운 분들이 들어오면 그분들이 사업을 알기까지 시간이 좀 걸립니다."_F교사, 중학교 혁신학교 혁신교육부장

"저는 학교에 조직이 너무 많은 것도 문제라고 생각합니다. 실제로 학교교육에 얼마나 도움이 되는지 알기 어려운 게 많잖아요. 형식적인 것들도 많고요. 사실 무슨 위원회라는 게 그렇게 많잖아요. 게다가 그게 다 면피용이잖아요. (웃음) 저는 진짜 필요한 것들로 통합되었으면 좋겠어요. 사실 무엇보다 중요한 조직이 교사로서는 '학교교육과정위원회'라고 생각하거든요. 그런데 그 위원회는 일 년에 몇 번 하나요? 우리는 한두 번 정도 합니다. 특히 12월쯤에 하는데, 그때는 개최 이유가 교사 수급과 교과당 수업시간 배정 때문에 하거든요. 또 회의에서는 말씀들을 잘 안 합니다. 싫은 소리는 안 하고 자신들의 수업에 피해 보기는 싫고 뭐 그런 거죠. 저는 오히려 학교 거버넌스와 같은 이런 조직들이 활성화되었으면 좋겠어요. 교육과

정 재구성을 필요할 때마다 하는 거잖아요. 이런 개념을 교사들은 잘 모릅니다. 그게 안타깝습니다."

_C교사, 중학교 마을결합형학교 운영

FGI 전문가들은 학교 거버넌스 구축, 운영에 교육청의 역할이 중요하다고 보았다. 말하자면 학교 거버넌스와 같은 조직이 필요한 이유와 운영 방법에 대해 학교 자체의 분위기가 형성되는 건 처음부터 쉽지 않다는 것이다. 그래서 교육청이 다양한 형태로 교사들의 마음을 열도록 해주어야 한다는 것이다. 또 다양한 조직들이 학교 안에 있지만 형식적으로만 조직된 것이 많다는 사실도 지적하였다. 따라서 학교에서 실제로 가동되는 교육과정 재구성과 수업 개선에 관련된, 꼭 필요한 조직으로 재편해야 한다는 점도 밝히고 있다. 특히 좋은 교육과정을 만들어 운영하려면 교육과정위원회를 지원하거나 통합한 학교조직으로 학교 거버넌스를 생각하는 것도 필요할 수 있다.

"그렇죠. 학교교사 입장에서 마을에 있는 것은 아는데 연락하기도 그렇고. 그러다 보니까 좀 어려워집니다. 어떤 마을교육기관 또는 어떤 행정기관에 연락해야 하는지에 대한 물리적 네트워크도 중요하지만, 그런 것을 관장하는 인적 네트워크 구성이 먼저 필요하거든요. 관리하는 사람이 좀 있어서, 그것을 관리해 주면서 학교에 맞춤형으로 필요한 것을 지원해 주는, 그런 게 필요하거든요. 그래야 교사들의 부담이 줄어요. 또 학교가 더 절실할 수 있다는 측면에서, 지역에 이미 지역 민·관·학 거버넌스가 있지만 학교도 이와 유사한 학교 거버넌스가 필요한 건 사실입니다. 학교에서 이런 조직이 지역의 마을학교, 마

을교육기관, 마을교사분과 조직과 연결이 되어 있다면, 좀 더
쉽게 마을과 함께하는 앎과 삶이 연결되는 수업이 될 수 있다
고 봅니다." _D교사, 중학교 혁신교육지구 실무추진단

특히, FGI 전문가 대부분이 마을자원을 학교에 연결해 줄 연결망(네
트워크)이 필요하다는 점에 대해서 대체로 동의하는 것으로 보인다. 마
을의 교육센터, 교육 프로그램을 홍보하려면 학교단위에서 교사들이 적
극적으로 나서야 하는데, 학교의 연결망이 느슨하고 이를 연결시켜 줄
교육청이나 구청단위의 지원 연결망(네트워크)이 부재하여 교사들이 잘
움직이지 않는다는 점도 지원의 한계로 지적하고 있다. 이는 학교를 조
직하고 모아 주는, 또 배분해 주고 공급하는 거점으로서 학교 내 연결망
또는 지원센터가 부재함을 한계로 지적하는 것으로 보인다. 이는 혁신
관련 사업 지원을 할 때 자치구와 서울시교육청이 역할을 분담해야 하
며, 학교와 지역 거버넌스를 연결하는 거점체제도 필요함을 암시하는 대
목이다.

(2) 학교 거버넌스의 역할과 문제

혁신교육지구에서 학교 거버넌스는 결국 학교와 교사 입장에서는 수
업의 변화를 추구하는 것이고, 학교교사가 중심이 되어 마을과 함께하
는 교육을 추진하는 것이다. 이번에는 학교단위에서 거버넌스의 역할과
운영의 어려움은 무엇인지, FGI 전문가의 의견을 들었다.

"우리 마을에 대해서 좀 알고 또 거기에 대해서 관심을 가지
고, 그것을 수업시간에 가르치고 하는 게 아니라, 아이들의 마
을에 대한 관심과 사랑… 뭐랄까 자부심, 이런 게 바탕이 되어

야 하지 않을까 싶어요. 학교 수업과 마을을 연결하기 위한 사업이 아니라 마을에 대한 애정과 사랑이 전제되어야 한다고 봅니다. 우리 학교는 공식적인 학교 거버넌스 조직은 없습니다. 그러나 그와 유사한 활동이 학교에 있거든요. 하여튼 다양한 형태로 스스로 마을에 대해서 탐구할 수 있게, 이런 것을 학교 교육과정 내에 끌어들이려면 학교 거버넌스에 참여하는 교사들이 그 역할을 잘해야 할 것으로 봅니다.

_B교사, 중학교 혁신학교 혁신교육부장

"우리 학교에 학교 거버넌스 비슷한 조직을 직접 주관하는 선생님이 계신데요. 그분은 너무 바빠요. 내가 보기에는 열정이 넘쳐 이것저것 모두를 하는데, 다른 선생님들은 혁신교육에 참여하는 이 교사가 수업에, 또 학생들에 너무 소홀한 것 같다는 얘기도 합니다. 그런데 냉정하게 일반론의 입장에서 볼 때, 보통의 교사라면 그런 일(학교 거버넌스를 맡는 일)을 하는 교사의 경우, 학생 얼굴 바라볼 틈도 없이… 그래서 도대체 교사가 뭘 위해서 교사를 하고 있는 건지… 아이들이 선생님 만나러 왔는데 선생님은 바빠서 이야기할 틈도 없고. 이런 조직 때문에… 학교 거버넌스가 선생님의 열정만을 담보로 해야 하는 업무라면, 조직이 되었더라도 여러 선생님들께 공감대를 얻기 힘들고, 지속되기 어렵거든요."

_E교사, 중학교 혁신교육지구 실무추진단

FGI 교사 전문가들은 이처럼 혁신교육지구 관련 일을 하는 교사들이나 학교 거버넌스를 조직, 운영한다면서 정작 아이들과 함께하는 시간이 부족해지는 것, 그래서 정작 가르치는 본연의 업무에 또 지도해야 할 아이들에게 소홀하다는 점을 지적하였다. 혁신교육에 대한 신념 때문에 적극적으로 참여하는 교사들이 교육과 수업에 집중하는 것이 부족해질 수도 있다는 것이다. 또 학교 거버넌스 조직과 운영과정에서 열정적인 만큼 쉽게 지칠 수 있는 것도 어려움으로 지적하였다. 그런 점에서 정책 담당자는 교사들의 열정만을 담보로 계속 이 사업을 이끌어 갈지, 아니면 과중한 업무를 일정 정도 해소하거나 역할 분담을 해서 운영할지를 고민해야 할 것이다.

5. 학교 거버넌스 조직과 운영에 대한 연구와 담론이 이어지기를

이 장에서는 학교 거버넌스에 집중하여 살펴보았다. 지금까지 논의의 결과를 정리하면 다음과 같다. 설문조사의 결과를 보면 교사들의 경우, 학교 거버넌스 구성 학교가 비구성 학교에 비해 혁신교육지구 정책에 대해 좀 더 긍정적인 입장에 있었다. 또한 학생의 경우도 학교 거버넌스 구성 학교가 혁신교육지구 정책 공감이 높게 나타났다.

이러한 설문 결과에 대해 FGI 전문가들의 의견을 덧붙이면 다음과 같다. 혁신교육지구에서 추진하는 수업 변화는 교사들의 인식 전환 이후에야 가능하며, 인식 전환의 방법으로는 학교 거버넌스를 구성하여 회의를 자주 하고 이를 통해 공감대를 넓히는 것도 한 방법이라고 보았다. 특히 혁신교육지구사업을 무리하게 추진하는 것보다 회의에 자주 참여시키는 것이 이념의 공감대를 넓히는 데 효과적임을 언급하였다. 또한 학교 거버넌스를 맡은 교사의 업무 부담도 문제로 여겼다. 그런 점에서 정책 담당자는 교사들의 열정만을 담보로 계속 이 사업을 이끌어 갈지, 아니면 과중한 업무를 일정 정도 해소하거나 역할 분담을 해서 운영할지를 고민해야 할 것이다.

한편, 학교 거버넌스는 학교의 형편에 따라 꼭 민·관·학이 아닐 수도 있다. 예컨대 민·학(마을 주민과 학교), 학·학(학교와 학교), 관·학(주민센터와 학교), 민·관·학(주민센터, 마을 주민, 도서관, 복지관 학교 등) 등 다양하게 구성, 운영할 수 있어야 한다. 실제로 학교 거버넌스를 조직, 운영하는 학교는 그 자체가 학교교육정책 참여를 동반했기 때문에 좋은 효과로 이어졌다고 볼 수 있고, 이런 효과는 정보에 적극적이지 못한 경력이 많은 교사에게 유리하였다. 결국 혁신교육지구의 각종 교육 사업은 학교 거버넌스와 같은 조직이 구성되었을 때 유리하다. 그러므로 학교단위에서 거버넌스와 같은 조직이 필요하고, 이를 통해 수업 변화 등의 혁신교육을 더 안정적으로 추진할 수 있다. 이는 학생들의 학습 성장에 발판이 되는 자기효능감을 갖도록 하는 데도 효과적이다. 따라서 앞으로 학교 거버넌스 조직과 운영에 대한 좀 더 정교한 후속적인 연구와 담론이 이어지기를 기대한다.

참고 문헌

- 권성연(2010).「학교급과 교사경력에 따른 좋은 수업에 대한 중요도 실행수준 인식차이」.『열린교육연구』제18권 제4호, 37-62.
- 김용련(2015).「지역사회 기반 교육공동체 구축원리에 대한 탐색적 접근: 복잡성 과학, 사회적 자본, 교육 거버넌스 원리 적용을 중심으로」.『교육행정학연구』33(2).
- 배종현 외(2016).「혁신학교와 일반 학교의 학업성취도 비교 분석: 경기도 중학교의 국어와 영어교과를 중심으로」. 충남대학교 교육연구소.『교육연구논총』제37권 제1호, 27-56.
- 배종현(2017). 〈경기도 교육청의 학신학교 운영이 중학생의 학업성취도에 미치는 영향〉. 아주대학교 대학원 박사학위논문
- 서용선 외(2015). 〈마을교육공동체 개념정립과 정책방향 수립 연구〉. 경기도교육연구원.
- 서울시·서울특별시교육청(2017). 〈2015~2016 서울형혁신교육지구 중간평가보고서〉. 서울특별시교육연구정보원.
- 서울시·서울특별시교육청(2019). 〈2017~2018 서울형혁신교육지구 중간평가보고서〉. 서울특별시교육연구정보원(미간행).
- 서창국(2017). 〈중등 사회과 교사의 경력에 따른 교육정책 및 수업인식 차이 비교〉. 한국교원대학교 대학원 석사학위논문.
- 성열관 외(2016). 〈서울형혁신교육지구 중장기 발전 방안 연구: 2016 위탁연구과제보고서〉. 서울특별시교육연구정보원.
- 성열관 외(2017). 〈서울교육정책 5대 전략과제 평가 연구: 2017 위탁연구보고서〉. 서울특별시교육연구정보원.
- 신현석(2010).「교육 거버넌스 갈등의 쟁점과 과제」.『교육행정학연구』제28권 제4호, 351-380.
- 신현석 외(2014).「혁신학교의 협력적 거버넌스 형성과정 연구: 서울시교육청 사례를 중심으로」. 고려대학교 교육문제연구소.『교육문제연구』제51권, 49-53.
- 안기성(1997).「교육에서의 거버넌스(governance)의 문제와 그의 장래」.『교육정치학연구』제4권 제1호, 1-20.
- 양병찬(2018).「한국 마을교육공동체 운동과 정책의 상호작용: 학교와 지역의 관

계 재구축」.『마을교육공동체 춘계 학술대회 자료집』, 257-280.
- 유은지(2016). 〈학생의 학업성취도 및 학교만족도에 대한 혁신학교 성과 분석〉. 고려대학교 대학원 석사학위논문.
- 이용운(2008). 「서술형형성평가 과제 부과 차이에 따른 효과 검증」. 이화여자대학교 교과교육연구소.『교과교육학연구』 제12권 2호.
- 이혁규(2015).『한국의 교육 생태계』. 교육공동체 벗.
- 이혜숙·이영주(2017).『서울형혁신교육지구사업 운영 실태와 개선 과제』. 서울연구소.
- 조남근(1991). 〈학교조직구조·교사의 학생지도 행동·학생의 성취의 관계〉. 고려대학교 대학원 박사학위논문.
- 좌동훈(2015). 「서울형혁신교육지구사업 운영 실태와 확대 방안 연구」.『한국청소년정책연구원』(세종) 통권 제6호, 1-20.
- 주삼환(2007). 「한국 중앙행정부의 교육 거버넌스」.『학교경영』 제20권 7호, 14-21.
- 주영주 외(2014). 「고교생의 자기효능감, 학교소속감, 부모지원, 학교만족도, 학업성취도의 구조적관계와 잠재 평균 분석」. 서울대교육연구소.『아시아교육연구』 제15권 제3호, 223-245.
- 체희태(2018). 〈교육 거버넌스를 둘러싼 갈등 사례 연구: 서울형혁신교육지구를 중심으로〉. 서강대학교 공공정책대학원 석사학위논문.
- 최창의 외(2016). 〈혁신교육지구사업 비교분석을 통한 협력적 교육 거버넌스 발전 방안 연구〉. 경기도교육연구원.

제6장

마을과 함께하는 학교교육과정

이용운

1. 마을과 함께하는 교육, 미래교육

벌써 교직생활이 삼십 년 가까이 되었다. 부끄러운 얘기지만 사오 년 전까지만 해도 가르치는 일에 대해, 구체적으로 내가 교실에서 어떤 가치와 철학을 가지고 무엇의 지향으로 가르치는지 생각해 본 일(반성적 고찰)도, 고민한 적(비판적 성찰)도 별로 없었다. 젊은 시절의 나는 수업 시간에 교과서를 들고 들어가면 마치 무대에 공연하러 온 사람처럼 수업했고, 나오면 애들하고 놀(?) 궁리에 가끔 윗사람 눈치 보느라 업무에 매달리는 척했다. 기본적으로 젊은 시절에는 업무에 대해서 부정적인 생각이 있었고, 지시와 복종으로 일관된 일처리가 그런 생각을 갖게 했다. 또 지시하는 위치에 있는 이의 철학 부재와 의미부여에 대한 낮은 인식, 승진에 몰두하는 모습에 거부감을 갖고 있었던 입장이었기에 더욱 그랬다.

내가 이제 그들의 나이가 되었다. 나는 그들처럼 되지 않으리라 생각했지만 역시 그들의 전철을 따라가는 듯했다. 또 부장을 달면서 잘 가르치기 위한 고민보다 행정업무에 대한 생각을 더 많이 한 것 같다. 자기모순이자 본말의 전도이다. 나의 일상은 뚜렷한 가치와 철학 없이 매일 쏟아지듯 내려오는 업무를 처리하며 시간을 보내다가 집으로 향하는 업무 행위의 반복이었다. 이런 생활은 교사라면 누구나 다 그러려니 했다. 그런데 실제로 소신과 철학을 분명히 세우고 교사로서 가야 할 길을 묵묵히 걷는 교사도 제법 많다. 아무튼 나의 젊은 시절의 열정이 되살아난 건 혁신교육지구에 관련하여 '마을과 함께하는 교육'에 관심을 가지면서부터다. 이 사업은 나에게 교사의 행위에 대한 의미를 부여해 주었다.

수업만이 아니라 교사로서 학교생활이 나에게 어떤 의미가 있는지, 내가 왜 이 부분에 열정을 쏟아야 하는지 등 자신에게 향하는 질문에 답을 하지 못하면 어떤 일도 즐겁게 몰입할 수 없다. 사람의 자발성과 열정은 자기설득을 끝냈을 때 시작된다. 2015년 우연히 '마을과 함께하는 교육'에 관한 일을 하게 되었다. 당시 내가 근무하는 학교는 지역에서 경제적으로 열악하다고 소문난 학교였다. 그래서 학생들에게 유익한 교육적 혜택을 줄 수 있는 일에 학교에 근무하는 모든 교사가 전심전력하는 형편이었다.

그 가운데 하나가 교육청에서 추진하던 '마을결합형학교'에 선정된 것이다. 내가 그 교육 사업(마을결합형학교)에 개입하게 된 건 처음부터 순수한 생각(?)은 아니었다고 본다. 사실 그 교육 사업이 무엇인지 모르나 걸려 있는 재정 지원(천만 원)을 받으면 어찌 됐든 학생들에게 교육적 혜택이 돌아갈 것이라는 생각이 있었다. 그래서 시작된 교육 사업을 두 해 동안 직접 주관하여 운영하였다. 즉 계획서 제출부터 프로그램 구성과 운영까지 모두 총괄하는 한 사람이 있어야 했고 그게 바로 본인이었다. 처음에 계획서를 제출할 때는 선정이 안 되기를 바라는 마음도 있었다. 왜냐하면 사업에 선정되는 순간 업무가 늘어날 것이 뻔하기 때문이었다.

제출한 지 한 달 후에 본교가 선정되었다는 공문을 받고 난 뒤부터는 팔을 걷어붙이고 일을 추진할 수밖에 없었다. 교사들의 특성 가운데 하나는 안 하면 모를까 하게 되면 누구나 똑소리 나게 잘해 내려는 욕심이 있다. 본인도 마찬가지였다. 이 년 동안 혁신교육지구의 한 분야로서 '마을과 함께하는 교육'을 실천하면서 느낀 점은, 혁신교육은 미래교육의 지향이라는 것이었다. 단지 일시적으로 학교에 들어왔다가 사라지는 교육정책이 아니라는 생각이 들었다. 그런 면에서 기존의 교육정책과 다르다고 생각했고, 그런 생각으로 업무에 열의를 갖게 되었다.

마을은 학생들이 자라온 환경이다. 만약 책(교과서)이 표준화된 논리 정연한 원리와 개념들의 집합이라면, 마을은 학생들 삶의 특별한 경험들이 녹아 있는 맥락들의 집합이라고 여겨진다. 듀이는 『경험과 교육』에서 책(교과서)은 하나의 표준일 뿐 아이들의 맥락이 들어 있지 않기 때문에 아이들이 관심과 흥미를 갖기 어렵다고 하면서 '심리적 교과 psychological material'의 필요성을 주장하였다. 즉 교과를 학생들이 관심과 흥미를 가질 수 있는 교과로 재구성하기 위해서는 아이들의 경험들이 녹아 있는 마을의 맥락을 담은 심리적 교과를 제공하면 교육(수업)은 훨씬 살아 있는, 의미 있는 교육이 될 것이라고 본다. 그런 면에서 볼 때 마을은 매우 중요한 교육적 자원이다. 그래서 '마을과 함께하는 학교교육과정'은 학교 담벼락을 넘어 마을로 가는 교육, 즉 '마을과 함께하는 교육'이며, 학교교육을 실제적으로 구현하는 중요한 의미를 갖는다.

이를 누군가가 멋지게(?) 구분하였다. '마을과 함께하는 교육'의 세 가지 지향은 첫째, 마을을 아는 '마을에 관한 교육', 둘째, 마을과 교류하는 '마을을 통한 교육', 셋째, 마을에 기여하면서 보람을 얻는 '마을을 위한 교육'이다. 이런 교육을 통해 학생들은 자신의 맥락적 가치를 이해하고 자기정체감 형성의 원동력을 얻는다고 할 수 있다. 아무튼 지금까지의 교육과 앞으로의 교육, 즉 학교교육으로서 과거의 교육과 미래교육의 구분은 학교 담벼락을 넘느냐 그렇지 않느냐에 달렸다고 본다.

2. 마을과 함께하는 학교교육과정 운영의 필요성

나는 아이들이 자신의 정체성을 찾아가는 것, 또는 정체성을 찾도록 도와주는 일을 학교 또는 교육에서 교사들이 해야 할 중요한 과제로 여긴다. 그래서 정체성에 큰 관심을 가지고 있다. 그렇게 생각하다 보니 그와 관련이 있는 학교의 특성, 또는 학교의 정체성도 중요하다고 본다. 왜냐하면 학교의 정체성은 학생 개인의 정체성이 형성되는 데 영향을 주는 연결고리라고 보기 때문이다. 학생들은 학령기 동안 학교에서 제공하는 공식적 교육으로 교육과정과 수업 및 평가를 받게 된다. 또한 이러한 다양한 교육활동을 행하는 과정에서 잠재적 교육으로 교사의 다양한 가치지향 행동, 학생을 대하는 방식과 태도, 학생이 나고 자란 마을의 특성과 맥락을 반영하려는 의지, 의식과 의도, 열정과 열망, 균형과 공평성 등 다양한 교육활동의 경험을 통해 성장해 간다. 그리고 이로써 학생들은 인격적 자아, 즉 개인 정체성이 형성된다. 그렇기 때문에 학교생활, 즉 학교가 아이들에게는 매우 중요한 대상이다.

학교는 지역과 마을이 구성하는 공동체(교원, 학생, 학부모, 지역사회 등)에 의해 구성된 공간이다. 따라서 원론적으로 학교 정체성은 이들 지역과 마을의 요소와 특성이 반영된 것을 의미한다. 학교에서 운영되는 교육과정은 국가가 법으로 정해 준(법제화된) 수업시수로서 교육과정과 학교의 다양한 특성이 프로그램으로 녹아들어 만들어진(창체를 포함한 학교에서 개발한 다양한 프로그램) 학교교육과정의 결합이다. 학교의 정체성은 학교가 재구성한 학교교육과정이 있기 때문에 자리 잡을 수 있으며, 이것은 학교마다 다르고 또 다를 수 있다. 그것이 바로 다른 학교와 다른 '우리 학교'라는 의식을 갖게 만들어 준다. 학교마다 법제화된 수업시수에 의해 운영되는 국가수준의 교육과정 즉 교과수업은 대부분 비슷하겠지만, 지역의 특성과 학생들의 정체성에서 비롯된 요구가 반영된 학교교육과정은 학교에 따라 다를 수밖에 없기 때문에 학생들은 학교를 통해 개인의 정체성을 살리는 교육을 받을 수 있다. 이것이 바로 학생들의 자기정체성self-identity을 찾는 데 도움이 된다. 그렇기 때문에 학교교육과정을 잘 만들어 운영하려면, 학교 울타리 바깥에 관심을 가져야 한다. 즉 학교 주변의 마을이 곧 학교의 정체성을 만드는 기반이자 토대여야 한다.

요즘 '교육혁신'이라는 단어가 사람들 입에 자주 오르내린다. 이 개념의 방향성을 두고 다양한 해석이 있지만 교육혁신의 큰 줄기는 지역과 학교의 상호 열림을 지향한다.서울교육, 2015[1] 즉 학교는 지역사회를 위해, 지역사회는 학교를 향해 활짝 열리는 상호 열림으로 학교와 지역사회 사이를 가로막는 높은 담장을 허무는 일이 혁신을 위한 단초이다. 이런 개념을 학교 입장에서 외면할 수 없는 이유는, 학교의 역량과 자원만으로는 안 되는 교육 요구가 계속 늘어나고 있기 때문이다. 특히 자유학기제가 전면 실시되면서 학교 밖 체험학습이 강조되고 있고, 학교교육이 학생들에게 길러 주어야 할 핵심역량으로, 흔히 창의적 혁신능력, 문제적 사고능력, 의사소통적 협동능력 등이 제시된다.

학교교육은 이제 닫힌 교실의 책상에 앉아 교과서와 교사용 참고서를

---

1. 서울특별시교육연구정보원(2015), 『서울교육』 220호, p. 7.

가지고 선생님의 강의에 귀 기울여 지식을 계승 축적하여 답을 맞히는 방식이 아니라, 문제를 발견하고 탐구하여 새로운 의문과 호기심에서 비롯된 질문을 만들어 협동적으로 해결책을 찾아내는 능력이 필요한 것이다. 이를 위해 학교는 학교 울타리 밖 마을에 눈을 돌리지 않으면 안 된다. 이러한 핵심역량들은 교실에서의 기초 교육을 기반으로 학생들이 자유롭게 자신의 관심사에 따라 학교와 지역사회를 넘나들며 다양한 공간에서 다양한 사람과 다양한 체험을 쌓아 갈 때 더 잘 길러 낼 수 있다.

2013년 혁신교육지구 시범사업(금천, 구로구 지정)에 대하여 서울시와 서울시교육청이 「상생과 협력의 글로벌 교육혁신 도시 서울」이라는 공동 비전을 선언^{2014. 11}하였다. 그리고 2015년부터 본격적으로 서울형혁신교육지구가 시행되었다.^{성열관 외, 2017} 이후 현재 5년째 혁신교육 정책을 추진하고 있다. 서울형혁신교육지구 정책 사업은 비전에 담겨 있는 의미처럼 교육과 수업은 마치 성벽과도 같은 울타리 속에 학교를 고립시켜서는 안 된다는 것이며, 또 학생의 교육은 교사만의 의무와 책임이 아니며, 전유물도 아니라는 의식이다. 아이들은 학교뿐 아니라 지역 또는 마을이 함께 키워야 한다는 것이다. 이는 아이들과 청소년의 온전한 성장을 위해 학교와 마을, 교육청과 자치단체가 협력하여 교육공동생태계를 만드는 것을 목표로 한다는 의미이다.^{서울시교육청, 2016}

즉 학교교육과정에 학생들 삶의 기반인 마을의 맥락을 담음으로써 생동감 있는 교육을 추구하고, 학습의 주체인 학생 그들의 앎과 삶을 연결시켜 생명력을 불어넣겠다는 생태적 교육을 의미하는 것이다. 이와 같은 교육 여건을 학창 시절 경험하였을 때, 또 학생 스스로 수업 환경의 중심(주인공)으로 인식되는 기회를 가졌을 때, 단지 이력으로서의 학력 學歷이 아니라 배우는 힘인 학력 學力이 형성될 것이다. 이렇게 되었을 때 학생은 거친 황무지 같은 사회로 나가더라도 당당한 사회인으로서 자신의 정체감을 드러내고, 사회와 교류하며, 강한 민주시민으로서 '개인적 가치 추구와 실현이 곧 공익이다!'라는 신념을 갖고 살아가게 될 것이다. 그런 의미에서 혁신교육 또는 서울형혁신교육지구는 공교육혁신으로서 의미를 갖는다.

이제 학교와 교사는 교과서와 문제집에 의존하지 않고 학생에게 유의미한 교육적 경험들, 성장을 위한 자원과 기회들을 발굴하고 제공하기 위해서 교과서 밖, 학교 밖에서 정보를 수집하고 내 수업에 알맞은 교육과정을 재구성할 수 있어야 한다. 즉 학교는 교사가 학생, 학부모와 소통하고 마을과 함께 협력하며 미래 사회에 필요한 역량을 기르는 교육공동체가 되어야 한다. 그러한 노력의 한 방법이 '마을과 함께하는 교육' 또는 '마을결합형 학교교육과정'이다. 여기서 마을과 학교가 결합하는 유형을 부분적 마을결합과 전면적 마을결합으로 구분하여 정리하면 다음과 같다.

[표 1] 마을결합형 교육과정 유형 구분

부분적 마을결합형 학교교육과정		전면적 마을결합형 학교교육과정		
마을 초대 프로그램형	마을개방 프로그램형	마을결합형 학년교육과정형	마을결합형 교과교육과정형	마을결합형 학교교육과정형
마을자원을 학교에서 기획한 프로그램에 활용하거나 마을배움터에서 개발한 프로그램을 이용하는 것	학교시설(체육관, 도서관, 운동장 등)을 마을에 개방하거나 지역 주민을 대상으로 평생학습 프로그램을 운영하는 것	특정 학년 단위로 공동체의 비전을 수립하고, 이를 바탕으로 정규교과 및 창의적 체험활동 교육과정을 운영하는 것	특정 교과 단위로 공동체의 비전을 수립하고, 이를 바탕으로 정규교과 교육과정으로 다양한 마을결합형 프로그램을 편성 운영하는 것	전체 학교 차원에서 공동체의 비전을 수립하고 이를 바탕으로 정규교과 및 창의적 체험활동, 방과후 교육활동 등 마을에 관한, 마을을 통한, 마을을 위한 교육을 체계적으로 실시하는 것
마을 연계 방과후 프로그램, 마을축제 참여 등	체육관 개방 프로그램, 마을 주민 대상 평생교육 실시 등	마을시설을 자유학기제로 운영	생물과의 자연생태 탐사, 역사시간 박물관 견학	정규교육과정 편성 및 거버넌스 조직으로 전면적·체계적·통합적으로 운영

3. 마을결합형 학교교육과정 재구성의 과정

마을결합형학교를 잘 운영하기 위해서는 학교교육과정 재구성을 잘 해야 한다. 이를 위해 담당자가 우선적으로 해야 할 일은 첫째, 학교 거버넌스(협의체라고도 함)를 구성하는 일이다. 학교 거버넌스는 조직의 성격으로 보면, 학교교육과정위원회의 분과로서 학교교육과정 구성을 지원하는 조직이다. 실제로 학교육과정위원회 구성을 민·관·학의 형식으로 구성한다면 더없이 이상적인 교육과정위원회라고 할 수 있겠다. 그렇지만 학교가 실제로 그렇게 구성하는 것이 쉽지 않을 것이다. 따라서 학교교육과정위원회를 지원하는 조직으로 그 역할을 할 수 있으리라 본다. 학교 거버넌스는 학교 안과 밖으로 나누어 볼 수 있다. 학교의 특성과 학교교사들의 요구 및 분위기 특성을 통해 마을과 함께할 수 있는 학교교육 프로그램 또는 인적 자원을 찾아내는 일이다. 주로는 지역과 함께할 수 있는 담당 부서로서 방과후, 복지, 진로, 창의적체험부의 부장이나 담당자가 여기에 속한다. 또 교과로 보면 사회, 역사, 도덕, 체육, 음악, 미술 등이 해당된다. 물론 모든 부서, 모든 교과가 다 지역과 관련을 맺을 수 있다고 해도 틀린 말은 아니다. 그러므로 모든 교사와 모든 교과가 학교 내 거버넌스 협의체의 구성 요원이라고 할 수 있겠다.

교사협의체를 만들려면 전체 교직원을 대상으로 연수를 해야 하며, 마을결합형학교 운영에 관심을 갖는 교사 자원을 확보하는 것이 중요하다. 이들이 마을결합형학교 프로그램을 개발 운영하는 데 중심체가 되기 때문이다. 이후 마을의 지역적, 환경적, 행정적 특성 파악을 해야 한다. 실제로 학교 거버넌스는 민·관·학(주민-지역구청·주민센터·복지관-학교)이 가장 바람직하지만, 민·학(주민-학교)이나 관·학(지역구청·주민센터-학교)도 협의체의 한 방식이 될 수 있다. 이를 위해 구청에서 마을 중심의 학교협의체(○○구청의 경우 ○○교육두레 마을학교 등)가 있는지 알아보아야 한다. 그리고 주민센터에 가면 동장이나 동직원 가운데 마을 주민 교육과 관련하여 협력을 얻어 낼 담당자를 확보할 수 있다. 이들을 중심으로 학교 거버넌스가 구축되어야 한다.

둘째는 학교교육과정의 분석과 검토이다. 학교교육과정을 보기 위해서는 학교교육 계획서, 학교교육과정 계획서, 학교교육 프로그램, 학교특색사업 등을 살펴보아야 한다. 학교교육 계획서는 학교의 전반적인 교육 운영 계획을 담은 문서로서 전년도 운영에 대한 만족도 여부를 다루는 자료가 있다. 여기서 만족도가 높은 항목과 낮은 항목을 구별하고, 낮은 항목에 대해 왜 그런 결과가 나왔는지, 이것을 마을과 연계시켰을 때 교사, 학생, 학부모가 더 만족할 수 있는지를 살피는 것이다. 다음은 학교교육과정 계획서다. 교육과정 계획서에는 교육과정 편제가 있고, 교과 및 창체(창의적 체험활동)에 대한 시간 편제가 있다. 여기서 교과보다는 창체의 편제를 살피고 이 편제에서 학교가 추구하는 방향이 무엇인지를 분석하는 것이 필요하다. 또한 담당자는 마을결합형을 추구하기 위해서 교육과정 편제의 내용을 어떻게 적용할 것인지 고민해야 한다. 특히 학교 특색사업이 마을결합형 프로그램을 개발하는 것과 연계되는 것은 없는지, 또 어떻게 관련을 맺고 연결고리를 갖게 할 것인지를 생각해야 한다.

셋째, 마을결합형 프로그램 개발이다. 마을결합형학교 프로그램은 학교교육, 학교교육과정 정상화에 기여한다는 관점과 원칙을 분명히 밝혀야 한다. 말하자면 마을결합형을 위해 학교교육과정이 축소되거나 편의적이 되면 곤란하다. 마을결합형은 학교교육의 기회와 경험을 더욱 풍부하게 넓히고자 할 때, 마을공간을 활용한다는 데 의미를 두고 있기 때문이다. 프로그램은 학교 자체에서 개발하는 것을 권하지만, 지역에 있는 기관과 연계하여 프로그램을 운영하는 것도 한 방법이다. 특히 경계해야 할 부분은 프로그램 남발이다. 너무 많은 프로그램이나 성과와 실적 위주(전시성)의 운영은 학교교육이 충실하지 못함에 따른 문제들로 이어져 학교 구성원 간 갈등을 일으킬 수도 있다. 앞에서 설명한 내용을 정리하면 다음과 같다.

[표 2] 마을결합형 학교교육과정 재구성의 과정

	거버넌스 구성		학교교육과정 분석 및 검토	프로그램 개발
	학교 내 거버넌스(협의체) 구성	학교 밖 거버넌스(협의체) 구성		
활동 분야 또는 영역	• 각 부의 마을결합형 관련 여부 • 각 교과의 마을결합형 관련 여부 • 교사 가운데 마을결합형에 관심을 보이는 정도	• 지역구청 • 동사무소(주민센터) • 지역복지관 • 지역도서관 • 마을공부방 • 청소년문화센터	• 학교교육 계획서 • 학교교육과정 계획서 • 학교 특색사업 • 외부 선정 학교교육 프로그램	• 자체 개발 프로그램 • 마을의 교육과 연계하는 프로그램 • 지자체 마을학교 프로그램과 연계

4. 마을결합형 학교교육과정 운영 사례

1) 마을에 관한 교육

'마을의 보물을 찾아라!(사회, 역사, 미술 교과통합으로 진행 및 워킹트랙 지도 제작).'

이 프로그램은 처음에 사회수업 시간에 의욕을 보이지 않던 부진한 학생에 학습 동기와 의욕을 불어넣기 위해 마련한 것이다. 주로 마을 탐색 활동이 전부였던 첫해와 달리 두 번째 해는 선생님과 학생들 사이에 알려지면서 관심과 참여가 높아졌고, 교과에서도 선생님들이 관심을 보이면서 역사와 미술, 사회와 국어 등 타 교과와 블록타임(두 시간을 합쳐서 하는 수업으로 주로 두 반을 합반함으로써 두 시간을 확보하여 운영하는 수업)으로 협력수업을 하게 되었다. 결국 마을과 함께 교육을 하려면 블록타임으로 할 수밖에 없다. 한 시간으로는 마을탐방 수업을 진행하기 어렵고 교사 혼자 교실 안이 아닌 학교 울타리 밖에서 학생을 지도하는 것도 쉽지 않다. 이것이 바로 두 반을 묶어 블록타임을 해야 하는 이유이다.

그런데 실제로 더 중요한 이유는 두 선생님이 하나의 공통된 교육목적을 위해 함께한다는 것이다. 블록타임으로 두 반을 묶으면 두 반이라 인원이 많다고는 하지만 두 명의 교사가 서로 사전 협의를 통해 역할 분담을 하면 상당히 짜임새 있고 의미 있는 수업을 진행할 수 있다. 첫해에는 엄두가 나지 않아 블록타임으로 하지 못했고, 상설 동아리를 통해 방과 후 또는 주말에 학생들과 마을과 함께하는 수업을 진행했다. 다음 해에는 창의적 체험활동에서도 전 학년에 세 개의 마을탐방 동아리가 조직되어 활발하게 운영되었다. 수업을 다양한 방식의 블록타임으로 구성하여 운영한 것은 두말할 나위가 없다. 여기서 타 교과와의 블록수업이 만들어진 배경으로 첫해 마을탐방 과정을 소개하고자 한다. 프로그램명은 '마을의 보물을 찾아라!'이며, 연말이 되어 마지막 활동으로 만든 지도가 학교를 중심에 둔 유익한 워킹트랙 마을지도이다.

수업 중 아이들과 얘기를 할 때마다 부러워하면서 떠올리는 과목은 체육이다. 학생들은 대부분 결강(담당 선생님의 사정으로 수업을 하지 못하고 자습을 하는 시간) 시간에는 수업을 하지 않고 쉴 수 있으므로 이를 매우 반긴다. 물론 그 교과 선생님이 빠졌기 때문에 다른 교과 선생님이 보강으로 들어가기는 하지만, 교과 진도에 맞춰 수업을 하는 교사는 극히 드물다. 그 시간에는 주로 자율학습으로 시간을 보낸다. 그렇기 때문에 학생들은 수업 결강이 생겼다고 하면 무척 좋아한다. 체육도 가끔 결강이 생길 때가 있는데, 그때 자습을 하라고 하면 아쉬워하거나 싫어하는 학생들이 많다. 심지어 어떤 학생들은 왜 체육이 보강이냐고 짜증을 내기도 한다. 그때마다 사회시간도 체육시간처럼 그랬으면 하는 바람을 갖지만 실제로 정적인(꼭 그 이유만은 아니겠지만) 수업활동이기 때문에 쉽지 않다. 체육수업에 비하면 본인이 가르치는 사회수업은 학생들이 그다지 적극적이지도(?) 또 즐거워하지도 않는다. 그게 나 자신 문제인가 하는 측면에서 반성할 때도 가끔 있다. 듣기 거북하지만 학생들은 내 앞에서 직접 대놓고 그렇게 얘기한다.

"선생님은 좋은데요, 사회는 싫어요!"

"헐!"

그해(2015년)에도 첫 수업부터 엎드려서 듣지 않는 학생이 있었다. 3학년이라 서로 잘 알고 있는데도 그랬다. "긴장이다!" 혹시 해서 그 학생 책상을 사이에 두고 근처를 왔다 갔다 하면서 일부러 들으라고 목소리를 높여도, 또 혹시 몰라 툭툭 치면서 깨워도 대꾸가 없다. 대개 학기가 시작되면 사회수업 내용은 인권과 법 부분이다. 특히 법은 살아가는 데 아주 중요한 내용이지만 학생들의 흥미는 다른 단원보다 낮은 편이다. 그래서 힘들다. 가르치는 나도 재미가 없어 빨리 진도를 넘기기도 한다. 그래서 대략 큰 줄기를 중심으로 가르치고 넘어간다. 그래도 수행평가를 해야 하기 때문에 언제나 인권에 관련된 마을지도 그리기 같은 과제는 필수다.

어쨌든 첫 시간에 이렇게 대놓고 엎드려 자는 학생은 아주 드문 경우다. 이런 상황에서 교사들은 그냥 못 본 척 넘어가거나 허락하기가 어려우니, 상황 판단을 해야 한다. '흔들어 깨울 것인가, 아니면 그냥 둘 것인가.' 더 심하게 흔들어 깨우는 경우 언쟁으로 발전할 수 있고 그렇게 되면 다른 학생에게 피해를 줄 수도 있다. 아니면 한 바가지 야단을 처서 얼굴 붉히는 일이 생길 수도 있다. 아무튼 가끔 발생하는 이런 상황은 교사 입장에서 여간 곤욕스러운 일이 아니다. 대개 첫 시간은 아무리 개념 없는 학생도 앉아서 들어주는 게 학생들이 말하는 '이 바닥의 상도(?)'인데 그 학생은 전혀 그런 개념이 없다. 근처에 있는 다른 학생에게 물으니, 대답이 가관이다. '걔는 원래 그래요', '걔는 2학년 때도 늘 잤어요!', '괜히 신경 쓰지 마세요!' 하며 시큰둥한 대답을 한다.

첫 시간은 잘 넘어갔는데, 다음 시간에도 마찬가지로 엎드려 있다. 이건 교사를 간보기(이 선생님이 어떻게 반응하는지를 보고 센 교사와 여린 교사를 구분한다는 것) 한다는 느낌마저 든다. 학생들 앞에서 교사의 자존감은 매우 중요하다. 이 학생도 나름 교사와 겨루기를 통해 자신의 존재를 알리고 자존심을 세우려고 버티는 거다. 그런데 깨워서 행여 언쟁이라도 벌이게 되면 결과에 관계없이 둘 중 한 사람의 자존심은 깨지는 거다. 그리고 그 후유증은 오래간다. 그날도 그냥 잘 주무시게(?) 두고 수업을 진행했다. 그대로 두었지만 속은 부글부글 끓는다. 그날 마음속으로는 '엎드려 있는 저 놈을 반드시 똑바로 앉혀야지!' 하는 다짐을 한다. 그게 바로 교사의 책무라고 느꼈기 때문이었을 것이다. 이런 경우 교무실로 불러 주의를 주거나 야단을 치는 일이 보편적인 지도 방법이지만 그날 그 학생을 부르지 않았다. 아마 그 학생도 교사의 무관심에 조금은 긴장하고 있을 게 뻔하기 때문이다.

그해는 '마을결합형학교'를 운영하면서 사회수업을 위한 예산을 별도로 배정했다. 그리고 '마을과 함께하는 교육' 프로그램을 구상했다. 나는 마을결합형 학교교육과정을 운영하기 위해 '마을알기'라는 프로그램을 맡아 계획하였다. 그리고 '마을탐색대'라는 팀명으로 학생을 모집하였다. 학년별로 서너 명을 묶어 팀을 구성했는데, 3학년은 남학생 중심으로 모집한다고 공고를 내보냈다. 이유는 앞에서 언급했던 그 학생 때문이다.

사전 작업으로 그 학생과 친한 학생 몇 명에게 제안하였다. "얘들아! 선생님이 마을탐색대를 운영할 건데, 평일 방과 후나 토요일 학교에 나오기만 하면 밥도 주고 간식도 주고 수행평가 가산점도 줄 수 있는데… 같이 할까?" 했더니 아이들이 "좋아요!"라고 한다. 그래서 팀이 꾸려졌다. 그들은 역시 제안을 거절하지 않았다. 사실 그 학생들은 작년에 역사 관련 방과후수업의 다양한 프로그램을 하면서 친해져서 나를 따르던 학생들이다.

이제 한 가지 할 일이 더 남았다. 수업시간에 잠자는 그 학생을 팀에 끌어들이는 것이다. 우선 첫날 활동을 시작하기 전에 미리 학생들에게 말했다. "얘들아! 너희들 먹고 싶은 걸 얘기하면 마음껏 먹을 수 있도록 해 줄 거다." 실제로 첫날은 내가 봐도 과할 만큼 푸짐했다. 떡볶이, 튀김, 피자까지 사 주었다. 덤으로 자장면을 점심으로 먹였다. 아이들이 너무 좋아했다.

그다음 주 월요일 학교에 갔더니 벌써 그 소문이 학생들 사이에 쫙 퍼졌다. 역시 수업에 들어갔더니 아이들이 여기저기서 서로 탐색대에 들어오고 싶다고 한다. 여기에 나는 조건을 제시했다. "두 자리가 있는데…" 하고 뜸을 들인 후 잠자는 그 학생 이름을 거명하면서 "그 학생과 팀을 이뤄 들어오면 선착순으로 받아 준다"고 했다. 그랬더니 학생들의 관심이 그 학생에게 쏠렸다. 퇴근 무렵 한 팀이 되겠다면서 한 학생과 문제의 잠자는 학생이 찾아왔다. 그리고 그 학생이 드디어 마을탐색대 팀이 되었다.

그 학생이 들어온 주 토요일이 되었다. 나는 아이들과 함께 마을탐색을 하면서도 온 신경이 그 아이에게 쏠렸다. 누구와 무슨 말을 하는지, 또 무엇을 좋아하고 무엇을 하고 싶어 하는지에 관심을 두었다. 그렇게 몇 차례 함께 탐방 활동을 하다 보니 그 학생과 어느 정도 편하게 얘기하는 사이가 되었다. 그 학생은 자신이 초등학교 때 그래도 공부를 좀 했는데, 중학교 1학년 때 부모가 이혼한 후 엄마와 살면서 부모도 싫고 공부도 싫어졌다고 했다. 그때부터 집에서는 늦게까지 오락을 하고, 학교에서는 수업시간에 주로 잠을 잤다고 한다. 꽤 오랫동안 그런 생활을 했나 보다. 잠만 자던 그 학생은 수행평가에도 별 관심이 없었다. 나는 혼자 고민 끝에 그 학생에게 "만약 탐색대 팀에서 만든 마을자료를 수업시간에 전체 학생에게 소개한다면 참여한 전체 학생들에게 가산점수를 줄 수 있다!"고 제안했다. 그랬더니 그 학생보다 다른 애들이 좋아했다.

여기에 한 가지 조건을 더 걸었다. "대신 발표는…", 그 학생을 가리키며 "쟤가 했을 때만…"이라고 했다. 애들이 그 학생과 어떤 얘기를 했는지 잘은 모르지만 그 뒤 그 학생이 학생들 앞에서 떨리는 목소리로 더듬더듬 발표를 하였다. 발표를 한 이후부터는 그 학생이 수업시간에 엎드려 있는 경우는 거의 없었다. 수업이 시작되면 어김없이 "우리 지난 토요일에 찾아낸 보물을 소개해 볼까?" 아이들은 늘 잠만 자던 그 학생이 발표를 하니 신기한 듯 쳐다보며 잘 들어 주었고, 그 학생은 좀 더듬거리기는 했지만 정리해 준 내용을 잘 보고 읽었다. 참 대견하다. 늘 엎드려 있던 학생이 친구들 앞에서 발표를 했다는 것이….

탐색대 팀에서 찾아냈던 마을자료를 가끔 학교 홈페이지에도 올려 주었다. 그때마다 그 학생 얼굴이 잘 나오도록 찍어 함께 올렸고 그 내용을 그 학생이 있는 전체 학급에 주었다. 내색은 안 하지만 꽤 좋아하는 것 같았다. 학생들은 자신들의 이름이 학교 홈페이지나 학교 신문에 실리면 너무 좋아한다. 이렇게 한 학기가 지나고 겨울방학을 맞을 때쯤이다. 탐색대 학생들에게 새로운 제안을 하였다. "방학에 애들이 놀 거리가 없어 심심해 죽겠다고 하는데 뭐 좋은 거 없을까?" 사실 이 학생들이 할 수 있는 건 지도였다.

한 아이가 "마을에서 지금까지 찾았던 걸 지도로 만들면 어떨까요?"라고 한다. 기다렸던 대답이다. 사실 이미 탐방을 하면서 운을 떼었던 얘기라 너무나 빨리 원하는 답이 나왔다. 바로 받아서 "돌아볼 수 있는 지도를 만들어 주고 지도의 코스대로 돌아본 학생에게 이걸 주면 어떨까?" 하면서 사회시간에 썼던 상품권을 보여 주었다. "좋아할까?" 했더니 탐색대 학생들은 "누가 추운 날 지도를 들고 돌아요?"라고 한다. 내가 한마디 덧붙인다. "만약 지도를 가지고 돌아본 애들이 없다면, 어쩔 수 없이 지도 만드는 데 고생한 너희들에게 줘서 책 사게 해야겠다. … 또 나도 갖고…!" 몇몇 아이가 힘들게 만들 필요가 있느냐고 볼멘소리를 하였지만, "너희들이 만든 지도를 전교생에게 자율과제로 부여할 거고 방학식 날 식후에 전교생에게 안내도 할 거다!"라고 했더니 태도가 조금 진지해졌다. 방학 과제로 자신들이 만든 것을 제공한다고 생각하니 걱정도 되는 모양이었다.

이 학생들은 지도명을 '○○워킹트랙'이라고 지었다. 그리고 그해 겨울방학 과제로 학생들이 제작한 ○○워킹트랙 마을지도 세 장을 전교생에게 주었다. 앞면에는 골목길 지도가 그려져 있고, 뒷면에는 중요한 지리적인 정보가 담긴 다소 엉성한 지도였다. 방학식을 마치는 말미에 사회를 보았던 나는 전교 학생들에게 지도가 만들어진 배경과 방학 과제로 부여한다는 점, 소정의 상품권을 상으로 준다는 것까지 소개하였다.

당시 전교생이 약 700명이었는데 이 가운데 한 반 정도의 규모인

마을탐색대

워킹트랙 지도

30여 명의 학생이 개학 후 자신들이 만든 지도를 따라 돌았다고, 인증 사진이 담긴 핸드폰이나 사진이 붙은 보고서 자료를 들고 찾아왔다. 지도 제작자인 마을탐색대 학생들은 기분 나쁠 정도로 증거 사진을 대조하면서 팩트 체크(?)를 한 뒤 상품을 주었다. 탐색대 학생들은 한 줄로 길게 서 있는 줄을 보면서 당황하면서도 한편으론 감동하는 것 같았다. 아마 잠자는 학생을 포함한 마을탐색대 학생들은 학창 시절에 했던 이 경험을 오랫동안 기억할 것이다.

이것이 바로 학생을 주인공으로 만들고 삶의 목록을 주는 교육이다. 마을과 함께하는 교육은 교과서적 전달 교육보다 삶의 목록을 만들기에 훨씬 유리하다. 이 학생들은 지금도 마을지도를 만들었던 그 자신감, 우리 마을을 잘 알고 있다는 자부심을 잊지 않았을 것이라고 기대한다. 나는 이 프로그램이 겉으로는 마을의 보물을 찾은 것이지만, 마을과 함께하는 학생들이야말로 보물이라고 생각한다. "마을의 보물을 찾아라!" 가 아니라 "학교의 보물을 지켜라!"가 이 프로그램의 숨겨진 의미였음을 나중에 커서 이해했으면 하는 바람이 있다.

2) 마을에서 내 꿈 캐기!(진로, 미술: 직업체험학습)

'마을에서 내 꿈 캐기!'는 학생들에게 꿈과 진로를 직접 체험할 수 있는 기회를 줌으로써 직업과 관련된 경험을 미리 해 보도록 하는 것이다. 이러한 수업은 자유학기제가 교과과정으로 들어오면서 많은 학교들이 하고 있다. 그런데 아이들에게 잊히지 않는 삶의 목록을 주려면 좀 더 깊이 들어가야 한다. 사실 마을결합형학교가 선정된 그해(2015년)에는 자리에 앉으면 무슨 프로그램을 만들까 고민하는 일이 많았다. 교사들은 이런 업무를 잡무로 여긴다. 수업 이외에는 다 그렇게 여기곤 한다. 그리고 그 견해에 나도 동의한다. 수업 외에 무엇을 한다는 것을 좋아하지 않기 때문에 어떤 사업이 학교에 떨어지면 다들 짜증을 내거나 피곤해한다.

그해도 그랬다. 그렇지만 맡겨지면 그때부터는 선생님들의 눈빛이 달라지고 대충이라는 단어는 없다. 그렇게 하는 선생님을 결코 보지 못했다. 어떻게든 학생들에게 좋은 교육으로 이어지게 하려고 무진 애를 쓴다. 그래서 교사라는 직업이 보람 있고, 선생님의 일이 참 멋지다는 생각이 든다. 그날도 교무실을 지나다 우연히 보니 미술 선생님 자리에 아주 잘 만들어진(?) 공예품들이 수북하게 쌓여 있다.

가까이 다가가서 말을 건넸다. "선생님, 애들이 이렇게 잘 만들어요?" 했더니, "그거 그렇게 잘 만든 거 아닌데요!"라고 한다. 마치 '가만히 있으면 중간이라도 가는데'라는 뜻으로 들린다. 그래도 기분 좋으라고 멘트를 하나 더 보낸다. "역시 미술 선생님 눈이 저와 다르네요. 저는 다 잘한 것처럼 보이는데…"라고 했더니, 그 선생님 표정이 밝아졌다. 내가 작품을 계속 만지작거리고 있었더니 아까 톡 쏘아붙였던 게 미안했던지 한마디 덧붙인다. "여기 작품 중에 잘한 작품이 한두 개 있는데, 그건 주위 공방에서 배운 애들 거예요!"

그 얘기를 듣는 순간 떠오르는 프로그램이 생겼다. 그길로 바로 자유학기제 진로체험을 맡고 있는 진로 선생님을 찾았다. "선생님, 프로그램

하나 맡아 주세요!" 했더니, 피식 웃으면서 "나는 우리 학교에서 선생님이 제일 무서워요!"라며 손사래를 친다. 거절이다. 여기서 물러나면 아무것도 못한다. "저 무데뽀지요!"하며 계면쩍게 웃었다. 좀 더 적극적으로 애원하듯 재차 부탁을 한다. "제가 도와 드리고 또 미술 선생님과 같이 하시면 어떨까요?" 했더니, 그렇다면 한번 생각해 보겠다고 한다. 그 후에 미술 선생님과도 얘기가 잘되어서 마침내 두 분의 동의를 받았다. 함께 프로그램을 맡기로 한 것이다. 그날 퇴근 무렵 프로그램 진행 계획을 간단하게 설명했다. 그때 가만히 듣기만 하던 미술 선생님이 "프로그램 이름을 이렇게 하면 어떨까요?"라며 수첩에 쓴 걸 들어서 보여 준다. '마을에서 내 꿈 캐기!' 나는 진로 선생님과 함께 제목을 보면서 "제목이 성공의 반인 거 알죠!"라면서 웃었다. 다행히 좋은 분위기로 협의회를 마쳤다.

누구나 그렇게 생각하겠지만 교육은 배우고 난 뒤 돌려주는 것까지가 마침표다. 진로 선생님은 학교 주변에 가볍게 진로체험을 할 공방 같은 곳이 여러 군데 있다고 하였다. 선생님은 이미 오래전부터 진로를 담당했기 때문에 학교 주변에 많은 진로체험장을 확보하고 있었다. 실제로 마을의 체험장들은 학생들의 진로와 연관 짓기가 쉽지 않을 만큼 영세한 소규모 공방들이다. 목공소도 있고, 공예공방도 있고 도자기 공방도 있었다. 그래서 미술 선생님과 진로 선생님께 방과 후에 직업체험을 하고 싶어 하는 학생을 확보해 달라고 부탁하였다. 그리고 가정통신문을 만들어 전체 학생들에게 나누어 주었다.

신청한 학생은 20명 정도였다. 그렇게 많지 않았다. 그 학생들을 모아 놓고 직업체험과는 좀 동떨어진 다른 얘기를 시작하였다. "얘들아! 우리 학교 근처 얼마 떨어지지 않은 곳에 복지관이 있는데…." 한참을 뜸을 들인 후, "그곳에는 무의탁 치매 노인분들이 계셔. 너희들 할머니 할아버지 연세와 비슷한 분들이야." 했더니 "직업체험 때문에 왔는데요!"라고 하면서 아이들이 어리둥절해한다. 계속해서 말을 이어 갔다. "그분들을 위해서 배운다!"라고. 이후 여기저기서 웅성거리는 소리가 났다. 그 가운데 한 학생은 "저는 그냥 수행평가 점수를 잘 받으려고 신청했는데요!"라면서 속내를 보였다. "물론 직업체험이 맞고, 어쩌면 수행평가 점수를 잘 받을 수도 있다. 그렇지만 여기서 배운 걸 활용해서 물건을 만들어 축제 때 팔아서 이익금이 생기면 그분들에게 줄 선물을 준비할 거다!"라고 했더니, 그제야 내 말의 의미를 이해하는 것 같았다. 별로 싫어하는 기색은 아니었다. 학생들도 의미 있는 걸 좋아한다. 내가 하는 일이 누군가에게 도움이 되는 것이라면 하는 일에 적극적이고, 실수해도 수줍어하거나 창피하게 여기지 않는다.

여기에 참여하는 학생들은 매주 6교시를 하는 화요일과 목요일에 주로 모여 세 팀으로 나뉘어 직업체험장(예술공방, 도자기 가마방, 목공소)으로 향했다. 학생들은 공방에 가서 다양한 물건을 배우는 체험을 하였다. 한번은 내가 담당 선생님과 함께 직업체험장에 갔다. 대부분 열심히 했는데 유독 눈에 띄는 열심히 하는 학생이 있었다. 동행했던 진로 선생님께 물었더니, 조손가정 학생이라고 한다. 할머니와 동생과 함께 세 식구가 지하 단칸방에서 산다고 하였다. 우리 학교는 유독 어려운 조손가정 학생이 많다. 대개는 부모가 이혼을 하면서 서로 자식을 맡지 않고 그 부모가 아이들을 떠맡게 되어서 생겨난 가정의 아이들이다. 선생님들에게 얘기를 듣다 보면, 어려운 동네에 연세가 많은 할머니 세대가 홀로 살다가 자식들 때문에 덤으로 손자를 거느리게 된 경우도 많다고 한다. 그 학생도 아버지가 가끔 와서 생활비를 주고 돌보기는 하지만 어려서부터 할머니 손에서 자랐다고 한다. 얘기를 듣고 나니 그 학생이 열심히 하는 그 모습을 보며 서글픔이 느껴졌다. 사실 그 학생은 2학년 때도 내가 가르쳤지만 늘 밝고 명랑해서 그런 그늘이 있다고 생각하지 못했다. 그래서인지 더 친근감이 느껴졌다. 나중에 선물을 전달할 때 대표자로 부탁해야겠다는 생각을 혼자 했다.

드디어 축제의 시기가 돌아왔다. 축제를 며칠 앞두고 우리 프로그램에 참여한 학생들도 공방에서 배운 솜씨를 이용해 미술실에서 판매할 물건을 만드는 데 여념이 없다. 결과물을 보니 곧잘 만들었다. 물건 가격도 학생들이 알아서 매겼다. 나는 그 조손가정 여학생에게 노인분들께 선물을 해야 하는데 뭐가 좋은지 고민해서 알려 달라고 했다. 그 뒤 전날 했던 말을 까맣게 잊어버리고 있었는데, 아침부터 일찍 그 학생이 자리에 와 있었다. 학생의 표정에 생기가 넘쳤고 눈은 반짝거렸다. 너무 적극적이다. 그러면서 하는 말이 "할머니께 여쭈었더니 잠잘 때 신는 양말과 장갑이 좋데요"라고 한다. 내가 "잘 만들어야 할 텐데?" 했더니 자신 있단다.

축제가 시작되었다. 다양한 체험 부스가 있고 그 가운데 도서실 옆 우리 학생들이 만든 공방코너도 있었다. '마을에서 내 꿈 캐기!' 직업체험팀이 만든 물건을 파는 곳이다. 체험부스를 돌다 보니 공방의 학생들이 적극적으로 친구의 팔을 이끌어 물건이 진열된 곳으로 데려가서 강매하듯 물건을 팔고 있었다. '아이들이 자신들의 이익을 위해서라도 저렇게 했을까?' 싶을 정도였다. 그렇지만 사는 학생들도 싫어하는 눈치는 아니다. 아이들이 아주 신이 나서 물건을 팔았다. 나중에 판매한 가격을 들어 보니 꽤 큰 금액이다. 겨우 500원, 1,000원짜린데 그렇게 많이 판 것이다.

학생들과 이익금(사실 재료값으로 들어간 원금이 그 두 배 정도다)을 어떻게 쓸지 의논을 하였다. 조손가정 학생이 들려주었던 양말과 장갑

마을 공방(직업체험장)에서 배우는 학생들　　　　축제마당에서 팔 물건 진열대

얘기를 했다. 그랬더니 학생들이 그걸로 사서 선물하자고 한다. 복지관 치매 노인분들이 머물러 있는 곳으로 가는 날짜도 정해졌다. 아이들이 크리스마스를 앞두고 산타클로스 할아버지 분장을 하고 싶다고 해서 소품을 구해 주었다. 당일 방과 후에 아이들은 선물을 들고 방문하였다. 선물을 전달하면서 사진도 찍었다. 치매 노인분들은 영문도 모르는 채 선물을 받았으니 좋아했지만, 학생들에게는 오랫동안 잊지 못할 삶의 목록이 남겨졌을 것이다. 또 미술 선생님은 마을 공방 분들과 친해지면서 자연스럽게 다음 해에는 수업시간에 강사로 모셔서 작품 소개와 함께 강의를 부탁했던 기억이 난다.

3) 우리가 있다!(음악, 창체: 마을 방문 공연)

요즘 학교는 전보다 학생들의 장기(끼)에 대해 관심이 많다. 그리고 끼가 많은 아이들에게 발산할 기회를 주려고 노력하는 편이다. 그래서 심심 콘서트(점심시간에 휴게실에서 몇 명을 모아 놓고 하는 연주), 번개 콘서트(아침에 교실에서 음악 수행평가 준비를 하는 학생들이 복도에서 지나가는 친구를 위해서 하는 연주) 등의 활동을 한다. 나는 올해(2015년) 마을결합형 교육과정을 운영하면서 고민하던 터라 어떻게든 마을 연계 교육활동에 대해 궁리를 하였다.

동료 교사를 대상으로 연수를 한다는 점이 부담스럽기는 하지만, 여름방학 전에 큰맘 먹고 자체 연수를 하였다. 그날 연수에서는 혁신교육지구의 추진 방향, 마을과 함께하는 교육이 우리 교육이 가야 할 방향과 잘 맞는다는 점, 마을의 맥락을 수업에 가져오면 훨씬 더 의미 있는 교육이 되리라는 것, 그리고 앞으로 다양한 프로그램을 운영하게 될 텐데, 모든 선생님들이 관심과 애정을 가지고 봐주길 바란다는 부탁도 하였다.

연수 후 며칠 지나 음악 선생님을 찾아가자, 웃으면서 "드디어 저군요!" 하신다. 나도 "번호표가 벌써 공개되었나요!"라고 맞장구를 치면서 같이 웃었다. 이런 분위기가 되면 업무 추진이 쉬워진다. 사실 그날 음악 선생님께는 프로그램을 맡아 운영해 달라는 게 아니라 공연을 할 수 있도록 팀을 구성해 달라는 부탁을 했다.

마을에는 다양한 행사가 있고 그때마다 아이들이 나가서 공연을 해오던 터라 별도로 팀을 꾸리는 일이 쉽지 않았다. 게다가 정작 본인이 마을을 잘 모르다 보니 공연할 곳도 마땅치 않았다. 그런 사정을 학교 거버넌스 협의회 때 마을 전문가들과 얘기하다 보니, 거버넌스 위원인 주민센터 동장님이 "우리 동네에 오세요!"라고 날짜까지 알려 주어 문제를 아주 쉽게 해결해 주었다. 또 복지관에서 온 거버넌스 위원은 우리 복지관의 치매 노인들을 위해 공연해 주면 좋겠다고 한다. 생각보다 어렵지 않게 공연 섭외가 되었다. 이제 공연팀을 잘 꾸려 나가면 된다. 이런 얘기를 음악 선생님께 했더니 밴드반 동아리 담당 선생님을 소개해 주면서 함께 의논하자고 한다. 밴드반 학생들 섭외도 쉽게 되었다. 그러고 나서 공연을 나갔다. 마을시장 축제 때 공연을 나갔는데, 아이들의 반응은 그다지 즐겁지 않았다. 마지못해 하는 불편한 눈빛과 표정이었다. 아이들이 달가워하지 않는 이런 공연을 마을과 함께하는 교육을 한다는 명분으로 해야 하는지, 회의가 들었다. 사실 마을로 나갈 때마다 아이들의 표정이 그다지 밝지 않다는 것을 매번 느꼈던 나도 불편했다. 교육의 주체는 아이들이고 그들이 즐거워하지 않으면 어떤 교육활동도 그다지 의미 없는 일이다. 그래서 생각을 고쳤다. 다음부터는 이런 공연 절대로 하지 않겠다고.

다음 해에도 마을 주민들을 위한 공연이 예정되어 있었지만 음악 선생님께 별도로 부탁하지 않았다. 학생들이 재능을 기부하더라도 의미를 주고 싶고, 아이들의 마음에 무엇인가 새겨지고 삶의 목록에 남는 공연을 하고 싶었다. 그래서 생각한 것이 공연 팀을 꾸리기 위한 사전 활동인 '음악이 있는 교문의 아침'이다. 공연 의뢰가 들어오면 갑자기 팀을 꾸리는 것이 아니라 만들어 가는 공연을 준비하기로 하고 생각해 낸 공연 방식이다. 가끔 선생님들 사정으로 결강이 생길 때가 있다. 교무부장이다 보니 이럴 때 누구에게 부탁하기가 어렵다. 물론 부탁하면 해 주지만 남의 시간에 보강을 들어가야 하는 것이기 때문에 어느 누구도 달가워하지 않는다. 그래서 어렵다.

그해(2016년)에는 이런 시간을 공연팀을 섭외할 기회로 활용하였다. 역시 아침 출근시간에 전화벨이 울린다. 선생님의 집안 사정으로 결근하신다는 것이다. 그럴 때 다른 선생님께 부탁하지 않고 내가 대신 보강을 들어갔다. 교실에 들어가면 대체로 아이들도 왜 다른 선생님이 들어왔을까 궁금해한다. 그때 그냥 뜬금없이 묻는다. "내가 너희들 키워 주려고 그러는데…" 하면서 뜸을 들이다가, "이 반에서 좀 잘 노는 학생이 누굴까?"라고 하면 서로 손가락질을 하며 '쟤요!', '쟤요!'를 외친다, 그럼 그 손가락이 가리키는 학생에게 다가가 진지하게 얘기한다. "친구들은 네가 잘 노는 학생이라고 하는데, 뭘로?"라고 묻는다. 그때 대부분은 불쾌하다는 듯 "아닌데요!"라고 퉁명스럽게 대답한다. 그러면 대화가 시작된다. "그렇지, 기분 나쁘겠네. 내가 보기에도 얌전하게 생겼는데…" 달래듯 얘기한다. 그러고 다시 그 학생에게 "그럼 혹시 너희 반에 악기 연주를 좀 하는 학생이 있니?"라고 되묻는다. 그 학생은 지적당한 것에 분풀이라도 하듯 장난스럽게 "쟤가 초등학교 때부터 플루트 해서 잘해요!"라고 한다. 그러면 또 그 학생에게 다가간다. "혹시 교문에서 아침 공연을 부탁하려고 하는데 괜찮을까?" 그런 경우 대부분 "아니오!" 또는 "괜찮아요!"라고 한다. 그럼 다시 다가가 눈을 맞추며 묻는다. 아까 지적했던 그 친구를 가리키며 "저 친구는 네가 아침 공연을 해 주기를 바라는데 어떻게 할까!" 하면서 두 손을 들어 난감한 표정을 보인다. 이때 학생들은 대개 처음에는 싫다고 하지만 몇 번 더 부탁하면 못 이기는 척 "쟤가 하면 할게요!"라고 한다.

그래서 공연팀이 꾸려진다. 두세 팀이 확보되면 아침 공연 날짜를 잡는다. 그리고 전교 학생들에게 전날 방송으로 아침에 공연이 있다는 것을 알린다. 처음에는 학생들이 멋쩍어했다. 평소에 안 하던 교문 공연을 한다고 하니 당연히 그럴 수밖에 없다. 그러나 몇 차례 연주하다 보면 학생들도 즐긴다. 아침에 공연이 있는 날, 교문에 들어서다 멈춰 서서 쳐다봐 주거나 아예 앉아서 듣고 박수도 쳐 주니까 아침의 활기가 생겨난다. 학생들이 공연을 끝내고 들어갈 때쯤 주위에 두세 개 게시판을 만들고 대문짝만하게 큰 설문지를 올려놓는다. 내용은 이렇다.

"오늘 아침에 공연한 이 학생들을 우리 학교를 대표해 외부 공연에 내보내도 될까요?"

대부분 좋다는 쪽에 스티커를 붙여 준다. 그래서 꾸려진 팀으로 한 학기에 두세 번 마을공연을 하였고, 데리고 나갈 때마다 "우리 학교 아이들이 원하거든!"이라고 하였다. 그랬더니 작년보다 공연할 때 표정이

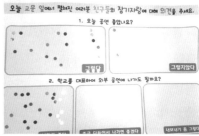

음악이 있는 교문의 아침   학생들의 반응 질문지

훨씬 밝다. 그리고 시키지도 않았는데 미리 준비까지 한다. 특히 무의탁 치매 노인을 대상으로 공연을 했을 때, 그분들이 즐겁게 어울리는 모습도 좋았지만 일부러 옛날 노래를 연습하여 그분들을 즐겁게 해 주려고 노력했던 학생들이 정말 고마웠다. 학생들도 그분들이 손을 꼭 잡고 즐거워하는 모습을 보면서 감동했다. 예전처럼 공연하면서 짜증 내는 일은 거의 없었다. 학생들은 재능을 발휘하는 데 의미가 부여되면 훨씬 더 열심히 하면서 보람을 찾는다. 그런 점에서 둘째 해의 음악이 있는 아침 공연 프로그램은 의미가 있었다고 생각한다.

5. 이것이 바로 학교 거버넌스!

마을과 함께하는 교육은 처음에만 힘들다. 사실 마을과 함께하는 학교교육과정이 목적이었고 프로그램을 만들고 진행하는 것이 쉽지는 않았다. 그러나 처음에만 힘들지 선생님들이 마을의 가치를 알게 되면 오히려 더 적극적으로 참여하고 수업에 반영하려고 하는 모습을 경험했다. 마을 사람들도 학교에 들어오기가 어렵다고 한다. 학교 담이 너무 높다고 한다. 처음에만 그렇다. 한번 알게 되고 서로 교류가 되면 그다음부터는 학교교육과정 속에 들어와 함께하기가 너무 쉽다. 그래서 '처음에 마중물 역할을 누가 할 것인가'가 중요하다. 물론 학교장이 그 역할을 한다면 환상적이다. 그런데 교사, 학생, 학부모가 모두 그런 물꼬의 주체가 될 수 있다. 그렇게 하는 데는 징검다리 역할을 할 수 있는 협의체가 필요하다. 나는 그게 바로 학교 거버넌스라고 본다. 그런 학교교사들이 마을과 함께 교육활동을 하는 데 필요한 부분들이 마련되었으면 좋겠다. 교과서적인 진부한 얘기일 수도 있지만 '마을과 함께하는 교육'은 아래와 같은 특징이 있다. '마을과 함께하는 교육과정'과 관련해 여러 지역과 학교에 강의를 다니면서 강의 후 질문을 받았는데, 이를 다음과 같이 정리해 보았다.

1) 마을과 함께하는 교육의 영역별 특징

가. 마을교육공동체적 측면

(1) 지역의 역사를 탐구하고, 평생교육의 기회를 마을 주민들에게 제공하며, 지역의 소기업으로부터 학생들의 직업체험의 기회를 얻는 등 학교-마을의 관계를 돈독히 함으로써 학교공동체의 구성 요인인 마을과 학교가 상생과 협력을 추진할 수 있게 된다.

(2) 마을과 함께 다양한 교육 및 문화공연 활동을 통해 교육 거버넌스를 구축해 나가고, 학교교육과정에 지원과 참여를 이끌어 냄으로써 학교의 교육과정에서 더욱 다양하고, 실질적인 프로그램을 개발할 수 있다.

나. 학교교육적 측면

(1) 마을을 통한 교육으로 학생들이 마을의 주인으로서 지역에 지속

적인 관심과 함께 애향심을 갖게 되는 계기를 마련한다. 또한 교육 기반으로 마을을 활용함으로써 학교교사들의 교육활동 기반이 더욱 넓어진다.

(2) 지역의 특성을 반영한 특색 있는 학교교육과정 운영 기반을 마련하고, 이를 통해 마을 주민들과 함께 '만들어 가는 교육과정'을 운영하게 된다.

(3) 학생들이 학교의 정규교육 속에서 마을과 함께 성장하고, 학교와 마을에서 다양한 배움이 이루어질 수 있는 교육관계망이 구축된다.

다. 사회적 측면

(1) 학교교육이 학교 내에서 머물지 않고, 지역과 소통을 통해 더욱 다양한 자원을 활용하게 됨으로써 마을 속에 학교라는 개념을 정착할 수 있다.

(2) 교육공동체와 거버넌스의 개념을 지역 주민들과 교사들이 이해함으로써 학교교육에 대한 지역 주민의 관심을 높일 수 있고, 이를 학교가 열린 자세로 받아들일 수 있으며, 더욱 합리적인 참여를 마련할 것으로 보인다.

2) 질문과 답변('마을과 함께하는 교육'을 주제로 강의할 때 말미에 받은 질문과 답변 내용을 정리하였다)

● 학생들의 삶의 목록을 만들어 주려는 취지로 마을공연을 하셨는데, 학생들을 모으기가 힘들지 않으셨나요?

사실 힘듭니다. 솔직하게 말씀드리면 마을결합형을 하기 전에는 마을 분들을 위해 공연하는 일에 관심이 없었습니다. 작년에 마을결합형을 하면서 마을에 기여하는 일과 교육을 묶는 일에 대해 고민하게 되었습니다. 작년에 거버넌스에 참여하시는 분 가운데 한 분이 복지관에 매우 불쌍한 노인(치매를 앓고 있는 무의탁 노인)들이 계신데, 학생들이 이분들을 위해 방문해서 놀아 주면 좋을 것 같다고 얘기했습니다. 그래서 작년 11월 ○○축제 후 공연팀을 꾸려 방문 공연을 했습니다. 그런데 그 노인분들도 좋아했지만 학생들의 표정이 밝고 흐뭇해했습니다. 그 표정이 무슨 의미인지 물어보니 자신들이 어려운 분들을 위해 할 수 있는 일이 있다는 것에 보람을 느낀다고 했습니다. 학생들이 자신들이 한 일에 대해 매우 만족해하는 걸 보면서 그런 활동이 마을 주민의 위안이 될 뿐 아니라 교육적 의미가 크다는 사실을 알았습니다.

그래서 올해는 작년과 다르게 운영했습니다. 교문맞이를 통해 학생들에게 마을공연에 나가도 되는지 동의를 받는 과정을 거쳤습니다. 이 과정은 전교 학생들에게 음악을 들으면서 아침 등교를 하는 즐거움을 주는 동시에, 학생들의 반응을 느낌으로써 마을공연의 자신감을 주는 것이었습니다. 또 이 과정은 전교생들도 우리 학교 친구들이 마을 분들을 위해 공연한다는 걸 알게 해 주고, 학생들에게 마을에 대한 관심을 이끌어 내는 방법이라고 생각했습니다. 이번에도 마을공연에 참여했던 학생들의 만족도가 다른 활동보다 훨씬 더 높다는 점을 다시 확인했습니다.

● 언제 마을의 중요성을 생각하셨나요?

마을결합형을 하면서 주민들을 만나 보기 전에는 학교 울타리가 높다는 것을 몰랐습니다. 전에는 어렴풋이 알았지만 2015년, 2016년 마을결합형을 운영하면서 교육의 파트너로서 마을이 매우 중요하다는 점을 이해하게 되었습니다. 맡아서 운영해 보니 학생의 삶과 연결시키는 교육,

학생의 정체성을 살려 주는 교육, 맥락이 있는 교육을 위해 꼭 필요한 관심 대상이라 생각하게 되었습니다. 이런 교육이 앞으로 가야 할 방향, 즉 미래의 교육의 방향과 잘 맞는다고 생각했습니다. 그런데 이런 의식을 갖기가 쉽지 않습니다. 그래서 어렵습니다. 이제 시작이기 때문에 교사가 그런 인식을 갖는 데에는 교육청의 노력이 있어야 합니다. 학교에도 프로그램을 전파하고 보급하는 구심체 역할을 하는 교사가 있어야 합니다. 일반 교사들이 처음부터 자발적으로 마을과 함께하는 교육을 해 나가기는 쉽지 않다고 봅니다.

● 거버넌스를 구성하는 일이 가장 어렵지 않았을까요? 구성 과정에서 어려웠던 점이 있었다면 소개해 주세요.

2015년 5월 마을결합형 모델 학교로 선정되고, 아무것도 모르는 상태에서 서울시교육청 연수를 가 보니 거버넌스를 구성하라는 얘기를 했습니다. 가급적 민·관·학으로 구성하라고 했습니다. 연수 후 학교에 돌아와 생각해 보니 막막했습니다. 도대체 누구를 만나야 할지… 우선 학교의 복지사 선생님께 말씀드려 동네 주민들 추천을 받고 저 개인적으로도 여러 분을 방문하여 협조를 구했습니다. 작년 6월, 7월에는 수업만 끝나면 정신없이 동네 주변을 누비면서 취지를 설명하고, 거버넌스에 참여하도록 부탁을 했습니다.

수십 군데를 방문하면서 확인할 수 있었던 것 하나는 학교 일을 동네 사람들도 그렇게 달가워하지 않는다는 것입니다. '학교가 언제부터…', '우리가 학교의 보조기관도 아니고…' 하는 반응이었지요. 그래도 여러 번 찾아가 부탁을 하고, 협조를 구해 관학 중심으로 10여 명으로 거버넌스를 꾸릴 수 있었습니다. 그 뒤에도 알음알음으로 동네에서 영향력 있는 주민을 소개받으면 즉시 달려가서 부탁과 함께 참여를 독려하였습니다. 그러면서 처음에 비해 사람이 늘어나기도 했고, 참여했던 사람이 사정으로 빠지기도 했습니다. 거버넌스는 상황에 따라 달라지는 게 당연하고, 유연하게 운영해야 한다고 생각합니다. 또 학교 안 교사 중심 거버넌스가 있는데, 이 거버넌스와 마을 주민 중심 학교 밖 거버넌스가 잘 연계되어야 합니다.

● '마을 알기', '마을과 교류하기', '마을에 기여하기', '마을과 일체되기'는 어떤 주기로 운영되나요?

처음에 마을결합형을 하려면 마을을 알아야 하고, 그런 뒤 마을과 교류하기와 마을에 기여하기로 갈 수 있습니다. 어느 학교든 처음부터 세 가지를 동시에 추진하기는 어렵습니다. 그렇지만 한 해만 지나면 이미 마을과 원만한 관계가 이루어졌기 때문에 세 가지 활동을 동시에 할 수 있습니다. 본교는 현재 2년 차인데 시기에 관계없이 세 가지 프로그램을 운영하였습니다. 학교에 따라 차이가 있겠지만, 이 세 가지가 균형을 이루어야 합니다. 교육과정의 균형을 위해 세 가지 면의 활동이 조화를 이룰 수 있도록 다양한 프로그램을 만들어야 합니다. 아마 이것이 시스템을 갖추는 일이라고 보면 됩니다. 즉 마을 알기, 마을과 교류하기, 마을에 기여하기가 잘되면 그것이 곧 마을과 일체가 되는 것이고, 다양한 프로그램으로 시스템을 갖춰 놓으면 사람이 바뀌어도 계속 마을과 함께하는 교육이 이루어질 수 있습니다.

● 프로그램만 중요한 것은 아니지만, 활동 중 다양한 프로그램 활동을 빼놓을 수는 없겠지요. 학생들이 어떤 활동을 하였는지 간단히 소개해 주세요.

저는 두 가지 프로그램을 소개하고 싶습니다. 하나는 '보물을 찾아라!'입니다. 이것은 학생들이 마을을 탐색하여 알게 된 학생들의 유익한 쉼터를 친구들에게 다양한 방법으로 안내하고, 이를 다시 학생들이 무료한 방학 동안 손에 들고 돌 수 있는 '○○워킹트랙' 지도로 만들어 배부한 것입니다. 물론 학생이 중심이 되어 만든 엉성한 지도였지만, 나름 학교를 중심으로 하는 지도였기 때문에 의미가 있었고, 또 사회수업에도 잘 활용할 수 있었습니다. 또 방학 중 지도를 들고 돌아본 학생에게 상을 주는 방학 자율과제를 부과했는데, 개학 후에 확인해 보니 전교생 가운데 30여 명이 이 지도를 사용하였더군요. 자신이 찍은 사진을 지도에 붙여 가져온 학생, 핸드폰에 저장된 사진을 보여 주는 학생 등 다양하게 트랙을 돌았다는 것을 확인했는데, 정작 지도를 제작한 탐색대 학생들이 확인하면서 감동을 받았습니다. 아마 이 학생들에게는 이 활동이 오랫동안 머릿속에 남겨 둘 나만의 삶의 목록 또는 이야기가 되지 않을까 싶어요.

다른 하나는 '마을에서 내 꿈 캐기' 프로그램입니다. 교사가 발품을 팔아 찾아낸 마을의 직업체험장에 학생을 보내게 됩니다. 학교 주변에서 찾은 곳들이라 큰 회사는 아니지만 학생들의 꿈과 관련이 있는 직업체험장도 있었습니다. 도자기마을, 수공예, 도너스빵집, 바리스타 등인데, 학생들은 이곳들을 방과 후에 직접 방문하여 무언가를 배우게 됩니다. 이 활동의 끝은 배우는 것만이 아닙니다. 학교에 돌아오면 학생들은 배운 것을 학교의 지원금을 받아 다시 한 번 만듭니다. 그들이 만든 제품은 난우제 축제의 판매상품이 되고, 여기서 얻은 수익금을 불우이웃에게 기부하는 과정이 이어집니다. 작년에는 수익금이 그렇게 많지 않았지만 올해는 좀 더 많은 판매수익금을 올릴 예정입니다. 학생들은 배운 걸 한 번 더 익히기도 하지만, 자신이 제품을 만드는 것이 누군가를 위하는 일이라는 생각에 더 열심히 했습니다.

● 교사들은 떠나지만 마을 주민과 학생들은 지역에 남습니다. 현재 운영되고 있는 활동을 시스템화해서 정착시키는 데 어떤 노력을 기울이고 있는지요?

교육은 학생들의 인식을 바람직하게 키워 주는 것입니다. 마을결합형 학교, 마을과 함께하는 교육은 바람직한 인식을 키워 주는 좋은 방법 중 하나입니다. 이를 위해 교사들은 학교에 머물러 있는 동안 학생들에게 마을에 대한 인식을 갖도록 하는 프로그램을 지속적으로 제공하는 일을 해야 합니다. 그리고 수업 속에 마을의 맥락을 담는 노력을 하는 것도 중요하죠. 꼭 수업이 아니더라도 큰 틀의 교육적이라는 의미로 마을의 다양한 활동에 학생들이 관심을 갖고 개입하도록 지도하는 일도 필요합니다. 마을과 함께하는 학생들의 활동이 매우 중요한 교육활동이기 때문입니다. 이렇게 여러 방향에서 마을과 관련을 맺으면서 활동을 하다 보면 애향심이 자라게 되고, 내 마을, 내 지역에 대한 의식이 커지게 됩니다. 이런 학생들은 성장하여 어른이 되어도 마을을 떠나지 않고, 좋은 마을을 만들기 위해 더 노력하지 않을까 생각합니다. 이를 위해서 학교는 마을과 함께하는 교육, 또는 교육 프로그램을 시스템(매뉴얼)으로 구성하는 것입니다. 또한 이와 같은 거버넌스를 지속적으로 유지할 수 있도록 모임을 상설화해야 합니다. 이런 분위기를 조성하기 위해 교육청이 고민하는 지점이 있어야 한다고 봅니다.

● ○○중 마을결합형학교와 관련해, 소개해 주시고 싶은 이야기가 더 있으면 들려주세요.

지금은 제가 마을결합형 전도사가 된 것 같지만, 사실 저도 처음에는 마을결합형학교에 부정적이었습니다. 안 그래도 업무가 많고 힘든데 이런 것까지 해야 하나 싶었죠. 이런 생각은 다른 선생님들도 대부분 마찬가지입니다. 그래서 이 일을 시킨 교장 선생님을 처음에는 원망했습니다. 심지어는 공모 계획서를 내면서도 내심 떨어지기를 바라는 마음이었습니다. 그런데 마을결합형학교 프로그램을 운영하면서 교육의 역할이 무엇인가를 생각하게 되었고, 앞으로 교육의 방향이 바로 이런 교육, 즉 마을과 함께하는 교육이 아닌가 하는 생각을 조심스럽게 하였습니다. 교과서에서 벗어나 학생들의 삶의 맥락을 교과서에 싣는 방법은 마을과 함께하는 교육을 통해서라고 생각하게 되었습니다. 이런 생각으로 일을 하다 보니 어려움과 보람이 공존하지 않았나 싶습니다. 이런 생각을 주변 선생님들에게 전하다 보니 선생님들의 마을결합형학교에 대한 이해도 깊어졌고, 그러면서 참여와 협조가 덤으로 따라왔지요. 올해는 2학기 때 마을사랑주간을 2주간 운영하면서 작년보다 훨씬 발전된 모습을 보여 주었습니다. 이것이 바로 소통과 공감의 결과가 아닐까요.

참고 문헌

- 서용선 외(2016).『마을공동체란 무엇인가?』. 살림터.
- 조한혜정(2006).『가족에서 학교로, 학교에서 마을로』. 또하나의문화.
- 유창복(2014).『도시에서 행복한 마을이 가능한가』. 휴머니스트.
- 오마이뉴스 특별취재팀(2013).『마을의 귀환』. 오마이북.
- 박원순(2011).『마을, 생태가 답이다』. 검둥소
- 서울특별시교육청(2016). 〈2016 주요 업무 계획〉. 서울교육 2015-116.
- 서울특별시교육청(2015). 〈모두가 행복한 혁신미래교육〉. 2015-2018 서울교육중 기발전계획.
- 한국교원연수원(2016).『마을교육공동체로 서로 물들다』. 서울시마을공동체종합 지원센터·경기도따복공동체지원센터.
- 충청남도교육청(2016).『마을교육공동체 전국교원연수 자료집』. 마을교육공동체 전국네트워크 출판.
- 이용운(2016).『마을과 함께하는 학교, 학교 컨설팅 워크숍』. 서울시마을공동체 종합지원센터. 서울특별시교육청 출판.
- 이용운(2016).『중등 우정이 있는 학교 1기 직무연수 자료집』. 서교 2016-중등- Ⅱ-86. 서울특별시교육연수원 출판.
- 이용운(2016).『2016 마을결합형학교 지원단 포럼』. 서울특별시중부교육지원청 출판.
- 이용운(2015).『학교교육 본질의 이해』. 교육출판사.

제7장

학교선택제사업 뿌리내리기

오형민

1. 새로운 교육 모델을 찾아서

모두가 신뢰받는 공교육혁신을 위해 민·관·학이 참여하고 협력하여 새로운 교육 모델을 실현하는 서울형혁신교육지구사업은 2013년 구로·금천구의 혁신교육지구 시범적 사업을 거쳐 2015년부터 11개 자치구에서 시행되었다. 2017년에는 서울특별시 22개 자치구가 혁신교육지구로 선정되었고, 2019년부터는 서울의 25개 전 자치구가 참여할 정도로 외연 확장도 이루어졌다. 내용 면에서도 교육격차 해소로부터 시작하여 민·관·학이 공동 주체가 되는 마을교육공동체 실현을 위한 다양한 프로그램들이 나열될 정도로 많은 성장을 이루고 있다.

현재의 교육개혁과 학교 혁신의 양적 성과는 시대적 요구와 필요성에 대한 공감대가 형성되면서 가능했다. 이러한 시점에 혁신교육지구사업의 운영 실태에 대한 점검과 분석을 통해 축적되고 있는 경험들이 질적 성과로 확산될 수 있는 계기와 바탕을 마련할 수 있을 것이다.

이에 서울형혁신교육지구사업에 대한 학교현장의 기본적인 인식 및 이해도를 파악하고, 이를 전제로 혁신교육지구사업 중에서 실제 학교가 주관하여 실행되고 있는 학교선택제사업의 세부 영역별 프로그램들의 운영 실태를 분석하였다. 특히 운영 실태 분석을 통해 나타난 인식도 및 다양한 문제점과 실패 경험들의 변화 추이를 도출하고, 이를 보완하여 학교현장에 제대로 뿌리내리기 위한 개선 방안을 모색하였다.

학교선택제사업은 학교자율운영체제와 보조를 맞추고 있다. 학교 대상의 혁신교육지구사업을 교육지원청을 통해 안내하고 지원함으로써 실제 학교교육과정 속에 혁신교육 사업이 연착륙할 수 있도록 학교에 자율적 사업 선택권을 부여하는 운영 방식이다. 이러한 학교선택제사업 운영에 대한 분석은 서울형혁신교육지구사업 전반과 비교할 때 대상 영역이 학교 중심으로 한정되어 있다. 그러나 세부 프로그램들은 교원의 혁신교육에 대한 인식 제고, 학교와 마을의 협력교육을 바탕으로 한 '마을과 함께하는 교육과정 재구성'의 활성화 및 '마을과 함께하는 학교문화 조성'이라는 혁신교육지구사업의 목적을 달성할 수 있는 구체성을 포괄하고 있다.

이를 위해 구체적인 학교선택제사업의 운영 실태와 개선 방안을 제시하여 다음과 같은 문제를 해결하고자 하였다. 서울형혁신교육지구사업의 인식 및 이해도의 변화 추이와 향상도는 어느 정도인지, 학교선택제사업의 운영 방향 및 실태 변화도 추이, 교원의 인식도 및 참여도 의식은 어떻게 변하고 있는지, 학교선택제사업의 운영에서 나타난 문제점이나 어려움, 실패 경험은 무엇이며 개선 방안에는 어떤 것들이 있는지, 학교선택제사업이 학교현장에 미치는 영향과 교육혁신의 관계는 어떠한지 등이다.

2. 모색하기

1) 사업 분석

사업 분석의 범위는 저자가 서울특별시중부교육지원청에서 연구교사로 근무하면서 파악한 관내 중구혁신교육지구, 종로혁신교육지구, 용산혁신교육지구의 초·중·고등학교에서 실시하고 있는 학교선택제사업을 그 대상으로 하였다. 타 자치구의 자료 및 운영 성과는 모형으로서 참고하였다. 설문조사는 관내의 초·중·고등 학교급별 관리자 및 서울형혁신교육지구 업무 담당 교사와 일반 교사를 대상으로 표본 집단을 설정하여 조사하였다. 자치구별 학교급별 균배로 초·중·고 전수 조사 1개교씩(32명씩×3개교=총 96명), 일부 조사 초·중·고등학교 3개교씩(12명×9개교=총 108명)으로 총 12개교(총 204명) 규모의 설문조사를 실시하였다. 서울형혁신교육지구사업 및 학교선택제사업 전반에 대한 이해 및 인식도 설문, 사업 참여도 및 변화도 추이 설문, 영역별·유형별 인식 차이 및 문제점과 개선 방안, 시사점 등의 도출을 위한 다양한 방식의 설문지를 통한 조사 및 분석을 실시하였다.

이와 함께 학교급별로 학교선택제사업의 영역별 프로그램에 대해 학교와의 협의하에 계획, 실행, 평가 부문의 운영 실태 전반을 모니터링하였다. 또한 서울형혁신교육지구사업 및 학교선택제사업에 대한 실증적 운영 및 인식, 의견 변화 추이 등을 파악하기 위한 설문조사 표본 집단 학교의 관리자 및 업무 담당자 등을 대상으로 초등학교 3명, 중학교 3명, 고등학교 4명(자사고 포함)의 전문가 심층 면담조사를 실시하였다. 이 밖에 참여 및 관찰을 위해 자치구별 혁신교육지구 실무협의회 등에 참여하여 혁신교육지구의 운영 전반에 대해 파악하고 마을결합형학교 운영 현황 등을 이해하였다.

2) 서울형혁신교육지구 주요 방향 변화

교육격차 해소기: 2013~2014년

2013년 구로구와 금천구의 혁신교육지구가 최초로 선정되었다. 낙후된 지역의 교육격차를 해소하려는 목적으로 마을과 지자체가 학교교육을 지원하는 방식인 서울형혁신교육지구의 출발이었다.

공교육혁신기: 2015~2016년

이 시기에는 교육의 공공성 강화를 바탕으로 민·관·학 거버넌스가 운영되었고, 마을교육생태계 조성을 통한 공교육혁신을 비전으로 내세웠다. 2015년 혁신지구형 7개 자치구(강북, 관악, 구로, 금천, 노원, 도봉, 은평)가 지정되었고, 우선지구형으로 4개 자치구(강동, 동작, 서대문, 종로)가 선정되어 총 11개 자치구가 본격적으로 서울형혁신교육지구의 기치를 세웠다. 2016년에는 혁신지구형 5개 자치구(강동, 동작, 서대문, 성북, 양천)와 우선지구형 3개 자치구(강서, 동대문, 영등포), 기반구축형 4개 자치구(광진, 마포, 성동, 중구)에서 추가로 선정되어 총 20개 자치구가 공교육혁신을 위한 마을교육생태계를 인식하였고, 학교와 마을의 유기적 결합이 태동하게 되었다.

학교-마을교육공동체 구축기: 2017~2018

이 시기는 '참여와 협력으로 아동·청소년이 행복하게 성장하는 학교-마을교육공동체'의 구축을 비전으로 '마을과 함께하는 학교문화 조성'과 '배움과 돌봄의 마을교육공동체 형성', '유기적인 민·관·학 협력체제 구축'이라는 전략 목표를 설정했다. 2017년 서초와 용산구가 신규로 추가 지정되면서 총 22개 자치구가 서울형혁신교육지구로 성장하게 되었다. 특히 민·관·학의 협력체제가 수평적인 협력으로 상향식 혁신을 본격화하였다.

학교-마을교육공동체 실현기: 2019~2020

2019년부터 서울의 나머지 3개 자치구(강남, 송파, 중랑)가 동참하면서 서울의 전체 25개 자치구가 모두 서울형혁신교육지구사업을 보편적 사업으로 시행하게 되었다. 진정한 학교와 마을의 교육공동체를 실현하기 위해 민·관·학이 함께하는 협력 문화의 확산 방향이 무엇보다 우선시 된다. 여기에 자치구별 특성과 여건이 최대한 반영된 자율적 사업 진행을 기본 방침으로 정하고 있다.

서울형혁신교육지구의 개념 비교

[표 1] 2019 서울형혁신교육지구 운영 계획(서울특별시교육청 참여협력담당관 자료)

서울형혁신교육지구(2015~2018)	서울형혁신교육지구(2019~2022)
모두에게 신뢰받는 공교육혁신을 이루기 위해 교육청, 서울시, 자치구, 지역 주민이 참여하고, 지역사회와 학교가 협력하여 새로운 교육 모델을 실현하도록 서울시와 교육청이 지정하여 지원하는 자치구	어린이·청소년이 학교와 마을에서 삶의 주체로 성장할 수 있도록 서울시, 교육청, 자치구, 지역사회가 함께 참여하고 협력하여 학교-마을교육공동체를 실현해 나가는 자치구

3) 학교선택제사업 현황 통계 및 분석

2018학년도 서울특별시중부교육지원청 관내 학교급별로 진행된 학교선택제 프로그램의 영역별 현황의 통계·분석을 통해 사업의 기본적인 운영 현황을 파악하였다. 학교선택제 진행 프로그램은 혁신교육지구의 운영 비전에 따른 필수과제인 '마을-학교 연계 사업'과 '청소년 자치 활동', '민·관·학 거버넌스 운영'의 세 영역에 해당하는 총 10개의 프로그램을 각 학교별로 1~5개 정도 희망 선택하여 진행하고 있었다. 각 학교급별 선택 프로그램은 주로 마을과 함께하는 학교교육과정 운영 사업과 마을방과후활동 체제를 구축하는 마을-학교 연계 사업 프로그램이 주를 이루고 있다. 구체적인 프로그램 진행 현황은 [표 2]¹와 같다.

[표 2] 영역별 학교선택제 프로그램 진행 현황(관내 대상 학교 101개교)

영역	사업명 (프로그램)	초등학교 (총 40개교)		중학교 (총 26개교)		고등학교 (총 35개교)		합계 (총 101개교)	
		대상 학교 수	지원 예산 (천 원)	대상 학교 수	지원 예산 (천 원)	대상 학교 수	지원 예산 (천 원)	대상 학교 수	지원 예산 (천 원)
마을·학교 연계 사업	중학교 협력종합 예술활동 지원	해당 없음		13	65,000	해당 없음		13	65,000
	수업 방법 개선 협력교사 지원	11	101,000	4	32,000	10	96,000	25	229,000
	마을결합형학교 시범학교 운영	3	30,000	1	15,000	2	20,000	6	65,000
	마을결합형 학교 교육과정 운영	13	59,000	11	44,000	1	3,000	25	106,000
	마을결합형 동아리 지원	18	47,500	12	30,000	14	35,000	44	112,500
	찾아가는 문예체 협력수업 지원	25	65,400	7	18,600	2	3,500	34	87,500
	찾아가는 문화예술 공연	23	16,100	9	6,300	6	4,200	38	26,600
학생 자치 활동	우리마을 청소년 동아리	10	24,400	7	18,500	17	42,000	34	84,900
	학생자치실 리모델링 지원	2	10,000	2	10,000	11	43,800	15	63,800
민관학 거버 넌스 구축	혁신 마인드 제고 연수(필수)	40	20,000	26	13,000	35	17,500	101	50,500
합계		145	373,400	92	252,400	98	265,000	335	890,800

---

1. 서울특별시중부교육지원청 교육협력복지과(2018. 4) 자료를 분석하였다. 자치구별로 지원 예산 및 대상 학교급의 차이가 있다.

3. 현장 참여 분석하기

1) 학교선택제사업 모니터링[2]

학교급별 서울형혁신교육지구 학교선택제 프로그램 진행 상황에 대한 모니터링을 통해 영역별 학교선택제 프로그램 운영 현황 및 문제점, 개선을 위한 건의 사항 등 전반적인 실태를 파악하였다.

(1) 학교선택제사업의 취지 및 운영에 관한 모니터링 결과[3]

- 혁신 사업의 생소함을 해소할 수 있도록 더 많은 안내 요청
- 혁신 마인드 제고 연수는 동일 방식으로 수차례 지속되어 운영에 어려움이 있음
- 혁신학교와 혁신교육지구 맞물려 운영되어 교사의 부담은 가중되나 학생들은 만족스러워함
- 앞으로 예산 배정이 불투명하여 사업의 연계 및 지속성에 대한 불안함이 있음
- 「수업 방법 개선 협력강사 지원」 사업은 계속 지원되기를 희망
- 마을결합 동아리 모집의 어려움: 서울 중부 지역 특성인 한정된 학생 수로 인해 기존 상설 동아리와 차별성 미흡
- 학교 밖 활동 시 사전 안전교육에 대한 구체적인 실시를 위한 철저한 안내 당부
- 교사만족도는 지속적으로 상향됨: 혁신지구 인식 및 이해도 상승

---

2. 2018년 4월~6월에 각 자치구 혁신교육지구별 학교선택제사업 실시 학교를 전수 방문 조사하였다.
3. 학교선택제 프로그램 모니터링 결과 내역은 서울특별시중부교육지원청 교육협력복지과 (2018. 7) 자료를 요약 분류하였다.

서울형혁신교육지구 학교선택제사업이 2~3년간의 실행 시기를 거치면서 점차 사업에 대한 만족도 및 혁신교육에 대한 이해도가 상승했음을 확인할 수 있었다. 다만 교원의 업무 부담이나 사업의 지속성에 대한 불안감을 보이는 경우도 있었다. 또한 사업 담당자들의 사명감과 열정을 바탕으로 한 노력의 결과로 만족도가 향상되었음을 확인하였다. 물론 이러한 가시적 효과 및 만족도 향상이 한두 개인의 열정과 노력으로만 지속되는 방식은 옳지 않다. 교육공동체의 주체들이 각자 자신의 역할을 충실히 하고 이러한 역할들이 결합하여 조화를 이루어 빛을 발할 때 더욱 발전적인 지속가능성을 확인하게 된다. 이것이 민·관·학 거버넌스의 바른 정착과 활성화가 요구되고 기대되는 대목이고, 사업의 지속가능성을 위한 가장 명확한 대처 방안이다.

(2) 민·관·학 거버넌스(지역 연계 및 마을강사)에 관한 모니터링 결과

- 학교현장에서 지역사회 자원과 쉽게 연계하는 것은 현실적으로 어려움. 인력 및 프로그램이 위탁사업 형태로 운영되기 바람
- 문예체 사업은 위탁사업으로 하여, 위탁업체에서 프로그램을 전적으로 책임지고, 학교를 방문하여 제공하여 주는 방식을 희망
- 의미적인 사업 선택보다는 학교에서 꼭 하고자 하는 사업만을 신청받아서, 해당 사업에 집중할 수 있도록 예산을 교부하기를 바람
- 마을강사의 전문성 검증의 어려움(행정적 어려움 포함) 호소: 검증된 강사 인력풀 구성 요청, 학교에서는 성범죄 조회나 기타 행정적인 절차 없이 마을강사를 지원받기 바람
- 마을강사의 질과 수준 향상에 도움이 될 수 있도록 교육지원청이나 지자체에서 지속적인 역량 강화 대책을 요청함
- 마을강사 채용의 어려움(폭넓은 인력풀 필요) 호소
- 학부모 참여 사업의 부조화 요소가 있고, 담당 교사의 노력이 들어

가지 않으면 학부모 참여 프로그램을 운영할 수가 없는 현실적 문제 제기

• 지자체 내 사업 담당자가 다르고, 다른 업무 담당자가 내용을 몰라 학교가 접근하기 어려움이 있으니, 유관 기관의 협력체제가 필요함

• 지자체와 교육청 장학사가 자주 만나서 이야기를 나누고, 관내 학교의 어려움을 중간에서 잘 중계해 주었으면 함

학교현장에 혁신교육지구라는 새로운 교육 패러다임을 정착해 나가는 데는 시간과 노력이 필요하리라는 것은 주지의 사실이다. 해를 거듭할수록 마을과 학교가 협력하는 구조와 체제를 갖추고 있지만, 학교현장에서는 아직 미흡함이 나타나고 불만과 저항을 표출하기도 한다. 새로운 제도와 구조의 단단한 정착을 위해서는 가급적 피로도와 거부감을 줄이는 방향으로 접근해야 함을 모니터링을 통해 확인할 수 있었다. 경험과 이해가 부족한 상태에서 새롭게 마을과 연계하는 사업의 도입으로 인한 불편함을 줄이려면 도입이나 정착 시기에 담당자들의 업무 부담을 최소화하는 방향으로 정책과 사업을 추진할 필요가 있다. 따라서 일부 프로그램의 위탁화는 지역 연계의 방향과 행정 업무의 간소화를 위해 논의해 보아야 한다. 실제로 일부 자치구에서 추진하고 있는 자치구 주관의 방과후 프로그램 등은 도입과 확산이 요구되고 있다.

2019년도 사업으로 논의되어 시행 확정된 '더불어교실'[4] 사업도 학교 업무 간소화의 한 방안으로 여겨진다. 이와 함께 마을강사들의 역량 강

---

4. '학교와 마을이 만남과 어울림을 통해 학교와 마을의 연계 협력망을 형성하고, 프로젝트 교육활동으로 즐거운 마을 속 행복한 아이들의 성장을 실현하는 학교와 마을이 더불어숲을 이루는 상생 협력 활동'으로, 마을교육기관은 지역 내 학교들의 교육활동 혁신을 위한 창의적 제안을 하고 학교는 여건에 맞게 선택을 하며, 운영과 관련한 적극적 상호 소통을 하는 방식으로 추진(서울시교육청 참여협력담당관 자료).

화를 위한 노력과 전문성 검증 등에 대한 요구 역시 지속적으로 제기되고 있다. 이는 마을강사 역량 강화를 위해 교육지원청의 역할과 함께 민·관·학 거버넌스의 효율적 정착과 활성화가 더욱 요구되고 있음을 시사한다.

(3) 행정적 처리 및 지원에 관한 모니터링 결과

- 일회성 행사가 아닌 장기적인 사업으로 지속성을 가지고 진행되어야 하며, 학교는 교육과정 운영에 충실할 수 있도록 서울시, 자치구, 교육청의 재정적 지원뿐 아니라 운영상의 행정적 지원도 필요함
- 시행 주체별 사업명 등 용어의 혼란을 겪고 있음. 용어의 구분 명확화가 필요
- 마을자원 및 자료들은 폭넓게 제공해 줄 수 있으면 좋겠음
- 학교 현실에서 각 사업을 운영하고 담당할 교사 모집이 어려우며, 행정 업무가 많이 간소화되었음에도 불구하고 사업 추진을 부담스러워하는 경향이 있음
- 적극적 참여 교원에게 보다 많은 지원 요망
- 초등학교 학생들이 참여하는 외부 체험 및 탐방 프로그램의 경우, 반드시 버스 지원이 있어야 함(버스를 지원해 주든가, 버스 대절을 위한 예산을 같이 주어야 함)
- 학교별로 묶어서 차량을 이용할 수 있도록 지원 필요
- 초등학교에서 학생들을 인솔하여 나가는 것은 어려움. 교육청에서 위탁 사업으로 운영하여, 학교에서 세팅되어 있는 프로그램을 신청할 수 있으면 좋겠음
- '찾아가는 문예체 협력수업'과 유사한 사업이 많음. 학생 호응은 좋으나, 유사한 사업을 각각 다르게 운영하여야 하는 교사의 부담이 많음
- 학교별 신청가능 사업이나 예산을 지정해 주면 좋겠음
- 협력강사 지원 사업 운영 시 유의 사항 안내: 수업 방법 개선 협력강사

의 신분은 기간제 근로자임
- 특성화고의 경우 구청 지원이 상대적으로 부족한 상황임. 부족한 지원에 요구하는 서류는 많음

사업을 진행하기 위한 행정적 처리와 지원은 세부적 사업 진행의 실무적 요소로 중요하게 인식되고 있다. 복잡하고 어려운 행정 절차와 지원체계의 미흡함은 사업 성패 요인과 함께 지속성에 큰 영향을 미치게 된다. 업무 피로감을 해소할 수 있고 프로그램 진행의 효율성을 높이기 위해서는 더욱 세심하고 구체적인 지원체계를 갖추어야 한다. 특히 학교 입장에서 프로그램 담당 교원의 역할이 중요한 시점에 행정적 지원체계가 잘 갖추어지지 못하면 지속성을 담보할 수 없기 때문이다. 여기서 행정적 전문가가 포진된 교육지원청의 역할로 학교현장에 실질적 도움이 될 만한 사업 관련 모니터링이나 컨설팅 같은 지원체계가 절실하게 요구되고 있음을 확인하게 된다.

(4) 예산 운용 및 지원에 관한 모니터링 결과

- 찾아가는 문화예술 공연비용이 부족해 섭외가 어려움
- 문예체 사업의 경우 인건비를 증액(강사비의 현실화)해 주어야 원활한 운영이 가능함
- 문화예술 관련 예산을 모두 묶어서 가칭 '문화예술'로만 교부하고, 학교에서 자율적으로 활용하도록 하면 좋을 것임
- 예산 신청과 교육과정 편성 시기가 차이가 있어 운영에 어려움(전 학년도 11월에 사업계획을 안내하고 진행함으로써 새 학년도에 바로 반영할 수 있도록 희망)
- 자산 취득을 할 수 있도록 예산 지원이 필요함(대여비가 장기적으로

구입비 초과)
- 도서 구입 정도는 재량으로 할 수 있도록 제한을 두지 않았으면 좋겠음
- 학생 급양 및 간식비 추가 지원 확대 요청
- 학생들의 문화생활 수준이 높아 저가 공연 관람료 책정 시 학생들이 흥미를 갖지 않는 경우가 발생함
- 예산 사용에 따른 증빙 자료가 많이 간소화되고 있음. 간소화 기조가 계속 유지되기를 희망함
- 일회성 행사의 지원보다는 장기적으로 도움이 되는 워크북 제작 등에 예산 지원 희망

행정적 지원체계에 대한 요구와 함께 실질적인 사업 운영에 필요한 예산의 지원 및 운영에 대한 다양한 요구와 의견은 학교선택제사업 진행의 근간이기도 하다. 먼저 예산 지원 부분에서는 신청 및 지원 시기에 대해 주로 학교교육과정 및 교육계획 편성 수립 시기와 연계될 수 있기를 요구하고 있다. 예산 지원 결정이 미정인 상태에서는 학교의 교육과정과 교육계획에 학교선택제사업을 반영하기 어렵다는 의견이 많았다.

예산의 구체적 운영에 대해서는 운영의 자율성과 지원의 증액을 요구하는 경우와 예산 집행의 행정 처리 역시 간소화를 요구하는 경우가 많았다. 지속적으로 차기 혁신교육지구사업 전반의 예산 운영 지침에서 좀 더 유연하고 간소화하는 방향의 개선책이 요구된다.

2) 설문 및 면담조사를 통한 학교선택제사업 분석

(1) 설문조사 기본 사항

설문의 주요 내용은 교육혁신과 서울형혁신교육지구 및 학교선택제사

업에 대한 이해도 및 운영 변화 추이와 인식도, 문제점 및 개선 방안 도출 등에 대한 것이다. 제작된 설문지로 학교급별 표집 집단을 선정하여 설문조사를 실시하고 분석을 진행하였다.

설문 대상자 인구학적 특성

대상	서울특별시중부교육지원청 관내(종로구, 중구, 용산구) 초·중·고 교원
인원	자치구별, 학교급별 전수조사 1개교씩, 일부조사 3개교씩 총 12개교 총 204명
연령	20대(18명, 9%), 30대(62명, 30%), 40대(78명, 38%), 50대(45명, 22%), 60대(1명)
직위	교감(6%, 12명), 부장교사(61명, 30%), 교사(131명, 64%)

근무 학교와 거주지 일치 여부: 학교가 속한 구에 살고 있다(7%), 살고 있지 않다(93%)

설문의 표집단 선정은 자치구별로 4개교씩, 학교급별로 4개교씩으로 정하고, 초·중·고 각 1개교씩 전수 조사의 방식으로 32명씩, 일부 조사는 각 3개교씩 12명씩으로 설문지를 통한 조사를 실시하였다. 교원이 근무학교와 거주지가 일치하는 비율은 매우 낮으나 이는 서울시와 중부지역이라는 특성(도심 공동화 현상으로 인한 인구 감소 및 지가 상승, 도심 지역으로 교통 유입 편리함 등)이 일부 반영되어야 할 문제로 여겨진다.

(2) 전문가 면담조사 기본 사항

① 면담조사 대상 및 특성

대상	초·중·고등학교 교감(4명), 업무 담당 부장(6명)
특성	서울형혁신교육지구사업 및 학교선택제사업의 취지 및 방향에 대한 이해도 및 운영 전반에 대한 파악이 우수하고 장기간 사업에 직접 관여하여 집행하고 활동한 전문가 집단

② 면담 주요 내용

영역	면담 내용
교육혁신 및 혁신교육지구	• 교육혁신의 방해 요인 • 교육문제 해결의 연관성 • 이해도 수준 및 향상도
마을과 마을결합형학교	• 마을과 마을자원 활용 • 운영 측면의 진행 수준과 이유
학교선택제사업	• 교원의 호응 및 참여도 • 학교현장에 미치는 영향
한계 및 문제점	• 진행의 어려움이나 문제점
개선 방안	• 안착과 발전을 위한 개선 방안

(3) 연구 내용 요소별 설문조사 및 전문가 면담조사 분석

① 교육혁신과 서울형혁신교육지구사업에 대한 이해도 영역

(가) 설문조사 부문

● 소속 학교의 교육혁신을 위한 변화 노력에 대해 어떻게 생각하십니까?

설문 문항	전혀 그렇지 않다 (1)	대체로 그렇지 않다 (2)	보통 이다 (3)	대체로 그렇다 (4)	매우 그렇다 (5)	5점 척도 평균
1) '지식 습득' 중심의 교육에서 '창의 융합역량' 강화를 목표로 하는 교육으로 변화하고 있다.	0%	6%	21%	63%	10%	3.75
2) '결과' 중심의 교육에서 '과정' 중심의 교육으로 변화하고 있다.	1%	9%	19%	54%	16%	3.75
3) '일러 주는 학습' 방법에서 '찾게 하는 학습' 방법으로 변화하고 있다.	0%	8%	19%	60%	13%	3.76
4) '경쟁' 중심의 교육에서 '협력' 관계 중심의 교육으로 변화하고 있다.	1%	9%	21%	50%	18%	3.73
5) '점수' 획득의 평가에서 '세상의 문제를 해결하는 능력'의 평가 방법으로 변화하고 있다.	0%	10%	28%	49%	12%	3.62

● 서울형혁신교육지구사업에 대한 일반적인 이해와 향상의 수준은 어느 정도라고 생각하십니까?

설문 문항	전혀 그렇지 않다 (1)	대체로 그렇지 않다 (2)	보통 이다 (3)	대체로 그렇다 (4)	매우 그렇다 (5)	5점 척도 평균
1) 나는 서울형혁신교육지구사업의 취지와 목적에 대해 잘 알고 있다.	1%	9%	33%	50%	7%	3.52
2) 소속 학교의 교원들은 사업의 취지와 목적에 대해 잘 알고 있다.	2%	15%	30%	49%	4%	3.37
3) 나는 서울형혁신교육지구사업의 취지와 목적에 대해 충분히 안내를 받았다.	1%	12%	35%	44%	8%	3.46
4) 나는 서울형혁신교육지구사업에 대한 이해도가 계속 향상되고 있다.	2%	10%	39%	45%	4%	3.40
5) 소속 학교의 교원들은 사업에 대한 이해도가 계속 향상되고 있다.	2%	7%	39%	48%	4%	3.45

'교육혁신을 위한 변화 노력'에 대한 설문 결과로 보아, 교육 분야의 혁신이 이미 큰 물줄기를 이루고 있다는 현실을 대부분의 설문 응답자가 잘 이해하고 있는 것으로 판단된다. 세부적으로 보면 '과정' 중심의 교육과 '협력과 창의융합적 역량을 강화'하는 방향으로 교육의 패러다임이 변화하고 있음을 잘 인식하고 있다. 결국 이러한 교육혁신의 진행 속에서 서울형혁신교육지구사업을 어떻게 접목해야 학교현장에 연착륙할 수 있을지를 사업의 핵심적인 추진 방향으로 설정해야 함을 확인하게 되었다.

또한 서울형혁신교육지구사업의 취지와 목적에 대한 이해도는 설문 응답자 자신의 부정적 답변(10%)보다 동료 교원의 이해도가 낮을 것으로 생각(19%)하고 있다는 점이 확인되었다. 이 결과는 전반적인 사업의 이해도가 계속 향상되고 있음에도 불구하고 아직 더 많은 홍보와 안내 등을 통한 교육 주체들의 이해도를 더욱 높이는 노력이 필요함을 시사한다.

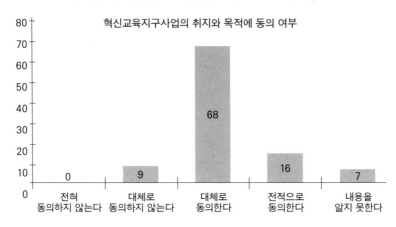

[그림 1] 서울형혁신교육지구사업에 관한 설문 통계 1, 2

혁신교육지구사업의 취지와 목적에 동의 여부

- 전혀 동의하지 않는다: 0
- 대체로 동의하지 않는다: 9
- 대체로 동의한다: 68
- 전적으로 동의한다: 16
- 내용을 알지 못한다: 7

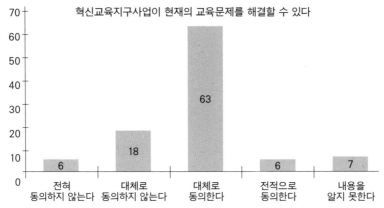

혁신교육지구사업이 현재의 교육문제를 해결할 수 있다

- 전혀 동의하지 않는다: 6
- 대체로 동의하지 않는다: 18
- 대체로 동의한다: 63
- 전적으로 동의한다: 6
- 내용을 알지 못한다: 7

이와 함께 기본적인 서울형혁신교육지구사업의 취지와 목적에 대한 동의 여부를 질문했다. 전체의 84% 응답자가 동의한다고 답변하여 혁신교육지구사업의 긍정적 효과 및 비전에 대한 인식은 전망이 밝은 것으로 보인다. 아울러 교육혁신 측면에서도 현재 우리 사회의 교육문제인 '꿈을 잃은 청소년'이나 '배움과 삶이 괴리된 현실', '입시 중심의 학벌 사회' 등의 해결 방안으로 혁신교육지구사업이 한 축을 이룰 수 있는가에 대한 동의 여부도 질문했다. 역시 긍정적 답변이 69%를 차지하여 교육적 가치 및 정책적 대안으로 서울형혁신교육지구사업의 전망이 밝음을 확인할 수 있었다.

(나) 전문가 면담조사 부문

※ 교육혁신을 위한 변화 노력의 방해 요인에 대한 의견

- 교육혁신에 가장 큰 방해 요인은 고정적인 시각을 고수하려는 기성세대의 편협한 사고방식이다. 결과 중심의 학교 및 사회 시스템(학교평가, 학생평가, 진학, 대학의 서열, 사회 구조 및 인식의 더딘 변화 등)의 공고함과 경쟁 중심의 교육환경 속에서 성과 있는 승자독식의 삶만이 승자의 삶인 것같이 평가하는 문제 등이 교육혁신을 위한 노력을 막고 있다. (초등학교)
- 아직까지 교직의 풍토가 장기적인 발전보다는 단기적인 효과를 내려는 의식이 잔존하고 서로가 자기중심적인 사고로만 재단하려는 생각을 극복하지 못하고 있기 때문이다. (중학교)
- 교육혁신을 위해서는 무엇보다 의사소통이 원활히 이루어지고 서로 논의하고 토론할 수 있는 수평적인 문화가 바탕이 되어야 하는데, 아직 학교 현실은 이러한 수평적 문화 형성을 기대하기 어려운 상황이다. (중학교)
- 학부모와 교사들의 진학에 대한 인식 변화가 부족한 편이다. 수능 위주, 정답 위주의 수업 활동을 계속 진행함으로써 교육혁신에 대한 기대가 아직 미흡한 실정이다. (고등학교)
- 구조와 의식을 꼽을 수밖에 없다. 의식이 구조에 매여 있다고 볼 수 있다. 이전 정부 이후에 벌어진 교육계의 파편화가 여전히 회복되지 못한 채 교사와 교사, 학생과 교사 등이 조각나 있다. 변화와 노력이 이뤄지고 있지만, 교장-부장교사-교사-학생으로 이어지는 계층화된 구조가 '혁신'의 방향성을 가장 크게 가로막는다. (고등학교)

사회 전반의 혁신 바람과 함께 교육계 역시 혁신의 물결은 거스를 수 없는 대세로 인정하고 있다. 그럼에도 불구하고 견고한 고정관념과 폐쇄된 학교문화 등으로 인한 더딘 진행도 목도되고 있는 현실이다. 혁신교육지구의 전문가라 할 수 있는 관리자 및 업무 담당자의 의식에서도 이러한 불통의 인식을 불식시키지는 못하고 있는 모습이 보인다. 하지만 오히려 불통의 문제를 바르게 인식하고 있음은 혁신의 바람을 불러일으킬 수 있는 준비와 자세를 갖추고 있다는 긍정적 시각의 현실 인식일 것이다. 뒤에 이어지는 면담 내용에서 확인할 수 있듯이, 혁신교육지구사업이 당면한 우리 교육문제 해결의 계기와 단초를 마련할 수 있다는 긍정적 답변이 주를 이루고 있다.

※ 혁신교육지구사업의 현 교육문제 해결에 대한 연관성 의견

- 다양한 시각과 다양한 출발, 다각적인 참여와 역동적인 움직임들이 모여 다른 미래를 이끌 수 있다고 생각한다. 다음 세대의 학생들은 배움과 삶이 하나 되는 경험을 통해 스스로 가치를 증명하는 새로운 인류가 될 것으로 확신한다. (초등학교)
- 혁신교육지구사업의 성과로 학생의 참여가 많아져 의미 있는 교육적 변화를 가져오고 있다. 제도적으로 기반을 마련하여 사업의 지속성과 안정성을 확보할 경우에 현재의 교육문제를 어느 정도는 해결할 수 있는 희망이 엿보인다. (중학교)
- 수능과 대학입시에 모든 초점이 맞춰져 있는 교사와 학부모의 인식 변화가 먼저 일어나야 한다. 그럼에도 마을의 협력을 받아 자신의 소질을 찾아 계발하는 데 도움이 되는 방향으로 나아가야 한다. (고등학교)
- 원론적으로 보면 이러한 문제들을 해결할 수 있거나 해결책을 찾아낼 가능성이 있다. 혁신교육지구 자체가 이런 문제를 극복하려는 '꿈'이기 때문이다. 사람들에게 '가치 지향'으로 받아들여질 요소가 많다. 청소

년들에게 경험의 폭을 넓혀 줄 수 있다는 점이 첫째 이유이다. 생동하는 마을과 연계된 교육적 경험은 학교 내부를 중심으로 이뤄지는 교육보다 더 생생하고 복합적이기 때문이다. 마을을 중심으로 한 혁신교육은 마을에 관한 교육만이 아니라, 마을을 통한 교육, 마을을 위한 교육을 지향한다. 이 모두가 '앎이 곧 삶, 삶이 곧 앎'이라는 가치를 내포한다. 이런 지향 아래 이뤄지는 혁신교육은 앎과 삶의 괴리를 극복하고자 노력하게 된다. 입시 중심의 학벌 사회가 혁신교육지구를 통해서만 극복되기는 어렵다. 그러나 혁신교육지구가 일정 부분 기여할 요소는 있다. 사회적 합의를 이루기 위한 여건 형성에 일부 도움이 될 것이다. 물론 이 사안에 관해서는 더 크고 복잡한 합의나 타협이 있어야 하리라 본다. (고등학교)

실타래처럼 얽혀 있는 산적한 교육문제의 해결책은 한두 가지 정책이나 대책만으로 완수될 수는 없다. 그럼에도 혁신교육지구사업이 지니고 있는 가치와 비전이 우리 교육이 나아갈 방향의 이정표 역할을 하기에 충분하다는 것을 대부분의 전문가 집단이 인식하고 있음을 확인했다. 다만 공고한 과거의 고정관념과 학벌 중심의 왜곡된 구조로 인한 저항이 교육혁신을 어렵게 만들고 있음도 함께 인식하고 있는 현실임을 다시 확인하게 된다.

※ 서울형혁신교육지구사업의 이해도 수준 및 향상도에 관한 의견

• 혁신교육지구에 대한 이해의 접근이 사업적 측면으로만 접근했기 때문에 시급하게 확산되면서 양적 확장 중심으로 다양한 사업을 펼치기는 했지만, 철학과 비전에 대한 공유의 장이 덜 펼쳐진 면이 있고 사회적 인식 수준도 그에 못 미치는 상태에 놓이게 되었다. 결국 혁신교육지구는 사회적 운동으로 인식하고 그 시작은 큰 변화의 필요에 동의하

고 공감하는 사람들에게서 시작했어야 할 것이다. (초등학교)

- 학교 구성원들의 전반적인 의식 수준이 사업 철학을 공유하고 비전에 대한 공감대를 형성하기에 아직은 부족한 실정이다. 적극적인 협력과 소통의 관계를 설정하려는 노력의 부족과 상호 간의 이해의 정도를 높이려는 노력이 다소 부족해 외형적 확장과 전반적 공감대 확대에 비해 아직 전체가 공유하기에는 다소 무리가 있는 상태이다. (중학교)
- 혁신교육지구사업이 학생들에게 유익하고 도움이 된다는 인식은 점차 확산되고 있다. 반면에 교사들의 업무 부담 증가와 예산 집행의 어려움과 거부감 등이 아직 잔존하고 있다. (고등학교)
- 교육에 대한 우리 사회의 가치 인식과 공감이 낮기 때문에 혁신교육지구사업에 대한 향상의 수준이 더 높아지지 않고 있다. 초등학교 때까지는 부모들의 관심과 노력의 정도가 높다. 책임을 져야 한다는 의식이 강하게 작용하기 때문일 것이다. 중학교 이후로는 급격히 줄어든다. 그러나 학습자(혹은 아동, 청소년)에 대한 지원의 필요성은 사라지지 않는다. 그런데도 중학교 이후로는 교육의 책임을 거의 모두 학교에 일임하려는 경향이 있다. 정책적인 면을 보면, 이전의 기관 주도의 사업과 구별되지 않는 모습이 있기 때문이다.

선도적인 일부 자치구는 예외가 되겠으나, 서울시와 서울시교육청이 '빨리 넓게' 혁신교육을 진행하고자 서두른 면이 있다. 경험이 적은 자치구의 경우는 아직도 지역 내 관계망 형성과 파악이 빈약하다. 민·관·학 각자의 지향과 변화의 속도 차이도 거론할 수밖에 없다. 혁신교육지구가 더 많이 알려지고 교육의 수준이 높아지려면, 학습자들이 '학생'이거나 교육공간이 '학교'에 그쳐서는 안 된다. 그런데 아직도 많은 경우 교육활동과 사업이 '학생, 학교'에 몰려든다. 학교가 학생을 비롯한 많은 자원을 갖고 있기 때문이다. 이는 어쩌면 마땅한 일이지만, 교육적 기능을 담당할 수 있는 자원(공간, 인력, 교육활동 등)을 학교 밖에도 구축하고 학습자들이 학교를 벗어나도 가치 있고 안전한 학습을 경험할 수 있도록 해야 한다. 그러나 사업의 방향이 이렇게 흘러가는

> 자치구는 많지 않은 것 같다. 학습자나 교사나 학부모나 지역민들이나
> 이전처럼 학교를 중심으로 움직인다면 체감할 만한 변화를 겪기 어렵
> 다. 변화가 없으니 이해하고자 하는 노력이 뒤따르기도 어렵다. 분과나
> 실무협의회 위원들이 고민해야 할 지점이 아닐까 싶다. (고등학교)

설문조사에서도 확인되었듯이 서울형혁신교육지구사업의 실질적 담당자들도 일반 교원의 이해도 및 인식 향상도는 다소 낮을 것으로 인식하고 있다. 혁신교육지구사업의 이해도와 인식의 향상도는 철학과 가치에 대한 공감대 형성이 다소 미흡함에서 기인하는 이유가 대부분이었다. 그로 인해 또 다른 하나의 업무 부담으로 작용하고 있음을 확인할 수 있다. 또한 사업적 접근으로 인한 양적 팽창이 우선시되었던 문제점도 지적하고 있었다.

설문조사 및 전문가 면담 등에서 확인할 수 있는 전반적인 기조는 혁신교육지구사업에 대한 전반적인 이해 및 인식 향상이 지속적으로 높아지고 있음을 확인할 수 있다. 이는 새로운 시기가 시작되는 내년도 사업에서는 더욱 깊이 있는 관계 형성을 통한 철학과 가치의 공유로 교육혁신 전반에 대한 공감대를 형성하는 것이 무엇보다 중요함을 다시금 시사하고 있다.

② 서울형혁신교육지구의 마을과 마을결합형학교의 이해 및 운영 영역

(가) 설문조사 부문

마을과 연계한 교육활동의 진행 정도를 확인하고자 교원의 마을에 대한 이해도와 마을자원의 활용도에 대한 설문을 제시하였다. 역시 대체로 마을에 대한 이해도는 높다는 쪽(30%대)이 낮다는 쪽(10%대)보다

●마을에 관한 다음 질문에 대해 어떻게 생각하십니까?

설문 문항	전혀 그렇지 않다 (1)	대체로 그렇지 않다 (2)	보통 이다 (3)	대체로 그렇다 (4)	매우 그렇다 (5)	5점 척도 평균
1) 나는 학교가 있는 마을의 사정을 잘 이해하고 있다.	0%	13%	46%	34%	6%	3.35
2) 나는 교육활동에 활용할 수 있는 마을의 인적, 물적 자원에 대해 관심이 많고 잘 알고 있다.	1%	18%	44%	33%	4%	3.25
3) 나는 마을의 인적, 물적 자원을 활용한 교육활동을 잘하고 있다.	3%	19%	52%	21%	6%	2.89

●혁신교육지구 마을결합형학교의 운영 측면에서 핵심적 실천 가치에 대해 묻는 질문입니다.

설문 문항	전혀 그렇지 않다 (1)	대체로 그렇지 않다 (2)	보통 이다 (3)	대체로 그렇다 (4)	매우 그렇다 (5)	5점 척도 평균
1) '마을을 통한 교육'은 잘 이루어지고 있습니까?(마을의 인적, 문화적, 역사적, 환경적 자원을 활용한 교육)	0%	13%	33%	50%	7%	3.52
2) '마을에 관한 교육'은 잘 이루어지고 있습니까?(마을의 역사, 자연, 문화, 산업 등 학습 및 마을의 가치관과 생활방식 공유)	2%	15%	30%	49%	4%	3.37
3) '마을을 위한 교육'은 잘 이루어지고 있습니까?(마을의 주민으로 성장시키고자 학교가 마을의 배움터 역할 수행)	1%	12%	35%	44%	8%	3.46

두 배 이상의 결과를 보이고 있다. 이는 마을결합형학교의 핵심적 전제 조건인 마을의 이해도 측면에서 어느 정도 성과 단계에 접어들고 있음을 알 수 있는 지점이다. 물론 마을과 마을자원에 대한 이해와 관심도에 비해 이를 활용한 교육활동의 결과는 다소 부족한 결과를 보였다. 하지만 그 활용도 역시 낮다는 부정적인 답변은 10%대에 불과해 마을자원

을 활용하는 교육활동은 이제 안착을 하고 있음을 확인할 수 있다.

마을자원을 활용한 교육활동인 '마을을 통한 교육'의 정착은, 앞선 설문에서 확인되었듯이 낮다는 부정적 응답이 10% 초반에 머물고 있어 마을결합형 프로그램들이 정상 궤도에서 적극적으로 운영되고 있음을 확인하게 되었다. 또한 보다 발전적 단계인 '마을에 관한 교육'과 '마을을 위한 교육'의 실행 역시 약간의 차이는 있지만 대체로 긍정적인 응답으로 밝은 전망을 보여 준다. 이는 마을결합형학교의 궁극적 가치인 학교교육과정 속에 마을이 조화롭게 연계되어 잘 녹여 내고 있는 학교-마을교육공동체의 실현 기반이 잘 구축되고 있음을 시사하고 있다.

(나) 전문가 면담조사 부문

※ 서울형혁신교육지구사업의 마을과 마을자원 활용에 대한 의견

- 마을과 함께하는 새로운 교육 패러다임이 제대로 적용되고 발전되기 위해서는 마을에 대한 기본적인 이해와 활용할 수 있는 여건을 마련하는 것이 중요하다. 이를 위해서 학교구성원들의 새로운 의식의 전환을 이룰 수 있는 많은 정보와 홍보를 통한 다양한 여건 마련 교육 등이 필요하리라 본다. 이미 수년간 변화되어 온 혁신교육에 대한 익숙함을 보다 발전적인 방향으로 정착시킬 수 있도록 교육청과 지자체를 포함해 관련 담당자들이 학교에서 보다 선도적인 역할을 하는 것이 좋겠다. (초등학교)
- 교과의 성취기준을 중심으로 교육과정을 재구성할 때 마을은 가장 직접적이고 효과적인 교육 자료이기 때문에 마을의 사정을 아는 것은 기본이 된다. 또한 학생이 살고 있는 마을은 학생에게는 세상을 이해할 수 있는 가장 효과적인 틀이고, 학생의 요구와 상황에 가장 밀접한 해답을 줄 수 있는 교과서 역할을 한다. 따라서 마을의 인적, 물적 자원

에 대한 지속적인 관심과 그 활용을 이끌어 내야 한다. (초등학교)

- 학교와 마을이 독립적으로 존재하는 것이 아니므로, 마을도 배움터가 되어 학교와 마을이 유기적인 관계를 형성함으로써 학생들도 마을교육공동체의 진정한 구성원으로 자리매김할 수 있다. (초등학교)
- 혁신교육지구사업은 기존의 교육 지원 사업과 달리 새로운 방식인 민·관·학 거버넌스를 구축하여 사업을 추진하도록 기획되었다. 즉 마을과 교육지원청, 학교 등이 협력하여 마을 내 교육공동체를 조성하는 사업이다. 따라서 행정적, 재정적 지원뿐만 아니라 학교와 마을 등의 다양한 주체가 협력하고 소통하는 교육 협력이 되기 위해서는 마을에 관한 이해와 마을자원의 활용이 매우 중요하다. (중학교)
- 마을에 관한 충분한 이해와 파악은 마을의 인적, 물적 자원을 학교 실정에 맞게 계획하고 실행할 수 있게 한다. 아울러 마을의 인적, 물적 활용은 마을과 학교 간의 공동체 형성에 기여하고 자원의 효율적인 활용과 상호 유기적인 관계를 형성할 수 있다. (중학교)
- 교육활동은 학교에서만 일어나는 것이 아니다. 지역사회의 인적, 물적 등의 자원을 활용해야 한다. 곧 마을과 협력해야 하므로 마을의 사정을 잘 이해하고 활용해야 한다. (고등학교)
- 학습자는 지역사회의 구성원이며 생활인이다. 배움이 '더 나은 삶'을 위한 것이라면 앎이 삶으로 이어지는 구조가 필요하다. 학교와 그 밖의 여러 곳에서 이뤄지는 교육활동이 생활인인 학습자의 삶에 적용되게 만들고자 한다면, 마을에 있는 유무형의 교육자원을 마주치게 하고 겪게 만드는 과정을 포함해야 한다. (고등학교)

마을에 대한 이해와 마을자원의 활용에 대한 인식 역시 혁신교육지구사업의 기본적인 가치와 개념의 이해에 준하여 긍정적 인식이 주를 이루었다. 참여와 소통, 공유와 공감을 확장시키고 서로 존중과 인정의 과정을 배우는 교육의 본질적 접근에서도 학교와 마을이 관계와 구조로 연결될 때 가능하다는 인식을 확인할 수 있었다. 혁신교육지구는 학교와 마을이 유기적 교육공동체로 작동하는 배움과 경험의 장이어야 한다. 이는 교육 주체들의 자발성과 주체성이 확보되고 지속가능한 시스템이 구축될 때 가능하다는 것을 확인해 줌을 시사하고 있다.

※ 마을결합형학교 운영 측면에서 소속 학교가 진행하는 수준과 이유에 대한 의견

- 마을결합형학교의 확산을 위해 선언적인 노력을 기울이고 있지만, 학교의 현실은 아직 1단계인 마을을 통한 교육의 수준에 머물러 있는 상태이다. 그 이유로는 다문화, 저소득, 기초학력 부진 등의 현실적 문제와 교사들의 지역에 대한 얕은 이해와 무기력함, 관리자의 혁신교육지구에 대한 낮은 이해도, 그리고 경제적 이유 등으로 인한 마을의 학교교육 참여에 대한 낮은 이해 등을 들 수 있다. 결국 이러한 점이 보다 확장된 마을결합형학교로 발전되지 못하는 결과를 낳고 있다. 물론 보다 발전적인 마을에 관한, 마을을 위한 교육에 대한 관심과 노력은 점차 향상되고는 있다. (초등학교)
- 마을의 공공 자원을 활용하기 위한 여건이 용이하여 마을을 통한 교육은 잘 이루어지고 있으나, 마을자원이 학생들에게 소중한 자원이라는 인식이 아직 초보 단계이고 가정에서의 마을에 대한 인식 역시 미흡한 상황이라 인식의 전환을 위한 지속적 홍보와 교육이 필요한 상태이다. (중학교)
- 현재 '마을을 통한 교육'은 적극적으로 진행하고 있다. 특히 마을결합형학교의 운영 측면에서 마을에 있는 디지털 리터러시 협회를 통한 교육을 실시하고 있는데, 소프트웨어 교육의 필수화라는 시대적 요청에 호응하여 마을과 협력하는 사업의 취지를 적극 살리면서 진행하고 있다. (중학교)
- 학부모와 마을 전문가 등의 인적 자원을 활용한 교육이 진행되고 있다. 교사들이 마을탐방을 통해 마을의 자연, 문화재 등을 활용한 수업

에 대해 고민하고 있다. 마을을 통한 교육은 기본적으로 잘 진행되고 있으며, 학부모 마을강사 등 마을의 인적 자원의 활용도 이루어지고 있고 학부모 연수 등에는 호응이 아주 좋다. (고등학교)

• 학교에서의 교육활동에 따라 마을결합형의 실천 가치는 모든 단계가 혼재돼 있다고 본다. 그러나 대체로 '마을을 위한 교육'을 지향하고 있다. 학부모 학습 동아리를 구성하고, 그 활동에 학생들이 동참하게 하며, 지역의 사회 문제 해결을 교육활동의 중심 요소에 두고 주민 및 마을활동가들과 협력하여 프로젝트 기반 수업을 진행하기도 했다. 논의의 편의를 위해 단계 설정이 유효하겠으나 실제의 교육활동에서는 이 모든 단계가 교차하며 나타난다고 보는 것이 타당하다. '마을에 관한 교육'을 하다가 '마을을 위한 프로젝트'를 구상하기도 하기 때문이다. (고등학교)

마을의 다양한 인적·물적 자원과 학교와의 관계망 형성을 통한 마을과 함께하는 교육과정으로 재구성하여 운영하는 취지의 마을결합형학교의 운영은 서울형혁신교육지구사업의 전반과 학교선택제사업의 기본적인 필수과제이다. 혁신교육지구사업 초기부터 기본적인 프로그램의 모델은 '마을을 통한 교육'을 바탕으로 진행되었다. 곧 마을의 인적, 문화적, 역사적, 환경적 자원을 활용한 마을결합형 교육이 출발한 것이다. 또한 발전적 과정으로 '마을에 관한 교육'과 '마을을 위한 교육'을 지향하는 방향으로 확대되기를 기대하고 유도하고 있음은 이번 면담조사에서도 잘 인식하고 있었다.

물론 기대하는 방향으로 발전해 나가지 못하고 매년 동일한 자원 탐방과 체험 정도를 답습하는 출발 단계의 마을결합형 프로그램을 반복하는 문제점이 노출되고 있는 점을 지적하는 경우도 있었다. 하지만 점차 마을의 주체로서 마을의 가치관과 생활방식을 공유하는 '마을에 관한 교육'이나 마을의 주민으로 성장시키기 위한 마을의 배움터 역할을 수행하는 '마을을 위한 교육'으로 발전하기 위한 노력을 기울이고 있음을 확인할 수 있었다.

③ 학교선택제사업의 이해도 및 영향 영역

(가) 설문조사 부문

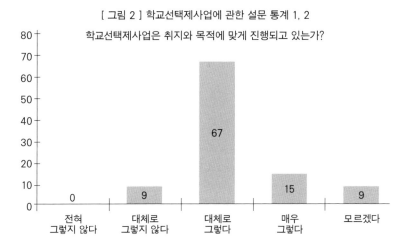

[그림 2] 학교선택제사업에 관한 설문 통계 1, 2

학교선택제사업은 취지와 목적에 맞게 진행되고 있는가?

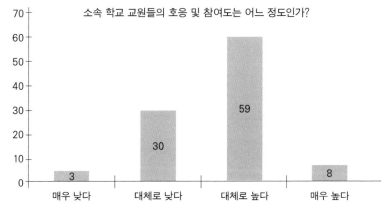

소속 학교 교원들의 호응 및 참여도는 어느 정도인가?

혁신교육지구사업의 취지와 목적에 대한 동의 여부에 대한 설문과 구체적인 학교선택제사업의 취지와 목적에 맞는 진행에 대한 설문은 유사한 결과를 보여 준다. 구체적인 학교급별 응답 결과로 긍정적 응답률은 초등학교(86%)가 고등학교(79%)보다 더 높은 결과를 보여 주었다. 이 결과는 입시 중심이나 보다 심화된 교과 교육이 진행되는 고등학교보다는 조금 더 자유롭게 활동성을 높일 수 있는 중학교나 초등학교 쪽의 여건이 마을과 연계된 프로그램 진행에 용이하기 때문으로 여겨진다.

그러나 긍정적인 진행률과는 달리 아직도 전체 교원의 33% 정도가 부정적 응답을 보여 준 교원들의 학교선택제사업에 대한 호응 및 참여도율 문제에 대해서는 보다 심도 있는 분석과 대응이 필요하다. 역시 학교급별에서도 고등학교의 호응 및 참여도가 낮은 부정적 응답률(39%)을 보이고 있어 개선이 필요한 지점이었다. 물론 이는 혁신교육지구사업으로만 해결할 수 있는 것은 아니다. 우리 사회의 학벌주의 폐해로 인한 입시 중심 교육 풍토를 개선하는 노력이 함께 작용되어야 할 것이고, 이와 병행해서 혁신교육지구사업의 학교급별 차별성도 적용되어야 하리라 본다. 학교급별 여건과 상황의 차이를 감안해야 하기 때문이다.

● 혁신교육지구 학교선택제사업이 학교현장에 미치는 영향에 대해 어떻게 생각하십니까?

설문 문항	전혀 그렇지 않다 (1)	대체로 그렇지 않다 (2)	보통 이다 (3)	대체로 그렇다 (4)	매우 그렇다 (5)	5점 척도 평균
1) 미래 역량을 키우는 공교육혁신에 기여하고 있다.	3%	6%	43%	45%	3%	3.39
2) 마을교육공동체의 가치 확산에 기여하고 있다.	1%	4%	31%	55%	8%	3.64
3) 학생들의 문예체 활동이 활성화되었다.	0%	6%	25%	53%	16%	3.80

4) 마을자원을 활용한 진로체험교육이 활성화되었다.	0%	4%	19%	59%	18%	3.89
5) 마을자원을 활용한 방과후학교가 활성화되었다.	6%	12%	46%	35%	1%	3.14
6) 학부모나 마을 주민의 학교 참여가 활성화되었다.	1%	19%	25%	43%	11%	3.45
7) 청소년의 자치 활동 역량을 키울 수 있다.	1%	15%	28%	47%	9%	3.46
8) 다양한 교육·문화 활동으로 바람직한 인성을 키울 수 있다.	0%	9%	21%	58%	12%	3.72
9) 교원의 행정 업무를 경감할 수 있다.	20%	36%	38%	6%	0%	2.29
10) 교육격차 완화 및 해소에 긍정적으로 작용하고 있다.	2%	16%	41%	36%	5%	3.24

학교선택제사업의 진행은 그 취지와 목적이 지닌 순기능이 자연스럽게 학교현장에 작용함으로써 많은 긍정적 효과를 보이고 있다. 기본적인 마을교육공동체의 가치 확산에 크게 기여하고 있는 점과 공교육혁신에 대한 기여와 교육격차의 완화 및 해소에도 긍정적인 영향을 미치고 있는 점은 혁신교육지구사업의 근간이 굳게 다져지고 있음을 시사한다. 또한 다양한 교육 주체들과 마을이 학교 참여를 확대하고 있고, 청소년 자치 활동의 역량 강화에도 긍정적인 효과를 보여 주고 있다. 이와 함께 학생들의 바람직한 인성 함양에도 긍정적인 효과를 기대한다는 점도 부각할 수 있는 순기능으로 여겨진다.

반면 교원의 행정 업무 경감에 대한 설문에 대해서는 56%의 부정적 응답이 6%의 긍정적 응답을 압도했다. 이는 아직 교원들이 체감하고 있는 업무 부담에 대한 저항이나 반감이 해소되지 못하고 있음을 보여 준다. 향후 사업 진행의 개선 방안에 업무 부담을 해소하거나 경감할 수 있는 대안들이 지속적으로 제시되고 적용되어야 하리라 본다.

(나) 전문가 면담조사 부문

※ 학교선택제사업에 대한 일반 교원의 호응 및 참여도 의견

- 혁신교육지구사업과 다른 일반적인 지역연계 사업의 차별성을 이해하는 교사가 아주 적은 현실 속에서 일반 교사들의 호응 및 참여를 이끌어 내기에는 다소 어려움이 있어 인원 및 내용 면에서 지극히 작은 사업 정도만 의무적으로 참여하고 있는 실정이다. (초등학교)
- 학교의 속성상 이미 선택, 선정된 사업에 대해서는 비교적 높은 호응과 참여도를 보이고 있다. (초등학교)
- 업무 담당 부서의 적극적인 노력으로 홍보 및 안내가 있으나, 아직 일반 교사들의 의식은 또 다른 업무 부담으로 여기고 있어 전반적인 호응 및 참여도는 다소 낮은 편이다. (중학교)
- 학교선택제사업 주관 부서의 적극적인 홍보와 교사의 능동적 참여로 호응도와 참여도는 높은 수준이다. (중학교)
- 아직 대다수 교사들이 업무 부담으로 여겨 호응도가 그리 높지 못한 형편이라 관심도 역시 다소 낮고 참여도 부족한 실정이다. (고등학교)
- '혁신 마인드 제고 연수'는 호응과 만족도가 높다. 혁신교육의 필요성과 방향에 대해서 공감하고 시사점을 얻고 있다. 현재 실시하고 있는 다른 사업들에 대해서도 관심과 참여를 표명하고 있어서 전반적인 호응과 참여도가 높다고 판단하고 있다. (고등학교)

학교선택제사업의 취지가 공모제와 함께 학교의 선택권이 주어짐에도 불구하고 학교 입장에서 업무 담당자들의 노력이나 일반 교원들의 공감대 형성 여부에 따라 호응 및 참여도가 달리 나타나는 것을 확인할 수 있었다. 전반적인 혁신교육지구사업의 취지와 가치에 대해서는 이해도가 높아지고 있음에도, 구체적이거나 세부적인 공감대 형성이 아직 전 교원에게 파급되지 못한 부분이 있고, 이러한 지점에서 학교선택제사업

에 대한 실질적 참여도에서 다소 부정적인 대응이 나타남을 확인할 수 있었다. 결국 혁신교육지구사업도 교육혁신의 가치 및 비전과 궤를 함께 하면서 학교 구성원들의 혁신 마인드에 대한 인식 제고를 높이는 노력을 지속적으로 이어 나가야 함을 시사하고 있다.

※ 학교선택제사업이 학교현장에 미치는 영향에 대한 의견

- 초·중·고 학교급에 따라 다르겠지만 초등학교에 미치는 가장 큰 영향은 교육과정에 대한 고민을 시작하게 하는 부분이라 생각한다. 기본적인 출발은 다양한 활동들을 가능하게 하는 문예체 활동, 주제탐구 활동, 방과후활동 등이었지만, 결국 이러한 활동들을 교육과정에 녹여 넣으려는 노력들을 하다 보면 교육과정 재구성에 대한 고민을 하게 될 것이다. 또한 아쉽게도 아직은 미미한 실정이지만 결국은 이상적인 방향으로 변화할 것이다. (초등학교)
- 학교선택제사업은 무엇보다 문·예·체활동과 진로체험교육의 활성화에 크게 기여하고 있다. 연극, 뮤지컬, 문화체험, 직업체험, 진로체험활동 등을 통해 학생들이 심리적, 정서적 안정을 꾀할 수 있고 자신의 진로에 대하여 고민하고 설계할 수 있는 계기를 마련해 주고 있다. (중학교)
- 현재 진행하고 있는 학교선택제사업의 진척으로 인해 협력종합예술 사업은 학생들의 문·예·체활동을 강화시켜 주고 있고, 마을결합형 교육과정 운영 사업을 통한 진로체험교육을 풍부하게 진행하고 있으며, 마을결합형 동아리의 진행으로 학부모의 학교 참여가 활성화되고 있다. (중학교)
- 학교를 통해서 마을과 협업하는 사업이고, 자기 마을만의 고유성을 인식하고 교육활동을 진행함으로써 가치가 높아지며, 마을과 함께하는 진로체험은 효율성을 높이는 방향으로 기대하고 있다. (중학교)
- 저소득층 자녀가 많아 문화활동이 부족한 학생들에게 도움이 된다. 마을강사나 학부모 등을 통한 진로체험교육에 도움을 받고 있다. 그간

구청과 교육청(지원청) 사이에서 교육이 표류했는데, 근래 두 기관의 협조로 공교육이 발전하고 있다. (고등학교)

• 현실 자체인 마을의 모습을 살피기 위해 창의융합교육, 과정중심, 협력학습 등이 필요하며 이런 것들이 미래역량을 자연스럽게 키울 수 있다. 또한 학교교육이 비현실적인 것이 아님을 깨닫고, 그곳에서 다양한 교육과 문화 활동을 함으로써 인성을 키울 수 있었다. (고등학교)

학교선택제사업의 다양한 프로그램은 마을-학교 연계 협력 프로그램이 주를 이루면서 청소년 자치활동과 민·관·학 거버넌스의 운영 등으로 영역을 구분 확장하고 있다. 마을과 학교가 연계하는 협력 프로그램의 효과는 자연스럽게 진로체험교육과 문예체 활동의 활성화에 기여하게 되었다. 또한 이러한 교육활동의 활성화는 공교육혁신과 마을교육공동체의 가치 확산에 기여함을 분명하게 인식하고 있었다.

④ 서울형혁신교육지구 학교선택제사업의 한계 및 문제점 영역

(가) 설문조사 부문

● 학교현장에서 느끼는 혁신교육지구 학교선택제사업의 어려움이나 문제점은 무엇입니까?

설문 문항	전혀 그렇지 않다 (1)	대체로 그렇지 않다 (2)	보통 이다 (3)	대체로 그렇다 (4)	매우 그렇다 (5)	5점 척도 평균
1) 사업의 가치나 취지에 대한 공감대가 형성되어 있지 않다.	1%	22%	40%	31%	6%	3.19
2) 수능 등 평가 방법의 개선이 없는 혁신교육은 공허하다.	1%	13%	17%	35%	33%	3.85
3) 학교교육과정과의 괴리 및 안정성을 저해하고 있다.	3%	30%	34%	29%	4%	3.01

4) 담당 교사의 업무 부담 증가 및 담당자가 모호하다	0%	6%	34%	41%	19%	3.73
5) 유사한 사업의 중복성으로 혼선 및 낭비가 생긴다.	3%	15%	41%	31%	9%	3.29
6) 외부 단체나 마을강사의 이질감 및 수준을 담보하기 어렵다.	3%	14%	40%	34%	9%	3.32
7) 마을과 협력, 연계를 위한 섭외 및 소통이 어렵다.	4%	20%	34%	32%	10%	3.24
8) 민·관·학 거버넌스의 부조화 및 부담감이 크다.	3%	16%	44%	28%	9%	3.23
9) 교육활동 중 안전 및 책임성에 대한 근거를 확보하기 어렵다	1%	18%	42%	27%	12%	3.32
10) 교육청의 일방적 사업 설정으로 학교의 자율적 교육활동에 방해된다.	3%	20%	45%	24%	9%	3.16

학교선택제사업의 구체적 진행의 어려움에 대한 설문 중 업무 부담에 대한 문제점은 높은 비율의 응답률(60%)을 보여 주었다. 물론 이는 다른 어떤 새로운 정책도 학교현장에 적용될 때 나타날 수 있는 문제이기는 하다. 하지만 단순한 업무 부담을 넘어 사업의 다양성에 비해 학교의 행정 업무분장이 모호하게 적용되고 있는 현실이 반영된 결과이다. 이러한 모호함으로 인하여 유사 사업의 중복성에 대한 오해나 혼선으로 낭비를 가져온다고 인식되고 있고, 마을 연계를 위한 협력 체계의 부조화와 부담감까지 동시에 문제점으로 부각되고 있다. 또한 사업의 가치와 취지에 대한 공감대 형성의 미흡이 가져온 문제 역시 대두되었다. 사업에 대한 기본적인 철학과 인지도에 대한 이해도의 부족과 함께 학교와 마을이 함께 협력하는 새로운 시스템에 대한 경험 부족이 공감대 형성을 저해하는 요인으로 작용한다고 판단된다.

서울형혁신교육지구사업 운영 자체에 대한 어려움과 함께 더욱 근본적인 문제점으로 지적되는 것은 우리 교육 풍토의 안타까운 현실인 학벌주의 폐해로 인한 입시 중심의 교육환경이다. 이번 설문 가운데 압도적인 응답률(68%)로 증명된 이 문제점은 공교육혁신까지 공허하게 만들 수 있다는 자조적인 반응까지 응답에 반영된 것으로 여겨진다. 결국 서울형혁신교육지구사업의 성패에 대한 문제점은 거시적인 측면에서 교육 전반에 대한 인식의 변화를 유도하는 방향과 함께 새로운 교육혁신의 패러다임을 공유할 수 있도록 세심하고 깊이 있는 연구와 실천을 통해 교육 분야의 중심 의제가 되도록 하는 지속적인 노력이 필요하다.

[그림 3] 학교선택제사업에 관한 설문 통계 3

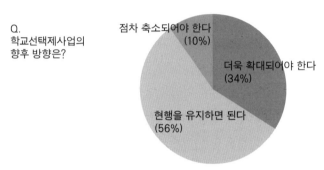

Q.
학교선택제사업의
향후 방향은?

점차 축소되어야 한다
(10%)

더욱 확대되어야 한다
(34%)

현행을 유지하면 된다
(56%)

학교선택제사업의 다양한 문제점과 운영의 어려움에도 불구하고 학교선택제사업의 향후 방향에 대해 현행 유지 및 더욱 확대 의견이 전체 90%의 응답률을 보였다. 이는 서울형혁신교육지구의 가치와 비전이 교육 주체들에게 긍정적으로 작용을 하고 있음을 보여 주는 것으로 이해된다. 민·관·학이 지역사회와 함께 협력하고 참여하여 우리의 어린이, 청소년들을 삶의 주체로 성장시키는 서울형혁신교육지구의 가치와 비전은 우리 사회가 지향하는 새로운 시대적 요구로 자리 잡고 있다는 것이다. 곧 학교선택제 프로그램은 이러한 서울형혁신교육지구의 비전이 학교에서 구체화되어 실행되는 새로운 교육혁신의 중추적 역할을 하고 있음을 확인할 수 있다.

(나) 전문가 면담조사 부문

※ 학교선택제사업 진행의 어려움이나 문제점에 대한 의견

- 교육지원청 관내의 초등학교교사들이 대부분 같은 관내에 거주하고 있지 않아 마을에 대한 이해도가 다소 낮은 실정이다. 또한 혁신교육지구의 시작도 서울 전역으로 볼 때 현 관내가 늦어서 아직 2년 정도의 경험만 가지고 있다. 물론 학교급이나 설립별로 이해 수준의 차이가 있겠지만 여러 복합적인 이유들이 산재해 있다. 또한 수능 등의 입시 중심의 평가 방법 등의 개선 없는 혁신교육은 한계가 있다는 것도 무시할 수 없을 것이고, 외부의 인적 자원들에 대한 이질감이나 수준 담보의 어려움도 일반 교사들에게 들을 수 있는 현실적인 문제점이다. (초등학교)
- 학교선택제사업 취지나 가치에 대한 공감대 형성도 충실하지 못한 상황에서 새로운 업무 증가에 대한 거부감으로 소극적 참여가 주를 이루고 있는 실정이다. 또한 지식 평가 중심의 수능이 건재하고 있는 현실에서 활동 중심의 혁신 프로그램 사업이 학부모들에게 공감을 얻기가 어려운 상황이다. (중학교)
- 혁신 프로그램 사업들이 학생들에게 유익한 정보와 체험을 제공하고 있으나 현행 입시 위주의 교육시스템과 사회적 분위기, 과중한 교사의 업무부담 등 아직 많은 한계를 보이고 있다. (중학교)
- 프로그램을 운영하는 담당자의 노력에도 불구하고 참여 구성원들의 공대감 및 이해 부족으로 인해 다소 힘겨운 진행을 하고 있다. 교사의 업무 부담은 원활한 교육활동 진행에 큰 방해 요인으로 작용하기 때문에 업무 부담으로부터 벗어날 수 있도록 하는 것이 무엇보다 급선무이다. (중학교)
- 입시의 평가 방법 개선이 동반되지 않으면 고등학교에서는 심도 있는 적용을 할 수 없다. 일부이지만 성격과 취지가 유사한 구청과 교육청의 중복 프로그램은 통합 내지는 줄일 필요가 있다. 외부 강사의 경우

강사의 수준을 확인하기 어려워 다소 책임 있는 교육을 계획하기 꺼려지는 경우도 있다. (고등학교)

- 본교는 혁신교육이 도입되기 전부터 이미 관련 교과를 중심으로 마을 공동체 교육의 필요성을 인식하고 마을 공동체 교육을 실현하였다. 그런데 교육청의 사업이 되면서 업무가 되어 관련 없는 교과에서는 공감대 형성에 어려움을 겪고 있고, 업무 부담이 증가되었다. 다행히 관련 교과에서는 예전과 같이 교육이 진행되고 있지만 자율적 교육활동을 침해하게 되었다. (고등학교)

- 프로그램을 운영하는 담당자의 노력에도 불구하고 참여 구성원들의 공대감 및 이해 부족으로 인해 다소 힘겨운 진행을 하고 있다. 교사의 업무 부담은 원활한 교육활동 진행에 큰 방해 요인으로 작용하기 때문에 업무 부담으로부터 벗어날 수 있도록 하는 것이 무엇보다 급선무이다. 이를 해결하기 위해서 전 교직원의 공감대 형성의 전제조건으로 학교선택제사업 선정 및 결정 과정에서 모든 교직원들의 사전 의견이 반영될 수 있는 기회와 여건이 마련되어야 하고, 사업 전반에 대한 업무 부담을 해소하거나 최소화할 수 있는 방향으로 진행되어야 하리라 본다. (고등학교)

학교선택제사업 진행에 대한 어려움이나 문제점은 학교 내부 요인과 학교 외부 요인으로 구분된다. 내부 문제 요인은 무엇보다 업무 부담과 담당 부서의 모호성이다. 기존 행정 교무분장 속에서 혁신교육지구사업에 대한 명확한 담당 부서가 정해지지 않은 상태인데, 프로그램 내용에 따라 학교의 행정 업무분장으로 분산되어 진행되는 문제점이 발생하고 있음을 보여 준다. 또한 기본적인 사업의 가치와 취지에 대한 공감대 형성이 모든 교원들에게 파급되지 못하고 있는 실정도 큰 어려움으로 대두되고 있다. 결국 혁신교육지구별 구체적인 사업 계획 수립 및 결정과 학교선택제 프로그램 계획 수립 시기에 학교현장의 목소리와 의견이 적극 반영될 수 있는 여건이 조성되어야 한다. 또한 학교에서 학교선택제 프로그램을 결정하는 시기와 방법 등에서도 전체 교직원들의 의견이 반영될 수 있는 시스템의 정비와 구성원들의 노력이 필요하리라 본다.

학교 밖의 외부 문제 요인은 역시 공고한 입시 중심의 교육 풍토와 학벌주의 사회가 지닌 폐해로 인한 문제점이다. 이는 보다 장기적인 교육계 전반의 혁신과 인식의 개선이 함께 이루어져야 할 부분이기도 하다.

⑤ 서울형혁신교육지구 학교선택제사업의 개선 방안 영역

(가) 설문조사 부문

● 혁신교육지구 학교선택제사업의 안착과 발전을 위한 개선 방안은 무엇이라고 생각하십니까?

설문 문항	전혀 그렇지 않다 (1)	대체로 그렇지 않다 (2)	보통 이다 (3)	대체로 그렇다 (4)	매우 그렇다 (5)	5점 척도 평균
1) 사업의 가치나 취지에 대한 공감대 형성이 우선되어야 한다.	0%	1%	18%	46%	35%	4.15
2) 학교별 교육과정 수립 단계에서 사업 내용이 반영되어 자율 구성해야 한다.	0%	3%	17%	50%	30%	4.07
3) 사업 계획 단계에 교원의 의견이 적극 반영되어야 한다.	0%	1%	15%	51%	32%	4.14
4) 적극적 참여를 유도하기 위한 안내 및 연수 등을 확대한다.	2%	4%	21%	48%	25%	3.90
5) 지구별 지원센터 등 민·관·학 거버넌스 협력 기구를 개설한다.	1%	8%	23%	46%	22%	3.79
6) 사업 예산의 운영(사용)에 더 큰 자율권을 부여한다.	0%	3%	13%	45%	39%	4.18
7) 행정업무의 효율화 및 간소화를 위해 담당 부서를 신설한다.	3%	9%	19%	38%	31%	3.86
8) 예산 지원이 다른 유사한 사업들은 통합하여 일원화해야 한다.	0%	6%	12%	38%	44%	4.18

9) 콘텐츠 및 강사 인력풀 등 자료와 정보 제공을 확대한다.	1%	3%	10%	49%	37%	4.16
10) 지자체 주관 사업으로 편입, 위탁 관리되어야 한다.	3%	14%	19%	44%	21%	3.64

[그림 4] 학교선택제사업에 관한 설문 통계 4

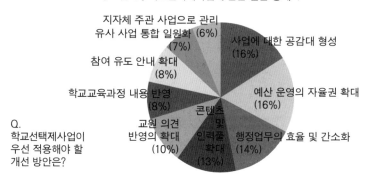

지자체 주관 사업으로 관리
유사 사업 통합 일원화 (6%)
(7%)
참여 유도 안내 확대
(8%)
학교교육과정 내용 반영
(8%)
Q.
학교선택제사업이
우선 적용해야 할
개선 방안은?
교원 의견
반영의 확대
(10%)
콘텐츠
및
인력풀
확대
(13%)
사업에 대한 공감대 형성
(16%)
예산 운영의 자율권 확대
(16%)
행정업무의 효율 및 간소화
(14%)

　　서울에서 혁신교육지구는 발전적 방향으로 지속적인 확장을 하며 많은 성과를 이루어 왔다. 하지만 또 다른 한계와 문제점을 노출하며 다양한 고민과 어려움을 토로하기도 한다. 학교 구성원들이 직접 선택하여 진행하고 있는 학교선택제 프로그램은 혁신교육지구사업의 구체적 실행 도구로 정착되고 있다. 이에 한계와 문제점을 극복하고 보다 미래지향적인 혁신 프로그램으로 발전하기 위한 개선 방안 설문에서는 무엇보다 기본적인 공감대 형성이 우선되어야 한다는 결과를 보여 주었다. 사업에 대한 이해도나 공감도가 어느 정도 정상 궤도에 올라섰음에도 다시금 공감대 형성을 가장 우선시해야 한다는 결과가 나온 것이다.

　　그 결과의 바탕에는 저항하는 힘이나 소극적으로 참여하는 부정적 집단마저도 함께하려 하는 교육 본질의 힘이 작용한 것으로 판단된다. 결국 끊임없는 설득과 공유로 이해도를 높일 때 사업의 지속적 발전이 가능하다고 보는 것이다. 또한 사업 예산 운영에 대한 자율권 확대와 행정 업무의 효율화를 위한 간소화 등에 대한 의견 역시 사업 발전을 위한 필수불가결한 조건들임을 확인할 수 있었다.

아울러 설문 결과에 나타난 다소 특이한 점도 함께 논의할 부분이다. 개별적 의견에서는 많은 응답 반응을 보인 '민·관·학 거버넌스의 활성화를 위한 대안'에 대한 의견이나 학교선택제 프로그램을 '지자체 주관 사업으로 편입 위탁 관리'하는 방안에 대해서는 우선 적용 개선 방안의 응답 순위가 낮게 나타난 상황(9~10순위)이다. 이는 거시적 차원에서는 공감하는 내용이지만 실질적 학교 교원의 입장에서는 다소 감당하기 어렵거나 실행에 대한 확신이 부족하다고 여기는 것에서 그 원인으로 찾을 수 있을 것 같다. 이 지점에서 교육(지원)청과 지자체의 역할과 실질적 지원의 힘이 절실하게 필요함을 인식할 수 있고, 이러한 관의 역할이 진정한 민·관·학 거버넌스의 실질적 활성화에 기여하게 됨을 시사하고 있다.

(나) 전문가 면담조사 부문

※ 학교선택제사업의 안착과 발전을 위한 개선 방안에 대한 의견

- 사회의 인식 변화는 매우 더디고, 현실의 벽에 부딪힐 때마다 혁신교육지구의 비전과 방향은 위축되는 듯하다. 가장 궁극적인 방향은 교육과정이 완전히 재구성되어야 하는 것이 아닐까 생각한다. 그렇게 되려면 우선 마을을 잘 모르는 학교에 조금 더 많은 마을의 정보와 자료를 제공해 주는 것부터 시작해야 할 것이다. (초등학교)
- 여러 요소들이 비슷한 학교들 간의 마을자원 공유와 교육과정에 반영할 수 있는 지역 클러스터를 조직하여 마을교육과정이 일반화될 수 있는 여건을 조성한다. (초등학교)

- 지자체 주관 사업으로 일원화시켜 학교는 선택과 참여만 하면 좋겠다. (초등학교)
- 최근 자치구 및 지원청의 학교 지원 사업에서 학교 의견을 반영하기 위한 노력을 하고 있으나, 여전히 예산 지원처의 주관적 판단으로 학교 현장에서 실행하는 데 어려움이 있다. 또한 학교 업무의 과중을 피하기 위해서는 가능한 학교에서는 기본적인 교과 및 인성교육을 충실히 하고 혁신 프로그램은 자치구의 주관으로 운영되는 것이 효율적이라고 생각된다. (중학교)
- 프로그램 담당자뿐만 아니라 모든 학교 구성원들의 기본적인 공감대 형성이 우선되어야 어떤 프로그램이라도 적극적인 호응도가 높아질 것이다. 또한 이러한 혁신교육지구사업을 효율적으로 진행하기 위해서는 학교의 담당 부서가 신설되어 집중적으로 추진할 수 있어야 한다. 아니면 혁신 프로그램은 지자체 주관 사업으로 편입하거나 위탁 관리되어 교사의 업무 부담을 줄여야 한다. (중학교)
- 필수 사업이든 학교별 특색사업이든 진행하는 측면에서는 자율권의 확대가 무엇보다 중요하다. 적극적 참여의 필요성을 인식하고 혁신 프로그램의 장점을 적극 홍보하고 유도할 필요가 있다. (중학교)
- 무엇보다 교사의 공감대와 참여 없이는 사업의 진행이 어렵기 때문에 공감대 형성을 위한 보다 세심한 접근이 필요하다. 학교의 특성이 반영된 혁신 프로그램의 개발 내지는 운영이 필요하기에 구성원들의 의견을 적극 반영하는 프로그램 계획이 필요하다. 예산의 경우는 프로그램 중복성 교부의 개선 문제도 있지만, 그와 함께 예산 집행 방법에 대한 통일성도 함께 이루어져야 하리라 본다. (고등학교)
- 교육과정을 연초에 미리 촘촘하게 계획하기 때문에 중간에 사업을 연계하기가 쉽지 않다. 교과 학습의 효과를 끌어올리는 데에도 이는 필요할 것이다. 다만, 교육과정 수립에 사업 내용이 반영되기 위해서는 교원들의 이해와 의식도 지속적으로 높여야 한다. 특정한 몇몇의 교원이 아니라 의식 있는 교원들의 공통되고 시급한 요청을 파악하기 위

한 노력이 뒤따라야 한다. 부작용에 대한 우려가 있기는 하다. 자치구의 교육 행정 전문성 신장이 절실하다. 이런 몇 가지 점이 보완되고 개선된다면 사업의 일관성을 위해서 바람직하다. 특히, 각 지구의 지역적 특성을 반영할 수 있다는 점에서는 유리하다. (고등학교)

• 교육과정 수립 단계에서 반영되지 않으면 진행이 어렵거나 형식적으로 진행하게 된다. 아무리 좋은 사업이라도 공감대 형성이 되지 않으면 진행이 어렵다. 예산을 자율적으로 집행할 수 있어야 사업을 주도적으로 진행할 수 있다. (고등학교)

• 학교선택제사업을 교육청에서 설정하지 말고 학교가 여건을 고려하여 계획수립과 진행을 하며, 교육청은 적극적 참여를 위한 안내와 연수를 확대하고 사업 예산 운영의 자율권을 확대하여 학교의 자율권을 보장하는 것이 좋겠다. (고등학교)

설문조사 결과에서 나타난 최우선 개선 방안인 '사업의 가치나 취지에 대한 공감대 형성'은 전문가 집단의 면담에서도 대체적인 중심 방안으로 거론되었다. 학교선택제사업이 학교 구성원들의 요구와 희망에 의해 선택된 사업이라는 점에서 공감대 형성이 갖추어지지 않은 상태의 진행은 불협화음을 낼 수밖에 없다. 혁신교육에 대한 역량 강화와 교육 주체들의 이해와 소통이 전제될 때, 학교를 넘어 민·관·학이 협력하고 조화로운 혁신교육지구사업이 발전할 수 있음을 확인할 수 있었다.

또한 학교선택제 프로그램의 원활한 계획과 진행을 위해서는 실무적인 측면에서 예산 운영의 자율권을 확대하는 방향 역시 주된 의견들이었다. 아울러 행정 업무의 효율화를 위한 학교의 교무 업무 분장으로 혁신교육지구사업을 주관하는 독립적인 담당 부서 또는 담당자의 신설이 필요함도 함께 제언되었다. 결국 혁신교육에 대한 기본적인 가치와 구체적 프로그램들에 대한 취지를 공유하고 공감해야 한다는 점이 부각되었고, 실무적 차원에서 행정적 효율성과 예산 운영의 자율성 역시 확대되어야 한다는 점이 의견의 주를 이루고 있었다. 이는 혁신교육지구사업의 가치와 철학에 대한 인식 제고와 함께 실무적 효율성과 자율성의 강화라는 가장 기본적인 요구에 대한 대처가 사업의 성패를 좌우할 수 있음을 재삼 확인하는 지점이었다.

3. 학교선택제사업의 발전적 방향 제안

1) 국가 수준 교육과정 내 학교·마을교육공동체의 가치 명시화

국가 수준 교육과정의 개정 지침 속에 학교와 마을이 함께 협력하고 참여하는 교육공동체의 구체적 적용을 가능하게 하는 학교·마을교육공동체의 가치가 명시화되기를 제안한다. 현행 2015 개정 교육과정은 이미 미래 사회가 요구하는 핵심역량의 함양을 위해 창의융합형 인재 양성을 비전으로 삼고 있다. 또한 국가 수준 교육과정은 '학교와 교육청, 지역사회, 교원·학생·학부모가 함께 실현해 가는 교육과정'으로 성격을 규정하고 있다.[5] 하지만 현재 서울형혁신교육지구사업의 운영 측면에서 학교와 마을이 연계된 교육과정의 재구성은 강조되고 있는 운영 방향임에도 실질적 구성은 학교와 교사의 역량 여하에 맡겨져 있는 실정이다.

교육과정 결정의 분권화와 교육과정에 대한 학교의 자율성이 확대되어 오면서 교사의 역할이 교육과정에 대한 의사결정자로 확대되어 학교 수준 교육과정의 수립에 큰 역할을 담당하고 있다. 이것이 다양한 교육과정의 재구성을 가능하게 하는 이유이기도 하다. 그러나 국가 수준의

---

5. 2015 개정 교육과정 총론의 교육과정 성격(교육부, 2015. 9. 23).

교육과정에서 명시적으로 '학교·마을교육공동체에 대한 가치와 비전'에 대한 내용의 수록 여부는 큰 차이가 있다. 학교 수준의 세부적인 교육과정 재구성 단계가 아닌 국가 수준 교육과정에 명시된 '학교-마을교육공동체의 실현을 위한 노력'은 보다 근본적인 혁신교육지구사업의 큰 도약을 위한 이정표가 될 것이다. 국가 수준 교육과정의 기본 지침에 따라 각 학교급별 국정 및 검·인정 교과서의 개발이 이루어지기 때문이다. 물론 지역 수준(서울시)의 교육과정 편성·운영 지침에도 구체적인 명시화가 선행되어야 함은 당연하다. 이는 소모적 논쟁을 불러오는 이념이나 진영의 논리가 아닌 어린이·청소년의 행복권을 담보하는 보편적 적용의 가치이기 때문에 충분히 가능한 일이다.

2) 민·관·학 거버넌스의 활성화를 위한 제도적 기반 마련

서울형혁신교육지구가 교육 의제 테이블에 올라온 이후에 그 연결 고리 역할을 하고 있는 '참여와 협력', '이해와 소통' 등의 키워드는 '소통 플랫폼'이라는 새로운 가치를 창출하고 있다. 특히 교육 거버넌스 체제를 갖추고자 의견 조정과 합의의 과정 속에서 수평적인 협력 문화가 형성되는 토대도 마련되고 있다. 하지만 각 주체들 간의 원활한 의사소통이 이루어지고 있는가에 대해서는 많은 노력과 시도에 비해 높은 점수를 부여하지 못하고 있는 현실적 한계도 이번 연구에서 확인할 수 있었다. 학교선택제사업과 연계하여 검토한 결과 그 이유는 학교선택제사업의 태생적 한계와 그 궤를 함께하기 때문으로 여겨진다. 민·관·학 거버넌스의 원활한 활약이 혁신교육지구사업의 근간을 이루어야 함은 쉽게 인식하고 있으면서도 갈등과 피로도를 조정하는 경험이나 학교와 마을이 협력하는 시스템의 경험 등이 생소하고 부족했기 때문에 거버넌스 구축 자체가 사업의 목표가 되어 왔다. 곧 '학교선택제' 사업의 태생이 거버넌스의 활성화를 통해 탄생하는 사업이 아니라, 이미 모두 다 갖추어진 다수의 프로그램을 안내하고 학교에서는 오로지 선택의 자율권만을 부여하는 방식이었기 때문이다.

그럼에도 불구하고 학교선택제사업은 현재 학교현장에서 서울형혁신교육지구 운영의 중심에서 큰 활약을 하고 있다. 학교선택제사업은 참여와 협력의 혁신교육지구 가치를 구현하기 위한 발판과 전형을 마련하여 제시됨으로써 사업의 연착륙 수단으로 이미 큰 성과를 내고 있는 것이다. 이제는 학교선택제사업의 발전적 방향을 모색해야 할 시기이다. 작은 단위의 민·관·학 거버넌스에 대한 논의와 시행이 진행되고 있는 시점에서 보다 자율성이 강화된 지역과 학교의 특성을 반영한 단위학교의 교육 거버넌스의 구축과 활동을 제안한다. 자치구별 조례나 교육청 지침 등의 제도적 기반을 갖추고 지속가능한 혁신교육을 진행하기 위한 정례화된 '학교 거버넌스'가 요구되는 것이다. 이 학교 거버넌스가 기존의 마을과 학교의 협력·협의 체제의 역할을 통합하여 진정한 소통 플랫폼으로 작동하기를 바란다.

3) 사업의 공감대 형성을 위한 혁신 마인드 제고

서울형혁신교육지구 정책의 근간은 학교와 마을의 협력적 체제의 실현이다. 단위학교에 대한 모니터링이나 설문조사, 면담조사 등을 통해 사업의 취지나 목적에 대한 공감대 형성을 위한 구체적 방안을 우선적으로 요구하고 있음을 확인했다. 여기에는 학교선택제사업의 선정 및 실행에 대한 교원의 자율성 및 자발성의 확대를 요구하는 함의가 내포되어 있다. 업무 부담으로 여기거나 학교 자율성을 침해받고 있다는 응답은 그 학교 구성원들의 자율성과 자발성을 저해하는 원인 때문에 발생하는 문제로 판단되기 때문이다. 결국 자율성과 자발성을 확대시키고 사업에 대한 공감대 형성을 증가시키는 방안이 필요하다. '학교 수준 교육과정 수립 단계에서 사업 내용이 반영되어 자율 구성해야 한다'는 설문 항목이나 '사업 계획 단계에서 교원의 의견이 적극 반영되어야 한다'는 항목 역시 공감대 형성 확대와 궤를 같이해야 할 방안들이다.

또한 혁신 마인드의 가치는 교육혁신을 통한 창의융합형 인재 양성을 위해 미래 사회의 핵심역량을 키울 수 있는 새로운 교수-학습 방법의 개선 작업에 적극 반영되고 있다. 시대적 요청과 함께 교사들의 인식 개선이 병행되어 나타나는 모습이다. 학교선택제사업 역시 단순한 동아리나 체험활동 등의 방식 변화가 아닌 학교의 교육과정과 교육활동이 마을과 연계되어 구현되고 진행되는 방향으로 발전해야 한다. 물론 이를 위해서는 다양한 콘텐츠와 정보 제공의 확대, 행정 업무의 간소화 및 예산 운영의 자율권 확보 등이 선결되어야 한다. 아무리 거시적인 비전과 가치가 뛰어나더라도 실무적인 업무의 효율성이 떨어지면 그 사업은 성공할 수 없기 때문이다. 세부적인 사업의 진행과 방향은 항상 실질적 담당 교원의 부담을 줄이면서 진행될 수 있도록 자율성과 효율성을 높이는 쪽으로 발전되어야 한다. 아울러 교육청과 지자체의 협력과 참여 역시 이해와 소통을 바탕으로 민·관·학이 협력할 수 있도록 구조화되어야 한다. 교육의 공공성 강화 및 교육혁신을 이룰 수 있는 가능성은 협력적 가치의 실현으로부터 가시화되기 때문이다.

참고 문헌

- 강민정 외(2018). 『혁신교육지구란 무엇인가?』. 맘에드림.
- 서울형혁신교육지구 민·관·학 68인(2016). 『서울형혁신교육지구가 뭐예요?』. 서울시교육청.
- 서울특별시·서울특별시교육청(2018). 〈2018 서울형혁신교육지구 운영 계획〉.
- 서울특별시·서울특별시교육청(2018). 〈2019 서울형혁신교육지구 운영 계획〉.
- 종로구·서울시중부교육지원청(2018). 〈2018 서울형혁신교육지구 종로구 실행 계획서〉.
- 중구·서울시중부교육지원청(2018). 〈2018 중구 서울형혁신교육지구 실행 계획서〉.
- 용산구·서울시중부교육지원청(2018). 〈2018 용산구 서울형혁신교육지구 실행 계획서〉.
- 중구·서울시중부교육지원청(2018). 〈2017-2018 중구 서울형혁신교육지구 평가 보고서〉.
- 서울시교육청교육연구정보원 교육정책연구소(2017). 〈2017 서울교육연구년 교사 최종보고서 발표회집〉.
- 교육부(2015). 〈2015 개정 교육과정 총론〉. 한국교육과정평가원.

혁신교육지구의 과제와 전망

혁신교육지구 연구 관련 인터뷰

- 날짜: 2018년 1월 19일
- 시간: 10:30~13:00
- 장소: 관악구청 별관회의실(6층)
- 참석자: 홍제남(영림중학교교사)

이용운 오늘 영림중학교 홍제남 선생님 모시고 교육혁신지구에 대한 이야기를 나눠 보도록 하겠습니다. 우선 먼저 선생님 학교에서 맡은 업무 좀 간단하게 이야기해 주시면 좋겠습니다.

홍제남 제가 현재는 연수 휴직 중이라서 현재 업무를 말씀드리기는 어렵지만… 휴직 이전인 재작년(2016년)에는 창체부장 맡아서 학교 학생회를 운영하였고, 또 그 이전에는 방과후 업무, 동아리 업무 등도 맡아서 해 왔습니다.

이용운 대부분 선생님 업무는 행정업무보다 학생과 직접 관련된 업무라고 봐야겠네요?

홍제남 네.

이용운 학교에서 혁신 관련된 일은 어떤 부분을 하셨나요?

홍제남 저희 영림중학교는 약간 특징이 수업혁신을 중심으로 학교교육이 이루어지고 있어서요. 대부분 업무들은 그냥 각자 알아서 하는 편이고, 혁신학교 관련 수업 개선에 집중하여 연구공동체를 만들고, 이를 실천해 나가는 데 모든 교사들이 협력해서 함께한다고 하는 게 맞을 것 같아요. 특별하게 혁신학교 사업 중에서 학교 아이들의 자치활동이라든가 이런 거를 혁신하자고 말을 하기는 했는데, 실제 수업을 통해서 그런 것들을 다 수용해 내려는 입장이어서 별도의 사업을 따로 추진하거나 그러진 않았고, 부서별로 제가 알아서 이것저것 사업을 하는 형태였어요.

이용운 실례가 안 된다면 혹시 교직 경력은 어느 정도나 되시는지요?

홍제남 교직 경력 올해 19년 차입니다.

이용운 그러시군요. 그러면 제가 몇 가지 질문을 하면서 이야기를 시작해 보겠습니다. 지금 서울시와 서울시교육청에서 함께 추진하고 있는 혁신교육지구사업이 있습니다. 교육정책으로서 교육청과 시와 자치구에서 굉장히 중요하게 여기고 추진하고 있는 사업입니다. 그 근거로 혁신교육지구사업에 참여하는 자치구가 서울시 전체 25개 가운데 22개(2018년 당시 22개 자치구에서 참여하고 있고, 현재는 25개 자치구에서 모두 참여하고 있는 사업임)라고 합니다. 또 예산을 보니까 서울시에서 지원한 예산, 그리고 교육청에서 지원한 예산, 자치구에서 지원한 예산 다 합쳐서 2017학년도에는 약 320억 원 정도 됩니다. 그러니까 2014년도에 약 20억 원 정도였다면, 그리고 그때는 금천구와 구로구 2개의 지구에서만 운영을 했습니다. 그런데 이 예산이 엄청나게 많이 늘어났잖아요. 이렇게 예산이 파격적으로 늘어나는 사업은 좀처럼 보기 드물거든요. 이런 부분에 대해 선생님의 생각은 어떠십니까?

홍제남 질문이 포괄적이긴 한데 어쨌든 이렇게 많은 예산을 들여서 혁신교육지구사업을 하는 것에 대해서 어떠냐고 물어보시는 걸로 이해가 됩니다. 저는 사실 이게 혁신교육지구사업으로 나타나고 있기는 하지만 사업 목표가 학교를 넘어서서 아이들의 삶과 연결된 교육을 지향하는 것이라고 생각하거든요.

그것이 혁신교육지구가 아니어도 아마 학교에서 예산을 쏟아야 하는 사업인데, 현재 학교에서 이루어지지 않는 부분을 자치구의 도움을 받아 보완적으로 하는 것이라 저는 반드시 필요한 사업이라고 생각하고 있습니다. 예산 부분의 액수가 크고 이것을 어떻게 사용하는지는 자세히 모르지만 어쨌든 혁신교육지구사업이 지향하고 있는 목표에 충분히 공감하고 또 필요하다고도 생각합니다.

이용운 혁신교육지구가 '마을과 함께하는 교육', '마을교육' 두 축으로 추진하고 있는데요, 그렇다면 학교 안에서 좋은 교육을 하려면 학교 울타리 안 만을 고집해서는 안 된다는 것이군요. 사실 경제적인 부담을 감수하고라도 학교 밖 마을과 함께 교육을 해야 한다는 것이죠. 어쩌면 교육을 담당하는 교육부나 교육청, 학교가 고민해야 할 일인데 시청이나 자치구청 등에서 발 벗고 나섰다고 봐야겠군요. 혁신교육지구의 지원으로 좀 더 좋은 교육이 가능할 수 있다는 말씀이시지요?

홍제남 네.

이용운 혹시 선생님께서 잠깐 휴직을 하고 계시긴 한데 예전에 그런 일을 좀 하셨으니까 여쭙고 싶네요. 그렇다면 혁신교육지구 교육정책으로 학교에 실제로 변화가 온 게 있다면 무엇일까요? 예를 들어서 학생이나 학부모, 아니면 교사 입장에서 변화된 게 있다면요?

홍제남 제가 경험한 바로는 오류중학교 근무할 때도 그렇고 여기 영림중학교에서도 혁신교육지구 돈을 받아서 쓰고 있거든요. 그런데 그게 학교 내 활동인 수업이라든가 그런 활동에 결합되어 있지 않고 체험학습과 같은 외부 활동과 많이 결합되어 사용됐던 것 같아요. 아마 처음 시작한 게 2014년인가로 기억되는데, 그때는 구로구에서 학급당 인원수를 줄이는 데 그 돈을 쓴 걸로 알고 있거든요(필자의 생각은 아마 인터뷰 당시에 혁신학교 예산과 혁신교육지구 예산 부분에 대해 잠깐 혼동한 것으로 여겨짐). 제가 근무했던 학교는 본래 25명으로 학생들이 줄었기 때문에 그러진 않았지만, 혁신학교가 아닌 학교에 25명으로 배당하는 데 그 예산을 사용해서 배정을 했고요. 기간제 교사 구하는 등에 썼거든요. 사실은 교육부나 교육청이 열악한 교육환경 개선을 위해 예산을 배정해야 하는데 그게 잘 안 되는 것 같습니다. 학급당 인원수는 수업 효과와 직접 관련이 있는 것이거든요. 예산을 투입해야 되는 부분이지만 그게 안 되니 혁신교육지구 예산으로 한 거잖아요. 그 효과에 대해서는 당시에 함께 참여했던 선생님들이 굉장히 좋다고 얘기했었고 제가 경험한 바로는 혁신학교 할 때 혁신학교 예산 외에 혁신교육지구 예산이 왔거든요. 그때 당시 학생회를 관장하고 있는 특별활동부에서도 그 예산을 썼거든요. 그 예산이 학생 활동의 부족한 예산을 많이 보완해 주는 역할을 했습니다. 그래서 아이들의 교육활동을 좀 풍부하게 할 수 있는 수단이 되었던 것으로 생각됩니다.

그리고 현재 영림중학교도 학기 말에 중3 아이들의 경우 시험 끝나면 남는 시간이 많잖아요. 그때 아이들과 1박 2일로 야영을 가는데 학급별로 필요한 예산 가운데 혁신교육지구 예산을 받아서 사용한 걸로 알고 있거든요. 그런 측면에서 아이들이 예산 부족으로 할 수 없는 부분들을 많이 지원해 주는 역할을 하고 있어서… 수업에서 좀 더 중심적인 역할에 결합되어 있지 않아 아쉽기는 하지만, 수업만이 아이들을 성장시킬 수 있는 것은 아니기 때문에 다른 활동들을 좀 보완해 주고 촉진해 주는 역할을 수행하고 있다고 생각했습니다.

이용운 그렇군요. 사실 학교의 변화는 잘 보일 수도 있고 그렇지 않을 수도 있는데 학교의 변화와 수업의 변화가 이루어지고 있다는 말씀으로 이해해도 괜찮을까요?

홍제남 네. 혁신교육지구가 학교의 교육활동에 긍정적인 역할을 하고 있다고 저는 생각합니다.

이용운 알겠습니다. 그런데 어떤 프로그램이든지 좋은 점이 있는 반면에 또 불편하고 어려운 점도 반드시 있기 마련인데 아마 혁신교육지구도 학교나 교사 입장에서 그렇지 않을까요? 예컨대 교육재정이나 예산 등을 지원해 주면서 학교를 변화시키려는 부분이 있는데, 혹시 혁신교육지구 때문에 어려운 점이 있었다면 이야기해 주실 수 있나요?

홍제남 어려운 점, 가장 어려운 점은(웃음), 제가 옆에서 많이 봤는데 학교에서 예산 쓰는 게 쉽지 않잖아요, 돈 쓰는 게 교사들은 상당히 부담이거든요. 그런데 혁신교육지구 예산 쓰는 것은 훨씬 더 그 과정이 복잡했던 것 같아요. 까다로워서…(웃음) 예를 들어 특별활동부에서 다양한 활동을 하면서 예산을 받아서 썼는데, 만약 200만 원 받아서 썼다고 하면, 그 200만 원을 쓴 서류를 제출해야 하잖아요. 관련된 구비서류가 아주 많았던 것으로 기억해요. 거의 두께가 책 한 권 정도가 될 정도로요. (웃음) 너무 지나치게 많은 증빙서류와 쓰는 과정의 복잡한 절차 등이 교사들한테는 업무 부담이거든요.

그래서 이게 웬만한 열정이 있지 않고는 그 돈을 쓰겠다고 나서는 게 쉽지 않다는 생각이 들었어요. 그게 가장 큰 문제라고 생각이 돼요.

이용운 저도 2015년에 '마을결합형 모델 학교'를 맡아 운영한 적이 있었는데 그때 교육지원청에서 천만 원을 지원받아서 프로그램을 운영하는 데 썼거든요. 주로 마을과 함께하는 교육과정 운영 관련 프로그램이었어요. 그걸 하다 보니까 프로그램 개발과 운영을 위해 선생님들과 많은 얘기를 해야 했거든요. 그렇게 선생님들과 얘기를 하면서 분위기를 만들어 가는 게 어려웠어요. 그렇지만 프로그램이 끝날 때쯤 전체 선생님들과 평가회 겸해서 간담회를 했는데, 그때 여러 선생님들이 제일 어렵다고 여겼던 애들이랑 마을과 함께하는 교육 프로그램을 만들고 운영하는 것은 그리 어렵지 않았다는 거예요.

사실 마을 문을 두드려서 해야 되니까 부담이 되기 때문에 어려웠을 법한데요. 오히려 나중에 돈 쓴 것에 대한 증빙자료를 만드는 일, 그러니까 뭐 영수증을 받아서 챙긴다든지 그걸 계산해서 돈을 맞춰야 한다든지 이런 게 꽤 어려웠다고 했거든요. 그런 면에서 볼 때 선생님네 학교는 저희 학교 선생님들과 같은 어려움이 있었네요. 저는 늘 생각하는 부분이었지만 예산 사용에 따른 서류제출 등의 업무나 절차는 간소화되어야 하지 않을까 생각합니다. 그러면 혁신교육지구사업의 프로그램 진행이 교사 입장에서 조금 더 원만하게 잘 될 수 있을 거라는 생각이 듭니다. 선생님의 말씀에 공감이 갑니다. 또 다른 어려움은 없었을까요?

홍제남 그리고 저는 혁신교육지구사업으로 학교에 들어오는 돈이 자치구에서도 나름대로 정치적인 어떤 목적이 있을 거라고 생각하거든요.

이용운 선생님! 말을 끊어 죄송한데, 정치적 목적이라는 말씀에 대해 좀 더 자세히 설명해 주실 수 있을까요.

홍제남 저는 이 사업, 즉 혁신교육지구사업이 마을에 교육할 수 있는 기관이나 인적 자원을 키워 경제적으로 어려운 지역의 자녀들이 학원교육을 받지 못하더라도 좋은 교육을 받게 하자는 취지가 숨어 있다고 생각하거든요. 그런 걸 '공평성' 또는 '차별의 해소'로 설명하는 학자들이 있고, 또 미국에 출발을 공평하게 하기 위한 '헤드스타트 프로젝트'라는 프로그램이 있었는데, 저는 그 이념이나 프로그램과 혁신교육지구가 같은 축을 이루고 있다고 생각하거든요. 어찌 보면 그런 정치적인 의미가 담긴 사업이라고 생각합니다.

이용운 그렇군요. 계속 말씀해 주시겠습니까?

홍제남 그래서 그런 쪽과 관련된 학교교육에 프로그램을 권장하는 것이라고 생각하거든요. 예컨대 마을과 함께하는 교육과정, 마을체험활동 프로그램 등 어쨌든 돈이 학교예산으로 한꺼번에 들어와서 지원이 되면 교육활동의 폭이 넓어지는 것은 사실입니다. 사실 학교의 다른 예산들은 일반적인 교육활동, 좀 더 구체적으로 수업활동에 쓸 수 있지만 목적사업비라고 하는 것들은 그렇지 않거든요. 목적이 정해져 있어 다른 수업활동 개선을 위해 쓰기 어려워요. 그런데 혁신교육지구 예산은 그렇지 않거든요. 교사들이 쓸 때도 훨씬 편하고요. 그리고 혁신교육지구사업비는 쓸 수 있는 부분이 다양하지만 선생님들이 생각할 때, 혁신교육지구사업이랑 학교예산을 좀 별개로 생각하는 것 같아요. 그래서 혁신교육지구사업에 대해서 좀 관심이 있는 교사는 적극적으로 예산을 얻어서 프로그램 사업을 하지만, 대부분 교사들은 혁신교육지구사업이 낯설 정도로 교사들하고 융합이 잘 안 되는 부분들이 있는 것 같습니다.

그런 측면들에 대해서 생각해 보면 예산을 지원해 주는 것 외에도 원래 혁신교육지구가 지향했던 목표들이 있을 텐데요. 그 목표들을 이루기에는 아직 교사들 간의 인식에 대한 측면에서 굉장히 한계점이 많지 않나 생각합니다. 그래서 열정 있는 일부 교사들이 그 돈(예산)을 가지고 와서 학교에서 몇 가지 사업을 진행하는 정도에 그치는 듯싶습니다. 그 사업 밖(학교에 가져와서 쓰는 정도의 사업)에는 아직 잘 못하고 있다는 생각입니다. 물론 그 정도 사업이라도 의미가 없는 건 아니지만요. 사실 그걸 넘어서야 하는데 아직 마을교사와 학교 교사들이 결합이 잘 안 되고 학교랑 마을이 결합이 잘 안 되고 학부모들도 잘 인식을 못하고 있고. 제가 볼 때는 그렇게 느끼거든요.

이용운 그 부분은 저도 꽤 공감합니다. 제가 보기에는 교육과 정책 중 정책에 더 방점이 있다고 생각되거든요. 결국은 예산이라고 하는 성격은 돈이고, 학교는 돈을 주면 써야 하는 부분이 있고요. 학교 혁신을 하려는 교육정책은 그 영역이 매우 다양할 텐데요. 제한된 영역으로 쓰도록 요구하는 것은 혁신의 마인드가 좀 낮은 수준이라 때론 어색한 느낌마저 듭니다. 그래서 이쪽 분야의 활동적인 선생님들 중심으로 혁신교육지구에 참여하거든요. 제 생각에 문제는 보편적인 많은 선생님들이 교육 변화에 뜻을 같이해야 하는데, 즉 동참하거나 공감하는 게 필요한데 그것이 잘 이루어지지 않는 듯합니다. 잘못하면 학교 안에서 보이지 않는 분열(마을과 함께하는 교육혁신을 추구하는 교사들과 그냥 학교 안에서나 잘하지 하는 생각을 갖는 교사), 뭐 그런 것들이 만들어지지 않나 생각하는데요. 어떻게 생각하시나요?

홍제남 분열까지는 모르겠는데, 아무튼 그냥 좀 이질적으로 돌아간다고 해야 되나? 교사들이 함께 어우러지지 않고. 그러니까 저는 서울은 오히려 더 연구가 필요하다고 생각합니다. 제가 혁신교육지구 관련 정책 운영에서 관심 있게 보는 데는 경기도라서, 경기도 혁신교육지구사업 이야기를 좀 하고 싶습니다.

이용운 그렇군요. 좋습니다. 그러시면 경기도에 대해 연구하면서 관심 있게 본 부분이 있다면 말씀해 주시기 바랍니다.

홍제남 경기도는 서울보다 일찍 시작했거든요. 서울은 '서울형'이라고 하는데 그것도 좀 맘에 안 듭니다. 그냥 혁신교육지구 해도 되는데… (웃음) 물론 경기도와 서울의 혁신교육지구의 접근이 좀 다르긴 합니다. 저는 경기도의 '몽실학교'나 '꿈의 학교'는 참 좋은 교육 프로그램이라고 생각합니다. 학생들이 마을에서 무언가를 하는 교육 프로그램입니다. 그러면서 아이들의 정체와 주체를 키워 가는 것 같습니다.

그런데 서울에는 아직 이렇다 할 만한 것들이 없습니다. 이게 실제로 혁신교육지구에 대한 이해부족에서 오는 게 아닌가 하는 생각입니다. 저는 혁신교육지구는 마을교육에 대한 학교교사들의 깊은 관심에서 비롯된 거라 생각합니다. 앞에서도 얘기를 했습니다만 저는 그렇게 이해하고 있거든요. 마을교육이 필요하기도 하고… 근데 그렇게 되려면 마을교육이라는 관점이 지금처럼 단순히 예산 받아서 쓰는 것뿐만이 아니라 교육과정에 대해서, 교육 콘텐츠에 대해서도 같이 결합이 되어야 하는데… 교육 콘텐츠적인 측면에서 결합이 거의 안 되어 있다는 생각이 들거든요. 예산을 지원받아서 그 예산 가지고 학교 안에서 알아서 쓰는 것 정도밖에… 학교에서 쓰는데 그것도 일부의 교사에 의해서 제한된 영역에 쓰여지는 것, 뭐 체험활동이나 그런 식으로… 그 정도라서 실제로 처음에 지향했던 것을, 제가 이해할 때는 마을교육을, 마을교육과정이라든가 이런 걸 지향해야 할 듯싶은데 그런 부분으로 가기에는 아직 어려움이 많지 않은가 하는 생각이 듭니다. 어쩌면 도입 초기라서 그럴 수 있는데요. 목표를 새롭게 설정을 해서, 그 목표에 맞게 교사들이 마을교육이 왜 필요하고, 마을교육과정이 왜 필요하고, 아이들의 교육과정에서 삶과 연결된 교육이 왜 필요한지에 대해서 먼저 많이 공감을 할 필요가 있고, 그 바탕에서 지금 혁신교육지구가 이루어져야 되지 않나 하는 생각을 해 보게 됩니다.

이용운 선생님 말씀 충분히 동의합니다. 저는 자유학기제도 처음에는 그랬다고 생각합니다. 처음엔 선생님들이 잘 이해하지 못했어요. 그때는 그걸 학교에서 왜 해야 하는 거지 그랬거든요. 그런데 지금은 선생님들이 그 부분에 충분히 공감하고 있거든요. 그 과정을 보면 교육청에서 지속적으로 자유학기제의 의미에 대한 안내와 홍보가 있었거든요. 5~6년 정도 하다 보니 이제는 학교 안에 정착되었다고 봅니다. 따라서 아까 말씀하신 학교 변화는 결국은 선생님들의 변화, 그러니까 학교를 변화시키고자 하는 열망을 지닌 선생님들이 많이 있어야 되는 거라는 생각에 동의합니다. 저도 교사들이 인식의 공감대가 있어야 된다고 보거든요.

사실 학교도 필요하면 변하는 거라고 봅니다. 근데 한두 사람이 우리 학교 좋게 만들자, 달라지게 하자라고 하는 건 하나의 방법이겠지만, 사실은 변화의 수준으로 보면 그렇게 높은 수준은 아니라고 생각합니다. 그러니까 모두 같이 우리 아이들의 좋은 교육을 위해, 즉 좋은 수업을 만들어 보자는 일심동체의 생각과 공감대가 확보되고 그러한 바탕에서 가는 게 더 의미가 있는 것 같습니다. 그런 면에서 선생님의 생각을 여쭙니다. 혁신교육지구도 좀 더 적극적으로 학교교사들의 인식 제고를 위해 홍보해야 하지 않을까요?

홍제남 인식을 제고하는 것은 교육청에서 또 자치구에서 고민해야 할 부분입니다. 그렇지만 좋은 수업을 위해서, 좋은 교육을 위해서 선생님들이 학교 안에서, 또 마을과 함께 학교 밖 자원을 활용해서 학교 울타리를 넘나들며 좋은 교육과정을 만들려고 하는 시도가 무엇보다 중요합니다. 사실 학교에는 혁신을 하려는 분들이 있어요. 그러니까 적극적인 분이 있고, 소극적인 분이 있고, 관망하는 분이 있는데 학교가 한 사람만 변화한다고 해서 혁신되는 건 아닌 것 같습니다. 소극적인 분도, 말없는 분도, 관망하는 분도 얼개를 만들어서 협력의 울타리를 만들어 가야 하는 게 필요하고 그게 교원공동체의 진정한 모습이라고 생각합니다. 그래야 학교의 좋은 교육이 이루어진다고 보는데, 그렇게 되기가 꽤 어렵습니다.

이용운 저는 '마을결합형학교'를 운영하면서 소통이나 교사별 인식의 차이 때문에 어려움이 있었거든요. 그 어려움을 한계라고 하면 그것을 어떤 방법으로 선생님들 말씀처럼 얼개를 만들어서 함께 갈 수 있는지 말씀해 주실 수 있을까요?

홍제남 그게 사실 굉장히 어려운 문제입니다. 아마 교육혁신지구가 앞으로 해결해야 될 부분이기도 해요. 그게 되면… 그런 이야기가 있잖아요. 한 사람이 가면 빨리 가고 여러 사람이 가면 멀리 간다고요. 학교는 결국 멀리 가는 일이지 빨리 가는 일은 아닌데, 그렇게 멀리 가려면 결국 합심을 해야 하거든요. 그래야 갈 수 있는 건데… 그렇죠? 합심하고 방향을 정하고 같이하는 건데 선생님들과 합심해서 만드는, 그와 같은 방법이 쉽지 않을 거라 생각합니다.

이용운 서울형혁신교육지구는 어떤 부분을 좀 더 고민해서 추진해야 할까요?

홍제남 선생님의 그 질문은 일반적인 교원학습공동체를 형성하는 데 혁신교육지구가 해야 될 역할이 무엇인지를 묻는 질문인가요? 아니면….

이용운 글쎄요. 교원학습공동체도 혁신교육지구 정책이 학교에 반영되게 하는 한 지원체제일 거라고 생각은 합니다만, 앞에서 전체 선생님들의 합의된 인식이 좋은 교육을 하는 데 필요하다는 말씀을 하셔서 그 부분을 계속 더 구체적으로 알고 싶거든요.

홍제남 제가 질문의 요지가 약간 헷갈려서요. 우선 교원학습공동체가 혁신교육지구에서 차지하는 역할에 대해 말씀드리겠습니다. 사실 저는 교원학습공동체가 아주 중요하다고 생각하거든요. 그래서 연구도 그쪽으로 해 본 적이 있어요. 저는 혁신교육지구사업 중 교사분과를 맡아서 실무위원 활동을 하기도 했고요. 본격적으로 서울남부교육청에서 혁신교육지구사업을 할 때 자문위원으로 교육청에서 일도 했어요. 사실 교육청과 학교를 잘 연결시키기 위해 자문을 해 주는 회의를 주재하기도 하고 그랬는데… (웃음) 혁신교육지구 학교사업이랑 딱 연결되듯이 만들어서 이거를 '학교가 이렇게 결합해서 하면 좋을 듯해요.' 하고 결합이 이루어지도록 지원해야 하는데 당시 어떻게 해야 할지 감이 잘 안 오더라고요. 혁신학교는 교사들의 의견이 바탕이 되어서 자발성이 기본이 되어서 시작한 사업이라면, 혁신교육지구사업은 위에서 내려온 사업이잖아요. 그런 것 때문에 그렇지 않을까 하는 생각도 했습니다.

이용운 네, 그렇죠.

홍제남 교육청이랑 서울시청, 지자체가 협의해서 예산을 주면 학교가 이를 받아서 운영했기 때문에 교사들에게는 좀 생뚱맞은 사업인 거죠. 그런 사업이라서 이것이 교원학습공동체랑 교육혁신지구가 직접적으로 연결고리가 있는 건지는 잘 모르겠지만 거꾸로 저는 혁신교육지구가 뭐가 필요한가를 생각해 보면, 학교단위의 운영구심체가 있어야 한다고 생각해요. 혁신학교에서 교원학습공동체는 수업 개선을 위한 중요한 구심체 조직이라는 생각을 했거든요. 그런 면에서 교원학습공동체를 잘 운영하여 마을과 함께하는 교육, 즉 혁신교육지구사업 운영을 잘하는 게 수업 개선의 길이라는 생각입니다. 수업 개선이라는 게 궁극적으로는 맥락이라는 측면에서 지역 또는 마을과 관련이 있는 거잖아요.

그래서 생각해 보게 됩니다. 결국 혁신교육지구사업과 내용적으로 결합이 되려면 교원학습공동체에서 교사들이 학습하는 내용들, 아니면 교사들이 고민하는 내용들, 또 아이들의 교육과정에 대해서 어떻게 재구성하고 어떤 교육과정을 가지고 아이들과 함께할 것인가에 대해 고민하는 내용들, 그 안에 아이들의 학습이, 진짜 학생들이 학교에서 배우는 학습에서 마을이 무슨 역할을 해야 하는 것인지를 찾아낼 수 있다고 봅니다. 즉 마을교육이라든가 아이들의 삶과 연계된 교육을 풀어 가려면 어떻게 해야 되지, 하고 생각해 보면 마을과 연결을 찾을 것이고, 그러면 혁신교육지구사업과 연결될 수 있다는 생각이 들거든요.

이용운 아, 그러니까 아이들의 삶과 관련된 교육과정을 고민하면 교원학습공동체가 조직되어야 가능하다는 얘기겠네요. 그리고 그것이 혁신교육지구가 의도하는 수업 개선을 추진하는 결과를 얻을 것이라는 거군요.

홍제남 그래서 저는 혁신교육지구사업과 교원학습공동체가 직접적으로 연결되는 고리보다는 교원학습공동체의 구축 과정에서 교육과정의 어떤 콘텐츠적인 측면과 결합되어야 하지 않나 하는 생각이 드는데, 콘텐츠가 결국 교육과정이거든요. 교육과정이 아직 서울은 경기도랑 비교한다면 훨씬 더 마을의 자원이 학교에 반영되는 교육이 되지 않는 것 같습니다. 물론 서울이 도시이기 때문에 그럴 수 있을 것입니다. 다른 지역에 비해 마을이라는 개념이 약하고, 마을교육이라든가 아이들의 삶과 연계된 교육이 혁신학교에서도 굉장히 약하다는 생각이 들었거든요. 저도 사실은 그런 부분이 굉장히 약했고요. 그래서 혁신학교 할 때도 학교에서 수업연구회를 진행하고, 그리고 교사학습공동체를 운영하는 것만으로도 굉장히 힘들었는데 교육과정 재구성이라든가 아이들과 마을을 연결하는 내용적인 교육과정을 구성하는 것에 대해서는 아직은 멀다는 느낌이 들거든요.

우리 교사가 국가에서 제시된 교육과정, 즉 국가교육과정을 중심으로 계속해서 수업을 재구성하고 그다음에 수업을 다시 디자인하는데, 아직 국가교육과정 수준에 머물러 있는 게 아닌가라는 생각이 들거든요. 그 전제는 역시 국가교육과정이 아이들의 학습에 필요한 것들을 다 담고 있다는 거잖아요. 그래서 국가교육과정에 대해 의심하지 않고. 물론 창체(창의적 체험활동)와 같은 교과 외 교육과정이 있기는 하지만 그것도 학교별 크게 차이가 없다는 생각이 들거든요. 사실 교육과정을 더 의미 있게 짜는 데는 지금 학교 울타리 안에서 하고 있는 그 어떤 방식의 교육과정 편성으로는 어렵습니다. 즉학교 간 차이를 만들기 어려워요. 이런 부분을 극복하는 것이 바로 혁신교육지구의 역할이라는 생각이 듭니다. '아이들이 과연 교과서로만 공부한다고 해서 제대로 된 학습이 이루어질 것인가?'라는 의미를 좀 깊이 생각해봐야 한다고 봅니다. 제가 몸담고 있는 혁신학교도 그런 고민들은 마찬가지입니다. 서울시교육청도 마찬가지고요. 혁신교육지구 교육정책이 어디로 가야 될 것인가에 대해서, 또 아이들의 삶과 연계된 교육, 그리고 삶에서 필요한 것들을 어떻게 찾을 것인가에 대해서 교육과정을 제고해야 하죠. 그리고 그와 같은 교육과정을 제공하려면 사실 학교 안은 좁은 공간이어서 굉장히 제한이 많잖아요. 그래서 마을과 연계가 되어야 하고. 마을에 있는 수많은 자원과 공간들이 연결되기 위해서는 마을과 연합할 필요가 있는데, 그것이 혁신교육지구가 해야 할 역할이 아닌가 생각하는 거죠.

이용운 선생님하고 제가 생각이 아주 비슷합니다. 저도 마을결합형학교 사업을 운영해 보기 전에는 혁신교육지구의 의미를 잘 몰랐습니다. 마을과 관계를 맺는 교육, 사실 그거 안 해도 편하게… (웃음) 어렴풋하게… (웃음) 교실에서 애들 가르치면 될 텐데, 또 안에서만 가르쳐도 힘들고 고민할 것들이 많은데 굳이 마을하고 같이 연결해서 수업을 재구성해야 하나 하는 생각을 했습니다. 그런데 마을결합형학교를 해 보니까, 즉 마을과 결합하는 교육 프로그램을 운영해 보니까 과거의 교육과 미래의 교육으로 나눈다면 미래의 교육은 '마을과 함께하는 교육'으로 가야겠구나라는 생각을 했습니다. 사실 우리 교사들은 교과서를 가지고 아이들을 가르치는데 교과서에 있는 지식은 표준화된 것들이잖아요? 일반적이고 객관적인 내용이며, 현재 가르치는 아이들의 삶과는 무관하다고 할 수 있지요. 물론 저자의 입장에서 의미와 맥락을 담았겠지만 말입니다. 교과서는 학문의 결과로 얻어진 지식인 것이죠. 자연의 현상, 사실들을 개념이나 원리로 만들어 낸 것들이라고 생각합니다. 그런 것들의 집합이 교과서인데 그 교과서는 매우 객관적이라는 거죠. 그러니까 아이들의 삶의 맥락하고는 동떨어져 있는 것이고. 이걸 가르치는 것은 아이들 입장에서 자신들의 맥락과 관계없는 객관적인 걸 가르치기 때문에 재미가 별로 없고, 흥미를 일으키기 쉽지 않다는 겁니다. 어쩌면 맥락이라는 것은 마을에 있으니까 아이들의 삶에 기반이 되는 마을에 있는 것을 가지고 와서 교과서를 재구성해서 가르치면 훨씬 더 아이들의 관심과 흥미를 일으킬 수 있다고 생각합니다. 일종의 정체성이 살아 있는 교육이 될 수 있다고 보는 것이거든요.

　이런 것을 선생님들께 말씀드리기도 하는데 그 절실함과 중요함을 전달하는 게 쉽지 않았어요. 제가 조금 강하게 얘기하면 선생님들이 "그래, 너 잘 났어"라는 반응과 "그래, 넌 그렇게 해. 나는 나대로 할게"라는 반응도 있고 해서 매우 조심스럽습니다. 공감대를 얻기 쉽지 않고 그렇게 하는 데 시간도 많이 걸리고 해서 참 어려웠거든요. 그래서 "마을과 함께 하는 교육을 왜 안 하고 있니? 이 중요한 것을…" 이렇게 얘기하지 말고 선생님들이 그런 의식을 가질 수 있도록 도와줘야 한다고 생각합니다. 특히 지방도 그렇지만 서울은 더욱 맥락을 만들기가 쉽지 않은데 실제로 수업과 연계해서 해 보니까 마을에 의외로 중요한 맥락들이 있거든요. 저는 사실 교사들의 교원학습공동체 이게 굉장히 중요한 거라고 보고요. 이제는 여기에 마을의 어떤 것들을 집어넣을 수 있는 방법을 고민해야 할 때가 되었다고 봅니다. 그게 되어야만 그다음에 거버넌스라는 협의체가 의미가 있게 되죠. 아무튼 좀 길어졌는데요. 이 부분은 선생님과 저의 뜻이 다르지 않은 것 같습니다.

홍제남　결국은 교육과정에 대한 문제라고 생각을 하는데… 말하자면 저는 교육과정을 어떻게 바라볼 것인가, 교사들에게 이 부분이 가장 핵심적인 게 아닐까 생각을 해요.

이용운   맞습니다. 벌써 인터뷰를 시작한 지 한 시간이 훌쩍 넘었는데 괜찮으세요? 좀 힘드시죠, 선생님?

홍제남   괜찮습니다.

이용운   감사합니다! 그럼 쉬지 않고… (웃음) 가겠습니다. 혁신교육지구사업 관련 중장기 정책과제를 2016년 경희대 성열관 교수가 했어요. 그 연구 내용을 살펴보면 혁신교육지구 추진을 1기, 2기, 3기 이렇게 나눴더라고요. 그리고 각 기별로 2년을 할당하고 있어요. 근데 그 연구에서 제1기를 기반 조성의 시기이고, 제2기를 이를 기반으로 외연을 넓히는 것을 핵심으로 하고 있었고요. 그리고 마지막 제3기에 정착과 일반화였습니다.

         생각해 보면 기반 조성이라는 것이 학교입장에서 '마을과 함께하는 교육'을 하는 것과 이를 위한 '거버넌스' 구축이거든요. 그런데 제2기라고 하는 2018년 각 자치구와 서울시교육청 계획을 보니 여전히 제1기에 해당하는 기반 구축 수준이더라고요. 여기에 조금 달라진 부분이 있다면 '청소년 자치 활성화'였거든요. 아무튼 제가 보기에는 혁신교육지구사업 진도가 여전히 기반 조성도 아직 다 마치지 못한 것처럼 보이거든요. 이에 대해 선생님 생각은 어떠신지요?

홍제남   저희 구로구에, 홍○○ 선생님 아시나요? 그 선생님이 ○○중학교에 계셨는데 지금도 계실지 모르겠네요. 재작년까지는 계셨는데. 그분이 구로구청과 협력하여 굉장히 많은 사업들을 했었어요. 특히 학생자치활동 관련해서요. 그 당시 제가 학생회를 맡고 있어서 그 선생님과 자주 만나서 우리 학생회 학생들 중 일부 아이들이 '그린나래'라고 하는 청소년 단체 프로그램에 들어가서 활동한 걸로 기억합니다. 그때 학교 학생회 담당 선생님들도 학생들의 활동을 지원하기 위해 자주 모였던 걸로 기억하거든요. 그때 홍○○ 선생님이 굉장히 열정을 가지고 그 사업을 진행을 하신 거죠. 어찌 보면 학생회랑 관련된 이 밀접한 부분들이 맥락상 마을결합형 학생자치와 비슷했어요. 일부 학생들이 마을 속에서 그 사업을 하는 거였거든요. 선생님들도 열심히 하시고. 학생회가 중심이 되어 마을과 함께 어우러지는 대대적인 축제를 했거든요.

　돌이켜 생각해 보면 사실 학생들이 얼마나 참여를 해야 학생자치라고 할 수 있을지 잘 모르겠지만, 교사들이 그것을 인식하는 게 중요하다고 생각합니다. 하지만 제가 보기에는 학생자치에 대해서는 교사들의 관심과 인식이 매우 낮았어요. 또 학생회 아이들 몇 명 있으니까 학생회 아이들을 통해서 애들끼리 결합이 됐는데, 학생회 아이들은 제가 경험한 바로는 하나의 행사에 대한 결합적인 측면이 강했습니다. 순수한 지역자치 또는 학생자치 그런 측면은 아니었어요. 학생들이 학생회 연합 활동인 '그린나래'에 참여하고 있고, 또 예산 지원을 받았으니까 그 사업에 참여하게 된 것이거든요. 제가 보기에 마을에서 결합해서 아이들이 자치적인 활동을 꾸준히 차근차근하게 한다는 느낌보다는 그냥 이례적인 이벤트로서 행사를 준비하는 차원에서 진행된 측면이 있지 않나 생각했습니다. 그 회의에 다녀온 교감 선생님도 그랬고 또 교사들도 그랬거든요. 제일 중요한 것은 자치란 아이들이 계획해서 운영을 하는 학생 주체적인 활동이 학생자치거든요.

이용운　네, 그렇죠.

홍제남 그래서 좀 더 섬세한 계획과 운영이 필요하겠지요. 마을 차원에서 학생들의 연합조직이라든가, 이런 게 필요한데 아직은 맹아적인 상태가 아닌가 하는 생각입니다.

이용운 그렇죠. 저도 그런 점이 안타깝습니다. 그렇다면 지금 단계에서 어떻게 접근하는 것이 좋을까요?

홍제남 학생자치의 핵심에는 학생이 들어 있어야 한다고 봅니다. 제가 중학교에 근무하니까 그런지 모르겠지만 중학교는 아직 아이들이 주도적으로 방향을 정해 움직이기 쉽지 않은 상황이잖아요. 아이들 역량이라든가 이런 것들도 좀 부족하고요. 그래서 교사들의 역할이 중요합니다. 교사들이 학생들이랑 마을과 함께 자치활동을 하는 데 결합해서 아이들을 지원해 주고 해야 되는데, 교사들이 자치에 대한 의식과 마을결합 강도도 꽤 약하다고 할 수 있습니다. 아까 드렸던 말씀이랑 연결되어 있는 듯한데, 혁신교육지구라는 사업 자체가 학교 안에 쑥 들어와서 학교 교육활동과 착 연결되어 있지 않고 일부분만 그때그때 접촉되는 느낌이어서… 몇 부분이 연결되기는 하지만 그러다 보니 연결된 부분도 일부 제한적인 사업이고, 제가 보기에 현재는 그렇다는 생각이 들거든요.

　　제가 작년에 방문했던 전북 회현중학교는 꽤 알려진 학교더라고요. 그래서 그 학교에 인터뷰를 하러 갔는데, 제가 놀란 것은 그 학교의 경우에는 그 지역과 학생연합이 만들어지고 있고, 그것을 중심으로 학생자치 활동이 학교단위에서 실시되는 점이었어요. 즉 지역과 연계된 학교학생회 자치활동이었거든요. 제 생각은 학생자치활동이 만들어지고 운영되는 과정이 학생들 단위에서, 즉 밑에서부터 올라왔다는 것이거든요. 또 이 학생들이 중학교를 졸업하고 고등학교 갔더니 학생회도 잘 안 되어 있고, 그래서 아이들이 거꾸로 중학교를 찾아와서 선생님한테 고등학생들이 "지역에서 활동할 수 있게 동네에 뭔가 만들어 주세요"라고 요구했대요. 답답하다 이러면서….

또 그 학교는 학생들이 스스로 토론회하고 만들어 가고 있더라고요. 그뿐 아니라 전북의 몇 군데에 그런 형태로 학생 자치활동이 활성화되는 것을 보았거든요. 먼저, 그와 같은 분위기가 생기려면 전제조건이 학교에서 학생회 활동이 활발해지고, 학교교육 또는 마을활동과 자연스럽게 연결되어야 하는데, 현재 구로구 같은 경우에는 학생회는 학생회대로 따로 돌아가고, 학교별로 천차만별이에요. 또 혁신교육지구는 혁신교육지구대로 아이들을 따로 모아서 돌아가는 형태라서 어려워요.

이용운 결국 지역의 학생자치활동이 잘되려면 학교 내 학생회 활동부터 잘되어야 한다는 것이네요. 그리고 이에 대한 학교교사들의 인식도 있어야 한다는 얘기네요.

홍제남 그렇습니다. 제가 보기에 '마을과 함께하는 교육과정'도 마찬가지입니다. 그게 서로 연결되는 문제라서… 어떻게 현장의 교사들과 혁신교육지구사업이 같이 잘 연결해 갈 것인가 고민할 필요가 있지 않나 하는 생각이 드는데, 그러려면 일방적으로 주어지기보다는 물론 처음에는 그렇게 갈 수밖에 없겠으나 교사들이 학교교육과정에서 마을에 왜 관심을 두어야 하는지 고민해야 할 필요가 있다고 생각합니다. 그래서 아이들이 말 그대로 단순히 그냥 학교에서 교과서로 공부하는 아이들이 아니고 마을에서 다양한 활동을 해 본 것들이 시민으로서의 역할, 즉 민주시민으로서의 자질을 기르는 방법이 아닐까 생각을 하거든요.

이용운 제가 생각해 보니까 민주시민을 길러 내려면, 장래 마을의 주인으로 성장하도록 하는 교육, 마을의 정체성을 의식하는 교육, 그를 통해 학생의 정체성을 갖게 하는 것이 매우 의미 있고 중요합니다. 그게 우리 마을, 내가 살아온 곳, 나, 이런 개념으로 결국은 아이들의 정체성이 형성되는 것이라고 봅니다. 교육이 결국 아이들의 정체성을 찾을 수 있도록 도와주는 것이라면, 아이들이 마을활동을 굉장히 중요하게 보게 되는 면이 혁신교육지구사업 안에 있는 것 같습니다.

2017년도에 제가 ○○중학교에서 학생회를 맡아 운영했던 적이 있거든요. 제가 놀랐던 부분은 학생참여예산제라고 해서 학생회에 교육청에서 이백만 원씩 지원해 줬거든요. 학생회에서 학생들이 자치적으로 예산을 구성하여 집행하도록 했던 것인데…. 당시 학생회 임원들이 학생들을 위해 어떻게 쓸지에 대해 굉장히 고민했던 것을 지금도 기억합니다. 아이들에게 직접 쓰도록 권한을 주니까 아이들이 여러 가지 프로그램을 만들어 내더라고요. 그중에는 기성 정치인들이 하는 선심성 사업도 있었어요. 뭐 예를 들면 시험 끝나는 마지막 날 전교생들에게 아이스크림을 주는 것이 그것입니다. 물론 나중에는 이 부분이 학교에 등교하면서 아침을 못 먹고 오는 학생들에게 초코파이를 주는 걸로 바뀌기는 했지만요. 결국 혁신교육지구의 각종 프로그램도 교사나 학교가 아닌 학생들이 직접 구상하여 활동하도록 운영에 자율을 부여한다면 좋은 활동들이 나타나게 될 것이라고 생각합니다. 이런 부분은 어떻게 생각하시나요?

홍제남 아이스크림이나 초코파이는 별 차이가 없는 것 같습니다.

이용운 그렇기는 합니다. 아마 아이들이 시간을 내서 뭔가를 고민하여 의미 있는 예산편성과 집행을 하는 일을 해 본 적이 없기 때문이라는 생각이 듭니다. 그런데 여러 번 하다 보니 2학기 후반에는 아이들에게 의미 있는 골든벨 같은 프로그램을 하기도 했거든요. 제 생각에 혁신교육지구사업이 지금 학교단위에서는 낯선 사업이거든요. 그렇지만 선생님들끼리 이 부분을 좀 더 고민하면 좋은 사업과 프로그램이 만들어질 걸로 생각됩니다. 서울시나 각 자치구 그리고 교육청에서 적극적으로 그렇게 하려고 하는 것 같아요. 그중 핵심은 수업에서의 마을자원 활용이고, 다음이 학생자치에 초점이 있는 것으로 생각됩니다. 앞에서 선생님께서 말씀하신 회현중학교처럼 말입니다.

홍제남 그러니까 군산의 회현중학교 같은 경우에는 사실 학교에서 학생회를 맡은 선생님이 학생자치의 중요성을 충분히 잘 아는 분이셨고, 이러한 마인드를 가지고 운영을 했기 때문에 그런 아이들이 길러진 것이고. 그 아이들이 중심이 되어서 학생자치활동이 실천되었다고 봅니다. 학교에서 특히 중학교뿐 아니라 고등학교에서도 교사의 역할이 중요하다는 것은 두말할 필요가 없어요. 그건 전제라고 생각하고 있습니다.

이용운 지금까지 계속 학생자치의 중요성을 얘기하고 있습니다. 그것이 혁신교육지구와 어떤 관련이 있다는 것도 포함되는 것이라고 봅니다. 이 부분을 무려 40분 얘기했습니다. 많이 힘드

시죠. (웃음)

홍제남 네. 너무 중요한 부분이라 길게 얘기했습니다…. (웃음)

이용운 이제 '마을과 함께하는 교육'으로 방향을 틀어야 할 것 같습니다. 이미 앞에서도 언급한 바 있지만 마을과 함께하는 교육은 학교교육에 대한 새로운 변화를 시도하는 것에 가장 큰 의미가 있습니다. 즉 교과서만 의존하는 교육, 교과서에 있는 지식이 학생들의 유일한 능력으로 여기는 사고방식과 평가체제에 대한 새로운 접근인 것입니다. 선생님께서 느끼시기에 혹시 마을과 함께하는 교육이 학교나 교사에게 부담이 되는 부분이 있다면 무엇일까요?

홍제남 가장 큰 것은 초등학교도 그렇겠지만 중학교는 이를 위한 교육과정 재구성이라고 봅니다. 교육과정은 이미 잘 짜여져(편성) 있잖아요. 국가교육과정이 이미 편제와 시간 배당을 통해 얼개를 잘 구성하고 있거든요. 그런데 혁신교육지구사업은 이러한 국가교육과정을 이수해야 하는 교사들에게 부담이 됩니다. 즉 학교에서 교과서를 가지고 수업을 통해 진도 나가기도 어려운데 거기에 마을과 함께하는 교육과정을 재구성하여 가르치는 일은 결코 쉽지 않다고 생각합니다.

이용운 저는 그 부분에서 선생님과 생각이 다릅니다. 국가교육과정은 교사에게 가르칠 수 있는 교육과정 편제로서 조건을 준 거지 가르치는 방법을 준 건 아니라고 생각하거든요. 가르치는 방법은 교사의 몫이라고 봅니다. 아마 마을자원을 활용하는 방식의 수업에 익숙하지 않기 때문에 교사들이 부담을 갖는 것은 저도 이해합니다. 그렇지만 그것이 아이들의 학문적 성장을 위해 좋은 것이라면, 또 아이들의 정체성을 키워 나가는 데 도움이 되는 것이라면 감수해야 한다고 보거든요.

홍제남 저는 과학이거든요. 과학은 실은 교실 밖에 나가서 할 부분이 많이 있거든요. 그렇지만 두 가지 측면에서 어려운 점이 있습니다.

첫 번째는 가르쳐야 할 진도가 너무 많고, 가르쳐야 할 내용도 많습니다. 한 학년이 끝나면 한 권의 책을 다 마쳐야 하기 때문에, 예컨대 환경 문제를 가지고 마을과 연결된 어떤 교육과정을 한 번 운영하고 싶은 경우, 그를 위해 준비부터 수업 이후 평가까지 많은 시간이 소요되어 매우 힘들다는 거죠.

두 번째도 역시 교육과정과 연결된 부분이기는 한데 학교에서 실제로 운영할 수 있는 이 자율성이 너무 적잖아요? 예를 들어서 애들 데리고 밖으로 나가려면 마을을 좀 알아야 하는데 잘 모르거든요. 그래서 데리고 나갈 수가 없어요. 기껏 한다는 게 저 같은 경우 1년에 한두 번씩은 애들 데리고서 학교 주변으로 지질답사를 갑니다. 그게 토요일이나 아니면 방학 때 버스 한 대 빌려서 애들 데리고 가는 건데 그것도 굉장히 제한적이죠. 특히 안전사고에 대한 부분을 교사가 책임져야 하기 때문에 많은 부담과 한계가 있다고 봅니다. 교실에서 수업해도 되는 걸 굳이 아이들을 밖으로 데리고 나가면서 안전사고에 대한 책임을 감수하는 교사가 과연 몇 명이나 있느냐 하는 겁니다.

이용운 맞습니다. 그래서 어려운 것입니다.

홍제남 이런 잡다한 것들이 교사를 꼼짝 못하게 하는 가장 큰 요인이라는 생각이 들거든요. 교사들한테 상상력을 발휘할 수 없도록 만드는 행정적인 답답함, 교육과정에 대한 어떤 틀, 그런 것들이 교사들의 자율성을 굉장히 많이 제한할 수밖에 없다는 생각이 들고요. 그런 문제가 바로 마을교육을 하는 데에서 가장 큰 어려움이라는 생각이 듭니다.

이용운 사실 저도 교육부나 교육청 지침으로 교육과정을 탄력적으로 운영해라 하고 내려오는 걸 보거든요. 예컨대 교과서의 내용을 다 가르치지 않아도 된다. 학교에서 교사들이 취사선택해라. 또 학교에서 교육과정을 재구성할 때 필요하다면 과감하게 단원의 차례를 바꾸고 내용을 버리라고도 합니다. 즉 교육과정을 재구성해서 필요한 것만 선택해서 내실 있게 가르치라고 하는데 그게 말로는, 또 이론적으로는 가능할 듯싶은데 실제로 학교현장에서 보면 그게 안 되거든요.

저도 학교에서 역사를 가르치고 있는데 역사야말로 교과를 전부 다 건드리지 않으면 흐름이 끊어지는 과목이거든요. 결국은 어느 한 부분을 생략하게 되면 학생들이 제대로 된 역사의 줄기를 만들지 못하거든요. 제대로 된 역사의 줄기를 만들려면 최소한 교과서의 내용을 모두 주는 것이 좋은데, 그렇게 하기 위해서 어느 것을 빼거나 그럴 수가 없어요. 제 편견인지 모르나 사회 같은 경우는, 역사와는 좀 다르거든요. 예컨대 사회는 전체 중학교 과정에서 보통 다섯 단위를 가르치는데, 사회 1, 사회 2가 중복되는 부분이 있어요. 그래서 과감하게 이렇게 좀 빼고 하면 수업을 어느 정도 유연하게 할 수 있는데 역사는 그게 잘 안 되더라고요. 교사들은 대부분 잘 가르치고 싶고 그러려면 교과의 내용을 충실하게 해야 되는데, 그러다 보니 마을과 함께 교육을 한다는 것이 결코 쉽지 않은 거죠. 그러니까 여기서는 대충은 아니지만 아무튼 필요한 것만 시간에, 또 교과 내용을 전부 다루어야 한다는 데 매이지 말고 하라는데, 실제로 쉽지 않아요. 뭐 과학도 아마 비슷할 듯싶어요.

홍제남 네, 그렇습니다.

이용운 그래서 이론적으로 얘기하는 것과 학교현장은 괴리가 있고, 반영하기가 정말 어렵다고 할 수 있습니다. 이제 하나만 더 말씀드리고 마무리하겠습니다. 저도 사실 '마을결합형학교'를 할 때 제일 먼저 했던 일은 마을과 함께하기 위해 마을의 파트너를 찾는 일이었거든요. 교육청 정책 사업으로 '마을결합형 모델 학교'가 선정되고 난 다음 교육청에서 불렀어요. 아마 당시 서울시에 있는 열 개 해당 학교를 다 불렀을 거예요. 그때 장학사 한 분이 열 개 학교 담당 교사들 있는 자리에서 이렇게 얘기했어요. "이 사업을 하는 데는 무엇보다 '학교 거버넌스'가 있어야 합니다. 학교로 돌아가시면 '학교 거버넌스'를 만들도록 하세요. 학교 주변 주민센터, 복지관, 도서관 등 관계되는 마을 분들을 중심으로 인적 네트워크를 구성해야 합니다"라고 했던 것으로 기억납니다. 사실 저 같은 경우 처음에는 아무것도 아는 게 없었어요. 마을에 대해서 정보도 없고 아무것도 없었어요. 그냥 단지 학교에서 아이들을 위해서 예산을 받아야겠다는 것뿐이었거든요. 그래서 굉장히 어려웠습니다. 그해 9월부터 프로그램 운영을 시작했거든요. 교육청에서는 민, 관, 학이라고 했는데 처음부터 마을(민)은 접근이 아주 어려웠어요. 그래서 주로 구청, 그다음 주민센터 이런 데를 다니면서 겨우 7~8명을 꾸렸습니다. 근데 그게 굉장히 큰 힘이 되더라고요. 그때 학교 거버넌스 위원회 회의를 하면 주로 저는 "저희가 마을과 함께하는 교육을 하기 위해서 뭔가를 해야 하는데"라고 하면서 "마을의 좋은 교육자료를 가져와야겠는데 도움이 될 만한 게 있을까요?"라고 부탁을 했습니다. 또는 "마을 사람들을 위해서 우리가 뭐를 하면 좋을까요?"라거나 "마을에서 아이들에게 직업체험을 시키고 싶은데 어디에 가서 문을 두드려야 할까요?"라고 하면 모여 있던 거버넌스 위원들이 방법을 다 알려 주는 겁니다. 그래서 겨우겨우 해 나갔거든요. 홍 선생님께서는 '학교 거버넌스'라는 부분에 대해 어떻게 생각하시는지 여쭤 보고 싶습니다.

홍제남 저는 그게 굉장히 생태계적인 측면이라는 생각이 드는데요. 아이들이 살고 있는 공간이잖아요. 아이들이 살고 있는 지역에는 아이들의 다양한 측면이 있는 것이고, 학교도 그 한 부분이고. 그래서 아이들이 삶과 유기된 교육을 이루어 가려면 삶 속에서 연결되는 다양한 측면들이 같이 결합되는 구조가 반드시 필요하다고 생각하거든요. 그것이 방금 말씀하신 거버넌스가 아닌가 싶습니다. 말씀하신 것처럼 아이들이 사회 수업을 좀 더 잘하려면 학교 인근 지역이나 마을을 가야 하고, 그렇게 하다 보니까 소위 핫플레이스라고 하는 마을의 명소를 알게 되거든요. 하지만 처음부터 그 장소가 어디 있는지 교사들은 잘 모르잖아요. 그런데 이 마을에 문화해설사가 있으면 그분이 거기를 알 것이고, 또 그런 분들은 동사무소도 알고 있을 것이고… 그래서 마을에 있는 다양한 자원들이 학교교육에 같이 결합되는 건 아이들이 가지고 있는 맥락적 수업으로 의미가 있다고 봅니다. 마을과 함께하는 것은 학생들의 삶에 연계된 교육을 위해서 반드시 필요한 과정입니다. 그러니까 그와 같은 거버넌스를 구축을 해야 되는데 사실 학교에서는 그 방법을… 이 선생님도 말씀하신 것처럼 잘 모르잖아요. 제가 학교에서 창체부장을 맡았을 당시 구로구는 사실 그 부분에 대한 좋은 조건이 많이 있었어요. 실제로 구로구는 마을자원들이 많이 있거든요. 활동도 열심히 하고 있는 편이라서 연락이 오고 그랬어요.

이용운 제 기억도 서울에서 거기가 제일 먼저 시작된 걸로 알고 있어요. 관악구하고 금천구도 좀 빠르지요.

홍제남 그런 것 같습니다. 구로구하고 금천구가 먼저 시작했지요.

이용운 네, 그래서 아마 마을 관련 교육 부분들이 구로구는 많이 축적되어 있을 것으로 생각하고 자주 구로구에서 활동하신 선생님께 자문을 받고 그랬습니다.

홍제남 지역 활동들이 활발해서 연락이 막 오더라고요. 그런 이유로 또 지인 선생님들께 소개도 하고… 여러 번 마을과 결합해서 수업을 운영했어요. 한번은 구로구에 '아하센터'라는 곳이 있는데, 센터장이 저한테 연락을 해서 아이들과 함께 마을에 문화거리를 조성하고 싶다고 했어요. 취지는 아이들과 청소년을 위한 거리를 만들자고 하는 것이었어요. 그런 걸 홍보해 달라고 하기도 했고요. 제가 학생회를 맡고 있으니까 오셔서 학생회 아이들 앞에서 '이런, 저런 거를 하려고 하는데 같이 하지 않을래?'라고 얘기해 달라는 거지요. 아이들도 같이 이런저런 제안을 하고. 또 아이들의 의견도 받아서 거리를 조성하고 그랬어요. 그 뒤 제가 일 년 더 계속하려고 했으나 갑자기 휴직할 상황이 생겨서 아쉽게 계속 함께하지는 못했습니다.

아마 휴직을 안 했더라면 작년에, 그러니까 2017년에 마을과 함께하는 다양한 사업을 했을 걸로 생각합니다. 그 뒤에 후임을 맡으신 분은 사실 학생회를 맡았지만 원래 뜻이 없다 보니, 그냥저냥 보냈다고 들었어요. 학생들이 그런 사업과 관련된 일을 하는 데도 교사들의 관심 또는 신념이 무척 중요하다고 생각합니다. 또 활동을 하는 데는 교사만이, 또 학교만이 아니고 학생들이 직접 참여와 결정을 하는, 자치가 강조되는 교육을 해야 합니다. 그러기 위해서는 교사들이 다양한 지역의 자원들과 정보들을 알고 있고, 지역에서 활동하고 있는 그런 마을활동가들과 연결이 필요합니다. 아마 그렇게 연결되는 것들이 어떻게 보면 지역 거버넌스 또는 학교 거버넌스가 아닌가라는 생각이 들거든요. 그렇게 되었을 때, 아이 또는 학생들에게 필요한 것들을 곳곳에서, 또 여러 측면에서 지원해 주고 이렇게 함께할 수 있다고 봅니다. 그것이 말 그대로 '한 아이를 키우려면 온 마을이 필요하다'라는 아프리카 속담의 의미에 부합하는 환경일 것입니다. 또 그렇게 되어야만 아이들이 이 마을에 대한 애정이 생기고, 그 지역에서 좀 더 길게, '이곳이 내가 살 곳!'이라는 의식도 생겨날 것입니다.

그래서 저는 지금처럼 학교 안에서만 이루어지는 답답한 수업구조를 좀 벗어나 내 학교 주변의 마을에서 시작해서 이루어지는 것이 필요하다고 생각합니다. 사실 저는 늘 이곳이 아이들의 삶의 공간이니까 마을과 함께하는 교육이 필요하지 않을까 싶습니다. 이게 어려운 건 뻔한 부분이기도 하지만 시험이라든가 입시라든가 이런 것들이 수업활동의 변화를 제한하기 때문이라고 봅니다. 어쨌든 입시 위주의 수업보다는 좀 더 큰 포부를 가지고 교육을 하고자 한다면, 학부모들도 그런 제한에서 벗어나 새로운 사회를 꿈꾸게 될 것이고, 그렇게 되면 자연스럽게 마을과 함께하는 수업과정이 반드시 필요하다는 생각이 들 것입니다.

이용운 혁신교육지구가 지금 추진하고 있는 '마을과 함께하는 교육'에서는 거버넌스가 굉장히 중요하거든요. 그리고 거기에서 결국 아이들을 민주시민으로 키우기 위한 학생 자치활동도 연결고리를 가지게 된다고 보는데, 그것을 지원해 주는 학교 거버넌스를 만드는 게 쉽지 않습니다. 학교교사들은 거버넌스니 위원회니 하는 이런 조직들에 부담스러워합니다. 특히 마을교육, 거버넌스에 대해서는 더욱 그렇습니다. 그것을 좀 효과적으로 운영하기 위해서는 학교에서 거버넌스를 만들어 운영할 수 있도록 지원하는 것과, 이를 마을과 연결해 주는 네트워크 조직망이 필요할 것입니다. 아마 전자(학교 거버넌스)는 교육청이 해야 할 사업이라고 보고요, 후자는 구청(지역 거버넌스)에서 하면 좋을 듯합니다. 이렇게 교육청과 구청이 학교교육을 위해 힘을 합쳐 지원해야 된다고 보거든요. 이걸 학교에 떠넘기듯 '너희들이 하는 것이니 너희들이 알아서 거버넌스를 만들고, 운영도 해라!' 하는 것은 다소 무리라고 생각합니다. 또 구청에서도 '우리는 돈을 쓰도록 지원해 줄 테니 너희 마을교사가 알아서 학교와 연락해서 교육 지원을 해라!'라거나 '마을에서 아이들을 끌어들여 교육해라!' 하는 것도 마찬가지로 역할 회피라고 봅니다. 저는 아직 정착되지 않은 상황에서는 교육청과 구청 그리고 마을과 학교를 연결하는 컨트롤 타워 역할을 할 수 있는 기구가 필요하지 않을까 생각합니다. 그걸 지원센터라고 부르기도 합니다.

홍제남 그걸 바로 혁신교육지구에서 해야 되는 거 아닌가요?

이용운 맞습니다. 그런데 아직 정착되지 않은 입장에서 혁신교육지구가 사업으로만 추진하기 어렵거든요. 마을과 함께하는 교육 프로그램을 만들어 학생들이 오기를 기다리거나 학교에서 오라고 할 때까지 기다리라는 건 좀 아니라고 생각합니다. 좀 더 적극적으로 학교에 진입하거나 마을의 아이들을 유치하는 동력이 필요하다고 봅니다. 그게 학교로 보면 학교 거버넌스이고 마을이라고 하면 지역 거버넌스라고 보거든요. 이런 학교 또는 마을 조직이 아직 정착되지 않았기 때문에 교육청과 구청에서 이 부분에 좀 더 신경을 써야 한다고 봅니다.

시교육청에는 참여협력 담당 장학사나 담당관들이 있어요. 그리고 지역교육청에는 교육협력복지 담당 장학사들이 있습니다. 이분들이 바로 혁신교육지구 관련하여 일을 하거든요. 마을 관련된 일들을 지금 하고 있거든요. 그런데 장학사 분들은 사실 들어와서 업무 맡고 있을 때는 물론 열심히 하지만, 결국 1~2년 만에 떠나잖아요. 심지어 6개월 만에 떠나는 경우도 있어요. 다른 데로 옮기고 새로운 분이 와서 채워지면 결국 지원 사업은 다시 제자리로 돌아갈 수밖에 없거든요. 뭔가 지속성과 연계성을 의미하는 직제 개편이 필요합니다. 그래서 대안으로 거버넌스 협의센터, 또는 거버넌스 지원센터, 이런 것들이 교육청에 있어야 한다고 봅니다. 말하자면 학교가 마을의 누군가와 연락을 하여 마을교육과정을 구성하고자 한다면 그곳을 통해 마을 전문가와 연결되는 구조적인 틀을 의미하는 것이거든요. 좀 더 발전적으로 말씀드리면 그런 것들을 학교가 달라고 하기 전에 알아서 지원해 주면 더 낫지 않을까 하는 생각입니다.

홍제남 저는 그런 구조가 굉장히 필요하다고 생각하고요. 그러니까 경기도 시흥에는 지금 그런 센터가 있잖아요. 이름이 뭐지? 아마 혁신교육 마을교육센터일 겁니다.

이용운 '마을공동체', 줄여서 '마공'이라고 하는 센터가 있기는 한데 그게 마을에서 만든 것이거든요. 마을에서 그렇게 만들어 학교교육을 지원하고 마을 아이들을 교육하는 것도 필요하다고 생각하고요. 제가 보기에는 '마을과 함께하는 교육'이 두 개의 트랙으로 진행이 되더라고요. 하나는 우리 교육과정을 좀 더 뭔가 살아 있는 방향으로 운영하기 위해서 학교에서 마을로 향하는 '마을과 함께하는 교육'이 있고, 마을에서도 이제 지자체의 지원을 받아서 마을강사들을 구축하고 여러 자원체제를 통해 학교로 들어오는 '마을과 함께하는 교육'이 있습니다. 이 두 개의 트랙이 물론 학교를 변화시키고 좀 더 좋은 질의 교육을 만드는 건 사실인데, 저는 학교교사의 입장에서 전자의 트랙에 대해 좀 더 신경을 써야 하지 않을까 생각합니다.

우선적으로 학교가 마을로 향하는 데 좀 편리한(?) 것들을 만들어 내는 것이 필요하죠. 그래서 교육청의 역할이 중요하다고 생각합니다. 특히 거버넌스는 선생님들이 아주 어려워하는 부분이고, 실제로 제가 그걸 만들어 운영한 경험으로 보더라도 아주 힘들었거든요. 그리고 모든 교사가 열정이 있으면 좋을 텐데 사실은 그렇지 않습니다. 교사들이 다 같은 생각을 하지 않듯이 여력이나 에너지가 있더라도 다 그런 쪽에 함께할 수 있다고 보기는 어렵습니다. 교사에 따라서 어떤 분들은 굉장히 의욕적으로 하고, 또 어떤 분들은 조금 덜 의욕적으로 합니다. 또 어떤 분들은 사실은 마을과 함께하는 교육을 하는 것에 불편해하는 분들도 있거든요. 그런 학교현장 분위기는 부인할 수 없는 사실이잖아요. 그런데 잘되는 부분만 가지고 '이게 기준이다!'라고 말해서는 안 되고, 보편적으로 모든 선생님들이 생각하는 그 기준, 그러니까 보편적으로 선생님들이 생각하는 힘들어하는 부분들을 지원하는 게 교육청이 해야 될 일이라는 생각이 듭니다.

홍제남 저는 그게 혁신교육지구랑 어떻게 연결되어야 할지 모르겠지만 어쨌든 결국은 혁신교육지구가 할 역할이라고 생각합니다. 혁신교육지구의 허브 역할을 할 수 있는 센터가 있어야 한다고 봅니다. 그런 센터가 세워진 후에 혁신교육지구랑 별도로 또 독자적으로 어떤 사업을 하는 건 말이 안 되는 일이고. 어차피 혁신교육지구가 그 일을 하려고 하는 거니까 혁신교육지구의 전체를 관장할 수 있는 역할을 하는 센터라면 그 필요성에 동의합니다. 또 교육청의 역할론에 대해서도 말씀하신 것처럼 연계가 잘 안 된다는 생각을 하고 있습니다. 그 연계성을 담보할 수 있는 업무의 지속성도 필요하다고 생각합니다.

그런데 마을과 함께하는 교육이 결국 혁신교육지구랑 좀 더 밀접한 관련이 있어야 하고, 어차피 혁신교육지구가 지금 그 일을 하려고 시작한 거잖아요. 그래서 혁신교육지구가 그 일을 활발하게 할 수 있도록, 또 혁신교육지구가 사실 서울이라는 지역을 중심으로 하나로 연결되어 있잖아요. 저는 좀 부분적으로 운영되고 있는 경기도에 비해 서울 지역이 훨씬 센터 중심으로 운영하기 좋다고 생각하거든요. 다만 서울 지역이 크기 때문에 거점이라는 개념이 도입되었으면 합니다. 한 센터에서 서울 전체를 모두 관장하기는 쉽지 않으니 좀 더 역할을 분담하는 거점 센터가 필요할 것입니다. 서울의 허브 같은 역할을 할 센터가 지역별로도 특화되는 데 도움이 될 거라 생각합니다. 그런 역할을 할 수 있는 것들이 좀 필요할 테고요. 예컨대 남부면 남부지역이 필요할 것이고, 서부면 서부 지역이 필요로 하는 것처럼 몇 개를 묶어서 남부센터 또는 서부센터라고 하면 될 것입니다. 그런 것들이 지역별로 있어야지 지역에 뿌리를 둔 여러 단체들이 결합할 수 있다는 생각입니다. 서울시교육청에만 하나 덜렁 있다면 서울 지역 곳곳에 그 다양한 교육적·문화적 뿌리를 내리거나 교육자원과 결합하는 데 무리가 있다고 생각합니다.

이용운 서울시교육청뿐만 아니라 각 지역에도 그런 센터들이 있으면 좋겠다는 말씀이시죠?

홍제남 네. 지역교육청이 몇 개 없어지더라도 그런 것이 마을교육지원센터로서 지역별로 있는 게 오히려 더 필요하다는 생각이 들거든요. 제가 근무하는 구로구의 학교들은 주변에 마을교육자원이 이것저것 꽤 많이 있어요. 지역에서 활동하시는 마을교사들과 조그만 마을도서관이나 마을공부방을 만들어서 활동하시는 전문가들도 계시고요. 이런 분들도 어떻게 해서든 학교랑 결합하고 싶어 하시는데 연결할 수 있는 루트를 잘 모르거나 없어서 안타깝거든요.

이러한 어려움을 해결하기 위해서라도 센터가 필요합니다. 좀 적극적으로 운영되려면 서울시 단위에서 전체를 총괄하는 건 너무 크고, 지역별로 작은 센터가 필요할 것입니다. 마을은 마을이 잘 알잖아요. 마을에서는 서로 잘 알고 있거든요. 그렇기 때문에 마을에 있는 분들이 서로 네트워크를 가지고 있고, 그분들이 할 수 있는 조건을 마련해 주어야 되지 않을까 생각합니다. 물론 그것을 관장하는 큰 조직체도 필요하겠죠. 그 역할은 서울시교육청에서 어차피 혁신교육지구사업을 총괄하고 운영에 대해 평가하고 있으니까 그 정도로 충분할 것입니다. 지금 당장이라도 서울시교육청에 교육혁신지원센터가 있잖아요. 거기에 혁신교육지구 지원을 위한 한 파트를 만들어 주면 될 것입니다. 이건 행정조직인 참여협력과와는 좀 다른 기능과 역할이라고 봅니다.

이용운 네, 맞습니다.

홍제남 어차피 조화와 연결이 혁신교육지구의 성장에 매우 필요한 개념이거든요. 전체로는 뭔가 잘 운영되어 가고 있고 문제가 없는 듯한데, 실제로 각 지역이나 학교는 각자 따로 놀거나 겉도는 구조이면 안 되거든요. 사실 지역과 지역, 지역과 학교가 끈끈하게 연결이 되고 이런 구조가 잘 구축이 되면 마을에서 쉽게 접근할 수 있을 거라 봅니다.

이용운 그렇죠. 전적으로 동의합니다. 그러니까 선생님 말씀은 어떤 마을의 여러 가지 교육기관이나 인적자원 등 이러한 것들이 행정적으로 네트워크를 이루는 것도 중요하지만 작은 조직으로서 사람들 간 인적 네트워크를 구성하는 게 필요하고, 그것을 관리하는 지역 사람들이 있어서 물리적인 교육에 연결하고 관리해 주면서 학교를 지원해 주는 것이 필요하다는 것이 네요. 어쩌면 학교에서 요구하지 않아도 그들이 학교 조직(학교운영위원회, 학교교육과정위원회 등) 속에 들어가 있어서 학교교사들이 편하게 마을자원을 활용할 수 있도록 두드려 주면 더 나을 수 있다는 얘기군요.

홍제남 그렇습니다. 저는 이제 학교에서도 필요로 하고, 마을 분들도 우리 아이들 교육에 동참하고 싶은데, 즉 필요로 하는 요구들은 다 있다고 생각하는데 이들의 접점을 이뤄 주는 '만나기(결합)'가 쉽지 않았거든요. 만날 수 있는 고리 역할을 하는 게 아까 허브로 말씀하신 거버넌스 같은 조직이 아닌가 하는 생각을 합니다.

이용운 허브?

홍제남 허브 같은 역할, 네트워크를 연결시켜 주는 역할들? 그리고 사실은 우리가 민, 관, 학이라고 하는데 구청 또는 교육청과 같은 관만 가지고는 이런 중요한 교육을 해 나가기 어렵다고 생각합니다. 그들의 역할은 제한적입니다. 행정적인 지원 또는 예산적인 지원 정도죠. 너무 지나치게 의존하는 것도 문제일 수 있다고 봅니다. 교사들이 좀 더 적극적으로 나서야 한다고 봅니다.

이용운 제한적이라는 듯의 의미를 큰 틀에서는 이해하겠는데, 구체적으로는 어떤 제한들이 있을까요?

홍제남 그들은 직접 교사들처럼 수업활동을 하지는 않잖아요. 학교에서는 교사들이 교육활동을 하듯이 마을에서도 마을교사들이 교육활동을 하거든요. 관에서는 예산을 지원해 주고 안내는 해 주지만, 실제로 움직이는 활동가들은 마을에 있는 인적자원, 즉 마을교사들입니다. 그런 면에서 저는 그들의 교육활동은 학교보다 제한적이라고 봅니다. 어쩌면 넘기 어려운 한계라고 할 수도 있겠고요.

이용운 홍 선생님 말씀을 듣고 보니 제한을 받는 것이 학교교사보다 마을교사들이 더 클 것으로 생각됩니다. 학교는 마을과 결합되지 않아도 얼마든지 법적으로 보장된 수업을 통해 교육을 할 수 있지만 마을교사들은 그렇지 못하지요.

홍제남 네, 마을 사람들은 마을을 발전시키고 아이들이 올바르게 잘 크는 좋은 마을을 만들고 싶어 합니다. 그래서 마을도서관이나 마을공부방을 운영하기도 하고 교육 지원 자원봉사를 하기도 합니다. 그런 걸 연결하려면 조금 더 구체적으로 마을로 들어가야 되지 않나 생각합니다. 센터들이 그 역할을 해야 한다고 봅니다.

이용운 맞습니다. 이제 마지막 질문일 것 같은데, 괜찮죠? (웃음)

홍제남 네.

이용운 혁신교육지구에서 추구하는 대부분 사업은 마을과 함께하는 교육이라고 생각합니다. 이는 결국 공교육의 질을 향상시키는 단초라고 생각하거든요. 이러한 교육혁신지구의 전망과 과제에 대한 생각을 얘기해 주시면 좋겠습니다.

홍제남 포괄적인 질문이라서 뭘 말해야 할지 잘 모르겠지만, 저는 혁신학교도 그렇고 혁신교육지구도 그렇고 결국은 아이들의 학습권, 즉 한 아이들의 삶에 대한 문제잖아요. 그래서 아이들의 삶에 대한 교육적 성찰, 말하자면 정말 아이들 본인이 뭘 하고 싶어 하고 내가 어떻게 살았을 때 잘 사는 삶인지를 지원할 수 있는 시스템이 되어야 된다고 생각하거든요. 그래서 이 혁신교육지구가 학교랑 잘 결합되어 있지 못하고 측면에서 지원만 하거나 예산 지원에 만족해야 하는 차원은 좀 벗어났으면 좋겠어요. 즉 지역과 마을이 아이들의 교육과정과 연결될 수 있어야 한다고 생각하거든요. 물론 교육과정에 관한 것은 학교에서 시작해야 되겠죠. 시작은 학교에서 해야겠지만, 학교와 마을이 함께 학교에서 마을교육과정을 운영하려고 할 때, 또 마을에서 마을교육을 운영하려고 할 때 그것들을 같이 잘 결합해서 운영할 수 있도록 지원할 수 있는 역할들을 기관이 해야 한다고 생각합니다. 기관이 그런 역할을 하려면 애정을 가지고 좀 더 정교하고 촘촘한 지원망을 만들어야 할 것입니다. 교육과정 측면에서 정말로 아이들이 자기 삶을 발전시킬 수 있는 차원의 교육이 이루어질 수 있도록 하는 게 최우선이라는 생각이 듭니다.

그런 측면에서 이 마을교육 사업과 같은 경우, 마을의 자원들을 충분히 잘 발굴해서 학교랑 교육과정을 연결할 수 있는 방향으로 가야 되지 않나 생각합니다. 우리가 그러기 위해서는 바뀌어야 할 것들이 많겠죠. 아까 어려운 점들, 바깥으로 나가기 어려운 점들이라든가 또 외부에서 학교로 들어올 때 굉장히 제약들이 많이 있다고 했잖아요. 저는 그러한 것들은 교육청을 넘어 교육부와 교육청이 함께 좀 많이 전개할 필요가 있고, 그래서 학교와 마을이 유연하게 넘나들 수 있게 되기를 바랍니다. 즉 학교와 학교 밖에 있는 다양한 것들, 학교 밖에 있는 교육자원들, 공간과 자원들이 서로 유연하게 넘나들 수 있는 관계가 되었으면 좋겠습니다. 그러기 위해서는 교육과정도 변해야 하고, 교육과정 운영의 자율성도 굉장히 많이 학교로 이관이 돼야 할 것으로 보입니다. 그런 것들이 전제가 되어야지 앞으로 혁신교육지구사업이 역할들을 제대로 수행할 수 있지 않을까라는 생각이 듭니다.

이용운 말씀 잘 들었습니다. 어떤 선생님은 제발 혁신교육지구라고 하는 단어에서 혁신이라는 단어는 뺐으면 좋겠다고 하세요. (웃음) 사실 어감이 학교 안에서는 좀 불편할 수 있거든요. '지금까지 늘 새로운 거 했는데 뭘 또 혁신하라고 하는 거지!' 라는 생각에서 혁신교육지구를 들을 때마다 우울한 마음이 든데요. 사실은 아주 좋은 건데… (웃음) 학교는 변화해야 되는 게 맞죠. 지금까지 해 온 근 70년의 교육에 비춰 보면, 학교교육은 여전히 크게 변하지 않았다는 생각이 들거든요. 입시 위주의 교육, 성적 지향 교육, 교과 중심 교육이 아직 변하지 않았다는 것이죠. 물론 교과서가 중요하기는 하지만 표준화된 교과서에 의존한 수업은 아니라는 거죠. 성적이 중요하지만 아이의 성장의 정도를 확인하고 고민하는데 더 무게를 둬야 한다는 것이죠. 대학진학이 중요하지만 자신의 진로와 연결이 되는 자기 주도적인 대학입학이어야 한다는 것이죠. 저는 이런 문제를 해결하는 것이 결코 쉽지 않다고 생각하거든요.

저는 최근 민선교육감의 등장과 함께 변화되고 있는 것 가운데 하나가 마을이라는 것을 자꾸 생각하게 만드는 것이라고 봅니다. 사실 학교에서 교사들 사이에 마을에 대한 얘기를 자주 하거든요. 아마 이걸 혁신이 진행되는 거라고 봐도 될 듯싶습니다. 혁신이라는 단어를 계속 달고 갈 것인가, 아니면 떼고 갈 것인가는 중요하지 않다고 생각합니다. (웃음)

홍제남 다른 지방에서 혁신학교 이름을 행복씨앗학교네 뭐네 이렇게 짓잖아요. 그래도 결국은 나중에는 혁신교육을 시도하는 학교거든요. 저는 일단 혁신교육이라는 개념은 거의 보통명사 비슷하게 만들어진 개념이라고 생각합니다. 그걸 무엇이라고 바꾸더라도 어쨌든 과거와는 다른 교육, 즉 학교를 바꾸자는 거잖아요. 고생 많으세요, 연구하시느라고. (웃음)

이용운 아닙니다. 선생님이 이렇게 도와주셔서 감사하게 생각합니다. 오늘 인터뷰는 여기까지 하겠습니다. 선생님께서도 연구하시는 일 잘되기를 바라고 건강하십시오.

홍제남 네, 감사합니다.

삶의 행복을 꿈꾸는 교육은 어디에서 오는가?

미래 100년을 향한 새로운 교육 | 혁신교육을 실천하는 교사들의 필독서

▶ 교육혁명을 앞당기는 배움책 이야기
혁신교육의 철학과 잉걸진 미래를 만나다!

한국교육연구네트워크 총서

01 핀란드 교육혁명
한국교육연구네트워크 엮음 | 320쪽 | 값 15,000원

02 일제고사를 넘어서
한국교육연구네트워크 엮음 | 284쪽 | 값 13,000원

03 새로운 사회를 여는 교육혁명
한국교육연구네트워크 엮음 | 380쪽 | 값 17,000원

04 교장제도 혁명
한국교육연구네트워크 엮음 | 268쪽 | 값 14,000원

05 새로운 사회를 여는 교육자치 혁명
한국교육연구네트워크 엮음 | 312쪽 | 값 15,000원

06 혁신학교에 대한 교육학적 성찰
한국교육연구네트워크 엮음 | 308쪽 | 값 15,000원

07 진보주의 교육의 세계적 동향
한국교육연구네트워크 엮음 | 324쪽 | 값 17,000원
2018 세종도서 학술부문

08 더 나은 세상을 위한 학교혁명
한국교육연구네트워크 엮음 | 404쪽 | 값 21,000원
2018 세종도서 교양부문

09 비판적 실천을 위한 교육학
이윤미 외 지음 | 448쪽 | 값 23,000원

10 마을교육공동체운동:
세계적 동향과 전망
심성보 외 지음 | 376쪽 | 값 18,000원

혁신학교
성열관·이순철 지음 | 224쪽 | 값 12,000원

행복한 혁신학교 만들기
초등교육과정연구모임 지음 | 264쪽 | 값 13,000원

서울형 혁신학교 이야기
이부영 지음 | 320쪽 | 값 15,000원

혁신교육, 철학을 만나다
브렌트 데이비스·데니스 수마라 지음
현인철·서용선 옮김 | 304쪽 | 값 15,000원

한국교육연구네트워크 번역 총서

01 프레이리와 교육
존 엘리아스 지음 | 한국교육연구네트워크 옮김
276쪽 | 값 14,000원

02 교육은 사회를 바꿀 수 있을까?
마이클 애플 지음 | 강희룡·김선우·박원순·이형빈 옮김
356쪽 | 값 16,000원

03 비판적 페다고지는
세상을 변화시킬 수 있는가?
Seewha Cho 지음 | 심성보·조시화 옮김 | 280쪽 | 값 14,000원

04 마이클 애플의 민주학교
마이클 애플·제임스 빈 엮음 | 강희룡 옮김 | 276쪽 | 값 14,000원

05 21세기 교육과 민주주의
넬 나딩스 지음 | 심성보 옮김 | 392쪽 | 값 18,000원

06 세계교육개혁:
민영화 우선인가 공적 투자 강화인가?
린다 달링-해먼드 외 지음 | 심성보 외 옮김 | 408쪽 | 값 21,000원

07 콩도르세, 공교육에 관한 다섯 논문
니콜라 드 콩도르세 지음 | 이주환 옮김 | 300쪽 | 값 16,000원

대한민국 교사, 어떻게 가르칠 것인가?
윤성관 지음 | 320쪽 | 값 15,000원

아이들을 어떻게 가르칠 것인가
사토 마나부 지음 | 박찬영 옮김 | 232쪽 | 값 13,000원

모두를 위한 국제이해교육
한국국제이해교육학회 지음 | 364쪽 | 값 16,000원

경쟁을 넘어 발달 교육으로
현광일 지음 | 288쪽 | 값 14,000원

혁신교육 존 듀이에게 묻다
서용선 지음 | 292쪽 | 값 14,000원

 **독일 교육, 왜 강한가?**
박성희 지음 | 324쪽 | 값 15,000원

 다시 읽는 조선 교육사
이만규 지음 | 750쪽 | 값 33,000원

 핀란드 교육의 기적
한넬레 니에미 외 엮음 | 장수명 외 옮김 | 456쪽 | 값 23,000원

 대한민국 교육혁명
교육혁명공동행동 연구위원회 지음 | 224쪽 | 값 12,000원

 한국 교육의 현실과 전망
심성보 지음 | 724쪽 | 값 35,000원

▶ 비고츠키 선집 시리즈
발달과 협력의 교육학 어떻게 읽을 것인가?

 생각과 말
레프 세묘노비치 비고츠키 지음
배희철·김용호·D. 켈로그 옮김 | 690쪽 | 값 33,000원

 성장과 분화
L.S. 비고츠키 지음 | 비고츠키 연구회 옮김
308쪽 | 값 15,000원

 도구와 기호
비고츠키·루리야 지음 | 비고츠키 연구회 옮김
336쪽 | 값 16,000원

 연령과 위기
L.S. 비고츠키 지음 | 비고츠키 연구회 옮김
336쪽 | 값 17,000원

 어린이 자기행동숙달의 역사와 발달 I
L.S. 비고츠키 지음 | 비고츠키 연구회 옮김
564쪽 | 값 28,000원

 의식과 숙달
L.S 비고츠키 | 비고츠키 연구회 옮김
348쪽 | 값 17,000원

 어린이 자기행동숙달의 역사와 발달 II
L.S. 비고츠키 지음 | 비고츠키 연구회 옮김
552쪽 | 값 28,000원

 분열과 사랑
L.S. 비고츠키 지음 | 비고츠키 연구회 옮김
260쪽 | 값 16,000원

 어린이의 상상과 창조
L.S. 비고츠키 지음 | 비고츠키 연구회 옮김
280쪽 | 값 15,000원

 성애와 갈등
L.S. 비고츠키 지음 | 비고츠키 연구회 옮김
268쪽 | 값 17,000원

 비고츠키와 인지 발달의 비밀
A.R. 루리야 지음 | 배희철 옮김 | 280쪽 | 값 15,000원

 관계의 교육학, 비고츠키
진보교육연구소 비고츠키교육학실천연구모임 지음
300쪽 | 값 15,000원

 수업과 수업 사이
비고츠키 연구회 지음 | 196쪽 | 값 12,000원

 비고츠키 생각과 말 쉽게 읽기
진보교육연구소 비고츠키교육학실천연구모임 지음
316쪽 | 값 15,000원

 비고츠키의 발달교육이란 무엇인가?
비고츠키교육학실천연구모임 지음 | 412쪽 | 값 21,000원

 교사와 부모를 위한 비고츠키 교육학
카르포프 지음 | 실천교사번역팀 옮김 | 308쪽 | 값 15,000원

 비고츠키 철학으로 본 핀란드 교육과정
배희철 지음 | 456쪽 | 값 23,000원

▶ 살림터 참교육 문예 시리즈
영혼이 있는 삶을 가르치는 온 선생님을 만나다!

 꽃보다 귀한 우리 아이는
조재도 지음 | 244쪽 | 값 12,000원

 선생님이 먼저 때렸는데요
강병철 지음 | 248쪽 | 값 12,000원

 성깔 있는 나무들
최은숙 지음 | 244쪽 | 값 12,000원

 서울 여자, 시골 선생님 되다
조경선 지음 | 252쪽 | 값 12,000원

아이들에게 세상을 배웠네
명혜정 지음 | 240쪽 | 값 12,000원

 행복한 창의 교육
최창의 지음 | 328쪽 | 값 15,000원

 밥상에서 세상으로
김흥숙 지음 | 280쪽 | 값 13,000원

 북유럽 교육 기행
정애경 외 14인 지음 | 288쪽 | 값 14,000원

 우물쭈물하다 끝난 교사 이야기
유기창 지음 | 380쪽 | 값 17,000원

▶ 4·16, 질문이 있는 교실 마주이야기
통합수업으로 혁신교육과정을 재구성하다!

 통하는 공부
김태호·김형우·이경석·심우근·허진만 지음
324쪽 | 값 15,000원

 미래교육의 열쇠, 창의적 문화교육
심광현·노명우·강정석 지음 | 368쪽 | 값 16,000원

 내일 수업 어떻게 하지?
아이함께 지음 | 300쪽 | 값 15,000원
2015 세종도서 교양부문

 주제통합수업, 아이들을 수업의 주인공으로!
이윤미 외 지음 | 392쪽 | 값 17,000원

 인간 회복의 교육
성래운 지음 | 260쪽 | 값 13,000원

 수업과 교육의 지평을 확장하는 수업 비평
윤양수 지음 | 316쪽 | 값 15,000원
2014 문화체육관광부 우수교양도서

 교과서 너머 교육과정 마주하기
이윤미 외 지음 | 368쪽 | 값 17,000원

 교사, 선생이 되다
김태은 외 지음 | 260쪽 | 값 13,000원

 수업 고수들 수업·교육과정·평가를 말하다
박현숙 외 지음 | 368쪽 | 값 17,000원

 교사의 전문성, 어떻게 만들어지나
국제교원노조연맹 보고서 | 김석규 옮김 392쪽 | 값 17,000원

 도덕 수업, 책으로 묻고 윤리로 답하다
울산도덕교사모임 지음 | 320쪽 | 값 15,000원

 수업의 정치
윤양수·원종희·장군 지음 | 280쪽 | 값 14,000원

 체육 교사, 수업을 말하다
전용진 지음 | 304쪽 | 값 15,000원

 학교협동조합,
현장체험학습과 마을교육공동체를 잇다
주수원 외 지음 | 296쪽 | 값 15,000원

 교실을 위한 프레이리
아이러 쇼어 엮음 | 사람대사람 옮김 | 412쪽 | 값 18,000원

 거꾸로 교실,
잠자는 아이들을 깨우는 수업의 비밀
이민경 지음 | 280쪽 | 값 14,000원

 마을교육공동체란 무엇인가?
서용선 외 지음 | 360쪽 | 값 17,000원

 교사는 무엇으로 사는가
정은균 지음 | 292쪽 | 값 15,000원

 교사, 학교를 바꾸다
정진화 지음 | 372쪽 | 값 17,000원

 마음의 힘을 기르는 감성수업
조선미 외 지음 | 300쪽 | 값 15,000원

 함께 배움
학생 주도 배움 중심 수업 이렇게 한다
니시카와 준 지음 | 백경석 옮김 | 280쪽 | 값 15,000원

 작은 학교 아이들
지경준 엮음 | 376쪽 | 값 17,000원

 공교육은 왜?
홍섭근 지음 | 352쪽 | 값 16,000원

 아이들의 배움은 어떻게 깊어지는가
이시이 준지 지음 | 방지현·이창희 옮김 | 200쪽 | 값 11,000원

 자기혁신과 공동의 성장을 위한
교사들의 필리버스터
윤양수·원종희·장군·조경삼 지음 | 280쪽 | 값 14,000원

 대한민국 입시혁명
참교육연구소 입시연구팀 지음 | 220쪽 | 값 12,000원

함께 배움 이렇게 시작한다
니시카와 준 지음 | 백경석 옮김 | 196쪽 | 값 12,000원

 함께 배움 교사의 말하기
니시카와 준 지음 | 백경석 옮김 | 188쪽 | 값 12,000원

 교육과정 통합, 어떻게 할 것인가?
성열관 외 지음 | 192쪽 | 값 13,000원

 학교 혁신의 길, 아이들에게 묻다
남궁상운 외 지음 | 272쪽 | 값 15,000원

 프레이리의 사상과 실천
사람대사람 지음 | 352쪽 | 값 18,000원
2018 세종도서 학술부문

 혁신학교, 한국 교육의 미래를 열다
송순재 외 지음 | 608쪽 | 값 30,000원

 페다고지를 위하여
프레네의 『페다고지 불변요소』 읽기
박찬영 지음 | 296쪽 | 값 15,000원

 노자와 탈현대 문명
홍승표 지음 | 284쪽 | 값 15,000원

 선생님, 민주시민교육이 뭐예요?
염경미 지음 | 244쪽 | 값 15,000원

 어쩌다 혁신학교
유우석 외 지음 | 380쪽 | 값 17,000원

 미래, 교육을 묻다
정광필 지음 | 232쪽 | 값 15,000원

 대학, 협동조합으로 교육하라
박주희 외 지음 | 252쪽 | 값 15,000원

 입시, 어떻게 바꿀 것인가?
노기원 지음 | 306쪽 | 값 15,000원

 촛불시대, 혁신교육을 말하다
이용관 지음 | 240쪽 | 값 15,000원

 라운드 스터디
이시이 데루마사 외 엮음 | 224쪽 | 값 15,000원

 미래교육을 디자인하는 학교교육과정
박승열 외 지음 | 348쪽 | 값 18,000원

 흥미진진한 아일랜드 전환학년 이야기
제리 제퍼스 지음 | 최상덕·김호원 옮김 | 508쪽 | 값 27,000원

 교사를 세우는 교육과정
박승열 지음 | 312쪽 | 값 15,000원

 전국 17명 교육감들과 나눈
 교육 대담
최창의 대담·기록 | 272쪽 | 값 15,000원

 들뢰즈와 가타리를 통해
유아교육 읽기
리세롯 마리엣 올슨 지음 | 이연선 외 옮김 | 328쪽 | 값 17,000원

 학교 민주주의의 불한당들
정은균 지음 | 276쪽 | 값 14,000원

 교육과정, 수업, 평가의 일체화
리사 카터 지음 | 박승열 외 옮김 | 196쪽 | 값 13,000원

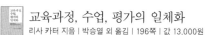 **학교를 개선하는 교장**
지속가능한 학교 혁신을 위한 실천 전략
마이클 풀란 지음 | 서동연·정효준 옮김 | 216쪽 | 값 13,000원

 공자뎐, 논어는 이것이다
유문상 지음 | 392쪽 | 값 18,000원

 교사와 부모를 위한
발달교육이란 무엇인가?
현광일 지음 | 380쪽 | 값 18,000원

 교사, 이오덕에게 길을 묻다
이무완 지음 | 328쪽 | 값 15,000원

 낙오자 없는 스웨덴 교육
레이프 스트란드베리 지음 | 변광수 옮김 | 208쪽 | 값 13,000원

 끝나지 않은 마지막 수업
장석웅 지음 | 328쪽 | 값 20,000원

 경기꿈의학교
진흥섭 외 지음 | 360쪽 | 값 17,000원

 학교를 말한다
이성우 지음 | 292쪽 | 값 15,000원

 행복도시 세종, 혁신교육으로 디자인하다
곽순일 외 지음 | 392쪽 | 값 18,000원

 나는 거꾸로 교실 거꾸로 교사
류광모·임정훈 지음 | 212쪽 | 값 13,000원

 교실 속으로 간 이해중심 교육과정
온정덕 외 지음 | 224쪽 | 값 13,000원

 교실, 평화를 말하다
따돌림사회연구모임 초등우정팀 지음 | 268쪽 | 값 15,000원

폭력 교실에 맞서는 용기
따돌림사회연구모임 학급운영팀 지음 | 272쪽 | 값 15,000원

 학교자율운영 2.0
김용 지음 | 240쪽 | 값 15,000원

 그래도 혁신학교
박은혜 외 지음 | 248쪽 | 값 15,000원

 학교자치를 부탁해
유우석 외 지음 | 252쪽 | 값 15,000원

 학교는 어떤 공동체인가?
성열관 외 지음 | 228쪽 | 값 15,000원

 국제이해교육 페다고지
강순원 외 지음 | 256쪽 | 값 15,000원

 교사 전쟁
다나 골드스타인 지음 | 유성상 외 옮김 | 468쪽 | 값 23,000원

 미래교육, 어떻게 만들어갈 것인가?
송기상·김성천 지음 | 300쪽 | 값 16,000원

 인공지능 시대의 사회학적 상상력
홍승표 지음 | 260쪽 | 값 15,000원

 선생님, 페미니즘이 뭐예요?
염경미 지음 | 280쪽 | 값 15,000원

시민, 학교에 가다
최형규 지음 | 260쪽 | 값 15,000원

 혁신교육지구와 마을교육공동체는 어떻게 만들어지는가?
김태정 지음 | 376쪽 | 값 18,000원

▶ 교과서 밖에서 만나는 역사 교실
상식이 통하는 살아 있는 역사를 만나다

 전봉준과 동학농민혁명
조광환 지음 | 336쪽 | 값 15,000원

 교과서 밖에서 배우는 역사 공부
정은교 지음 | 292쪽 | 값 14,000원

 남도의 기억을 걷다
노성태 지음 | 344쪽 | 값 14,000원

 팔만대장경도 모르면 빨래판이다
전병철 지음 | 360쪽 | 값 16,000원

 응답하라 한국사 1·2
김은석 지음 | 356쪽·368쪽 | 각권 값 15,000원

 빨래판도 잘 보면 팔만대장경이다
전병철 지음 | 360쪽 | 값 16,000원

 즐거운 국사수업 32강
김남선 지음 | 280쪽 | 값 11,000원

 **영화는 역사다**
강성률 지음 | 288쪽 | 값 13,000원

 즐거운 세계사 수업
김은석 지음 | 328쪽 | 값 13,000원

 친일 영화의 해부학
강성률 지음 | 264쪽 | 값 15,000원

 강화도의 기억을 걷다
최보길 지음 | 276쪽 | 값 14,000원

 한국 고대사의 비밀
김은석 지음 | 304쪽 | 값 13,000원

 광주의 기억을 걷다
노성태 지음 | 348쪽 | 값 15,000원

 조선족 근현대 교육사
정미량 지음 | 320쪽 | 값 15,000원

 선생님도 궁금해하는 한국사의 비밀 20가지
김은석 지음 | 312쪽 | 값 15,000원

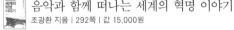 **다시 읽는 조선근대 교육의 사상과 운동**
윤건차 지음 | 이명실·심성보 옮김 | 516쪽 | 값 25,000원

걸림돌
키르스텐 세룹-빌펠트 지음 | 문봉애 옮김 | 248쪽 | 값 13,000원

음악과 함께 떠나는 세계의 혁명 이야기
조광환 지음 | 292쪽 | 값 15,000원

 역사수업을 부탁해
열 사람의 한 걸음 지음 | 388쪽 | 값 18,000원

논쟁으로 보는 일본 근대 교육의 역사
이명실 지음 | 324쪽 | 값 17,000원

진실과 거짓, 인물 한국사
하성환 지음 | 400쪽 | 값 18,000원

다시, 독립의 기억을 걷다
노성태 지음 | 320쪽 | 값 16,000원

우리 역사에서 사라진 근현대 인물 한국사
하성환 지음 | 296쪽 | 값 18,000원

한국사 리뷰
김은석 지음 | 244쪽 | 값 15,000원

꼬물꼬물 거꾸로 역사수업
역모자들 지음 | 436쪽 | 값 23,000원

경남의 기억을 걷다
류형진 외 지음 | 564쪽 | 값 28,000원

▶ 더불어 사는 정의로운 세상을 여는 인문사회과학
사람의 존엄과 평등의 가치를 배운다

밥상혁명
강양구·강이현 지음 | 298쪽 | 값 13,800원

좌우지간 인권이다
안경환 지음 | 288쪽 | 값 13,000원

도덕 교과서 무엇이 문제인가?
김대용 지음 | 272쪽 | 값 14,000원

민주시민교육
심성보 지음 | 544쪽 | 값 25,000원

자율주의와 진보교육
조엘 스프링 지음 | 심성보 옮김 | 320쪽 | 값 15,000원

민주시민을 위한 도덕교육
심성보 지음 | 500쪽 | 값 25,000원
2015 세종도서 학술부문

민주화 이후의 공동체 교육
심성보 지음 | 392쪽 | 값 15,000원
2009 문화체육관광부 우수학술도서

교과서 밖에서 배우는 인문학 공부
정은교 지음 | 280쪽 | 값 13,000원

갈등을 넘어 협력 사회로
이창언·오수길·유문종·신윤관 지음 | 280쪽 | 값 15,000원

오래된 미래교육
정재걸 지음 | 392쪽 | 값 18,000원

동양사상과 마음교육
정재걸 외 지음 | 356쪽 | 값 16,000원
2015 세종도서 학술부문

대한민국 의료혁명
전국보건의료산업노동조합 엮음 | 548쪽 | 값 25,000원

교과서 밖에서 배우는 철학 공부
정은교 지음 | 280쪽 | 값 14,000원

교과서 밖에서 배우는 고전 공부
정은교 지음 | 288쪽 | 값 14,000원

교과서 밖에서 배우는 사회 공부
정은교 지음 | 304쪽 | 값 15,000원

전체 안의 전체 사고 속의 사고
김우창의 인문학을 읽다
현광일 지음 | 320쪽 | 값 15,000원

교과서 밖에서 배우는 윤리 공부
정은교 지음 | 292쪽 | 값 15,000원

카스트로, 종교를 말하다
피델 카스트로·프레이 베토 대담 | 조세종 옮김
420쪽 | 값 21,000원

한글 혁명
김슬옹 지음 | 388쪽 | 값 18,000원

일제강점기 한국철학
이태우 지음 | 448쪽 | 값 25,000원

우리 안의 미래교육
정재걸 지음 | 484쪽 | 값 25,000원

한국 교육 제4의 길을 찾다
이길상 지음 | 400쪽 | 값 21,000원

왜 그는 한국으로 돌아왔는가?
황선준 지음 | 364쪽 | 값 17,000원

마을교육공동체 생태적 의미와 실천
김용련 지음 | 256쪽 | 값 15,000원

▶ 평화샘 프로젝트 매뉴얼 시리즈
학교폭력에 대한 근본적인 예방과 대책을 찾는다

학교폭력 어떻게 만들어지는가
문재현 외 지음 | 300쪽 | 값 14,000원

아이들을 살리는 동네
문재현·신동명·김수동 지음 | 204쪽 | 값 10,000원

학교폭력, 멈춰!
문재현 외 지음 | 348쪽 | 값 15,000원

평화! 행복한 학교의 시작
문재현 외 지음 | 252쪽 | 값 12,000원

왕따, 이렇게 해결할 수 있다
문재현 외 지음 | 236쪽 | 값 12,000원

마을에 배움의 길이 있다
문재현 지음 | 208쪽 | 값 10,000원

젊은 부모를 위한 백만 년의 육아 슬기
문재현 지음 | 248쪽 | 값 13,000원

별자리, 인류의 이야기 주머니
문재현·문한뫼 지음 | 444쪽 | 값 20,000원

우리는 마을에 산다
유양우·신동명·김수동·문재현 지음 | 312쪽 | 값 15,000원

동생아, 우리 뭐 하고 놀까?
문재현 외 지음 | 280쪽 | 값 15,000원

누가, 학교폭력 해결을 가로막는가?
문재현 외 지음 | 312쪽 | 값 15,000원

▶ 남북이 하나 되는 두물머리 평화교육
분단 극복을 위한 치열한 배움과 실천을 만나다

10년 후 통일
정동영·지승호 지음 | 328쪽 | 값 15,000원

선생님, 통일이 뭐예요?
정경호 지음 | 252쪽 | 값 13,000원

분단시대의 통일교육
성래운 지음 | 428쪽 | 값 18,000원

김창환 교수의 DMZ 지리 이야기
김창환 지음 | 264쪽 | 값 15,000원

한반도 평화교육 어떻게 할 것인가
이기범 외 지음 | 252쪽 | 값 15,000원

▶ 창의적인 협력 수업을 지향하는 삶이 있는 국어 교실
우리말 글을 배우며 세상을 배운다

중학교 국어 수업 어떻게 할 것인가?
김미경 지음 | 340쪽 | 값 15,000원

토론의 숲에서 나를 만나다
명혜정 엮음 | 312쪽 | 값 15,000원

토닥토닥 토론해요
명혜정·이명선·조선미 엮음 | 288쪽 | 값 15,000원

인문학의 숲을 거니는 토론 수업
순천국어교사모임 엮음 | 308쪽 | 값 15,000원

어린이와 시
오인태 지음 | 192쪽 | 값 12,000원

수업, 슬로리딩과 함께
박경숙 외 지음 | 268쪽 | 값 15,000원

언어던
정은균 지음 | 268쪽 | 값 15,000원

민촌 이기영 평전
이성렬 지음 | 508쪽 | 값 20,000원